検証・100部隊

関東軍軍馬防疫廠の細菌戦研究

小河　孝
加藤哲郎
松野誠也

花伝社

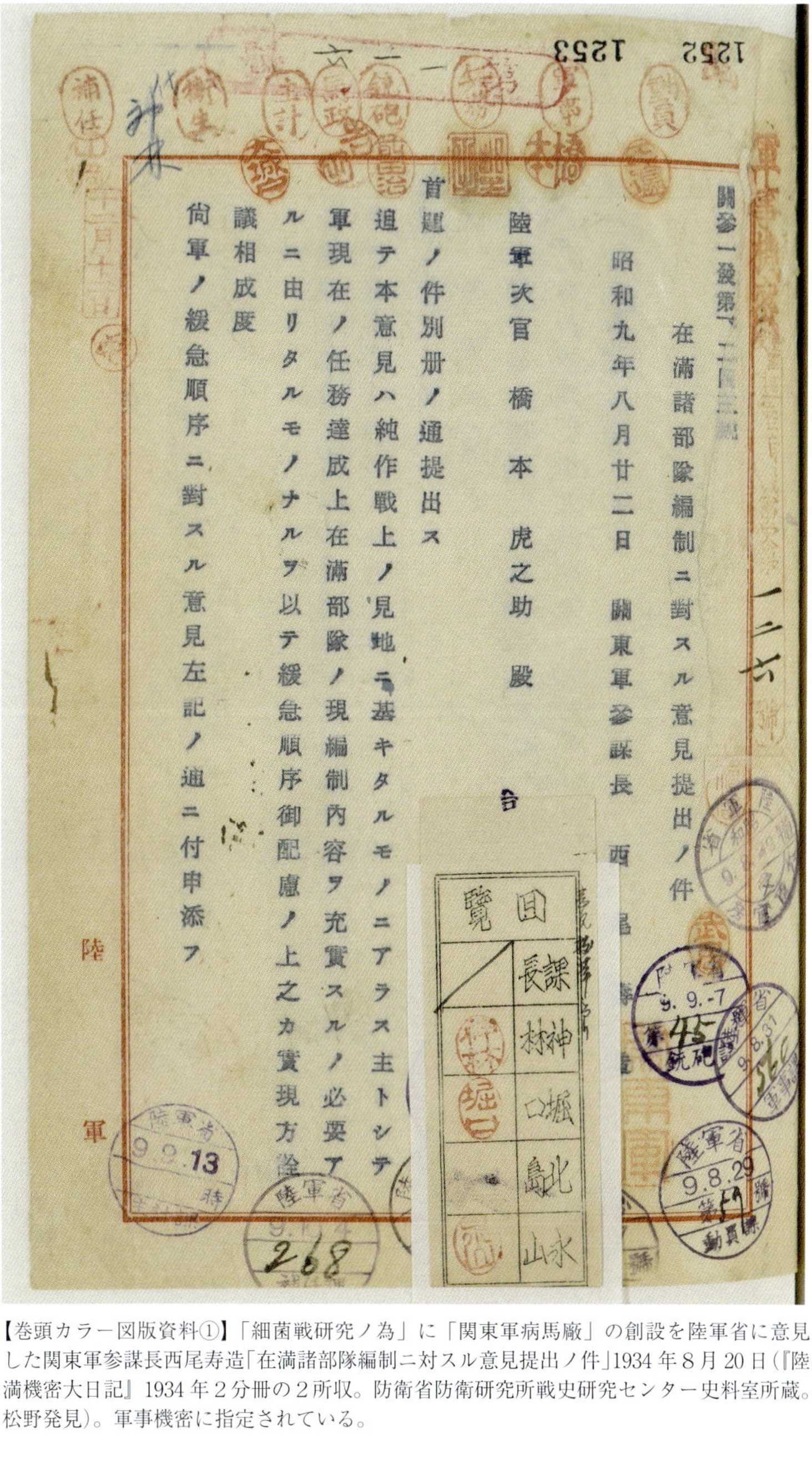
關參一發第[illegible]號

在滿諸部隊編制ニ對スル意見提出ノ件

昭和九年八月廿二日　關東軍參謀長　西尾壽造

陸軍次官　橋本虎之助殿

首題ノ件別冊ノ通提出ス

追テ本意見ハ純作戰上ノ見地ニ基キタルモノニアラス主トシテ軍現在ノ任務達成上在滿部隊ノ現編制内容ヲ充實スルノ必要アルニ由リタルモノナルヲ以テ緩急順序御配慮ノ上之カ實現方詮議相成度

尚軍ノ緩急順序ニ對スル意見左記ノ通ニ付申添フ

【巻頭カラー図版資料①】「細菌戦研究ノ為」に「関東軍病馬廠」の創設を陸軍省に意見した関東軍参謀長西尾寿造「在満諸部隊編制ニ対スル意見提出ノ件」1934 年８月 20 日（『陸満機密大日記』1934 年２分冊の２所収。防衛省防衛研究所戦史研究センター史料室所蔵。松野発見）。軍事機密に指定されている。

〔中略〕

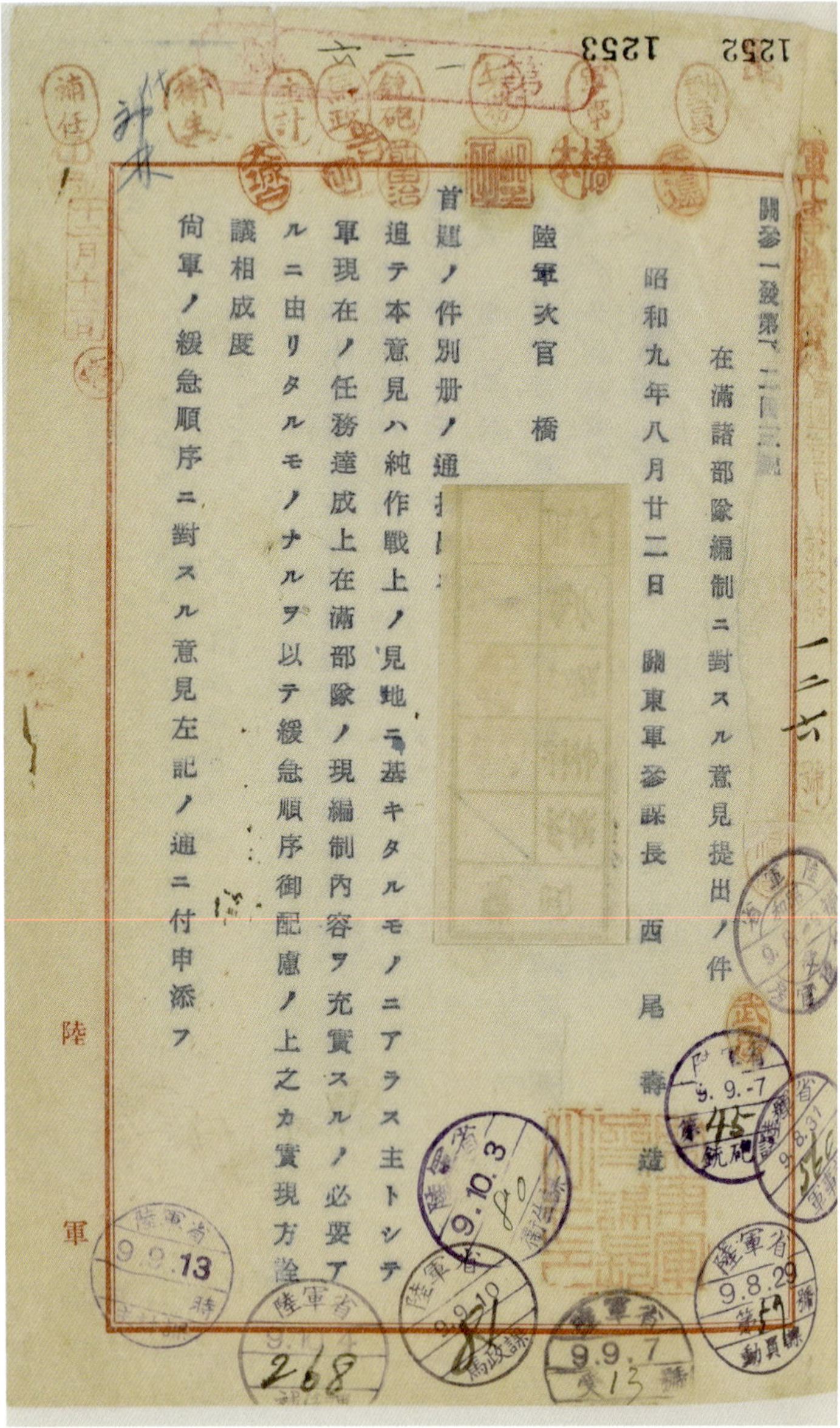

關參一發第二二四三號

在滿諸部隊編制ニ對スル意見提出ノ件

昭和九年八月廿二日　關東軍參謀長　西尾壽造

陸軍次官　橋

首題ノ件別冊ノ通

追テ本意見ハ純作戰上ノ見地ニ基キタルモノニアラス主トシテ軍現在ノ任務達成上在滿部隊ノ現編制內容ヲ充實スルノ必要アルニ由リタルモノナルヲ以テ緩急順序御配慮ノ上之カ實現方詮議相成度

尚軍ノ緩急順序ニ對スル意見左記ノ通ニ付申添フ

陸軍

其二十、其他

一、軍隷下部隊内上等計手階級増員ノ件

軍隷下部隊中主計ノ配屬ナキモノニハ現況ニ於テ上等計手ヲ配屬スルヲ必要トスルモノ多キヲ以テ現在ノ上等計手十六名ヲ二十四名ニスル如ク上等計手八名ヲ増員シ一、二等計手八名ヲ減員スルヲ要ス

二、關東軍病馬廠ヲ新設スルヲ要ス

理由

防疫、傷病馬ノ収療、化兵及細菌戰ノ研究、馬

正ノ補充業務等ヨリ獨立部隊トスルヲ適當ト
スルニ由ル

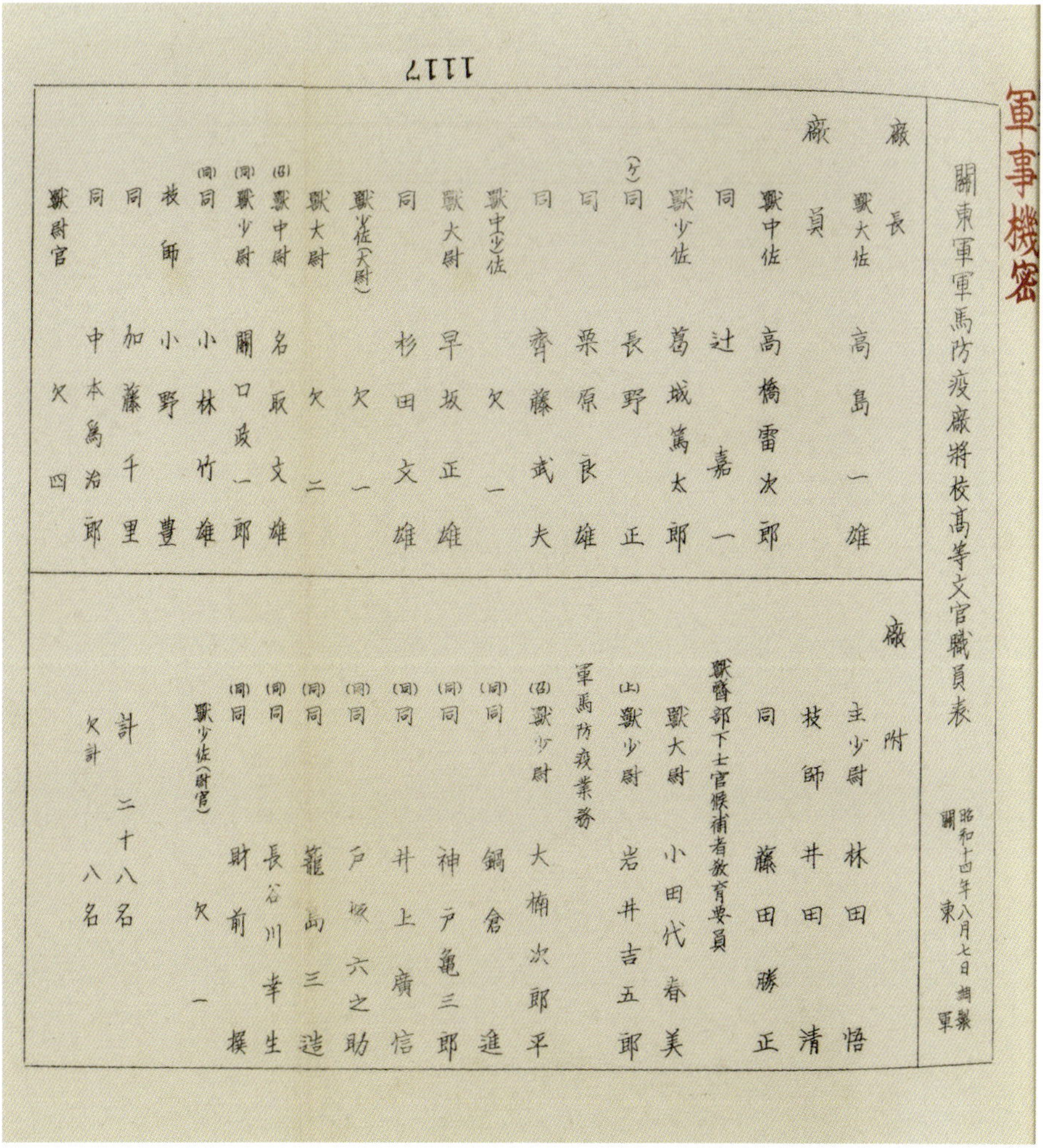
軍事機密

1117

關東軍軍馬防疫廠將校高等文官職員表

昭和十四年八月七日調製 關東軍

廠長 獸大佐 高島一雄
廠員 獸中佐 高橋雷次郎
同 辻嘉一
獸少佐 葛城篤太郎
(ケ)同 長野正
同 栗原良雄
同 齊藤武夫
獸中少佐 欠 一
獸大尉 早坂正雄
同 杉田文雄
獸少佐(大尉) 欠 一
獸大尉 欠 二
(召)獸中尉 名取文雄
(同)獸少尉 關口政一郎
(同)同 小林竹雄
技師 小野豊
同 加藤千里
同 中本爲治郎
獸尉官 欠 四

廠附 主少尉 林田悟
技師 井田清
同 藤田勝正
獸大尉 小田代春美
獸醫部下士官候補者教育要員
(上)獸少尉 岩井吉五郎
軍馬防疫業務
(召)獸少尉 大楠次郎平
(同)同 鍋倉進
(同)同 神戸亀三郎
(同)同 井上廣信
(同)同 戸坂六之助
(同)同 籠山三造
(同)同 長谷川幸生
(同)同 財前撰
獸少佐(尉官) 欠 一
計 二十八名
欠計 八名

【巻頭カラー図版資料②】1939年8月6日現在の関東軍軍馬防疫廠の職員表
（関東軍司令官梅津美治郎「編成（編制改正）詳報提出ノ件報告」1939年9月23日、『陸満密大日記』1939年第17号所収。防衛省防衛研究所戦史研究センター史料室所蔵。松野発見）

關東軍軍馬防疫廠判任文官職員表

昭和十四年八月六日調製
關東軍

附

技手		新井仲市
同		大塚時雄
同		中村寛
同		荻原織
同		滿田昌行
同		山口藤蔵
同	(召)	神戸亀三郎
同		池田守三
同		鈴木弘
同	(召)	井上廣信
同		缺 二

（召）ハ應召中ノ者ヲ示ス

1159

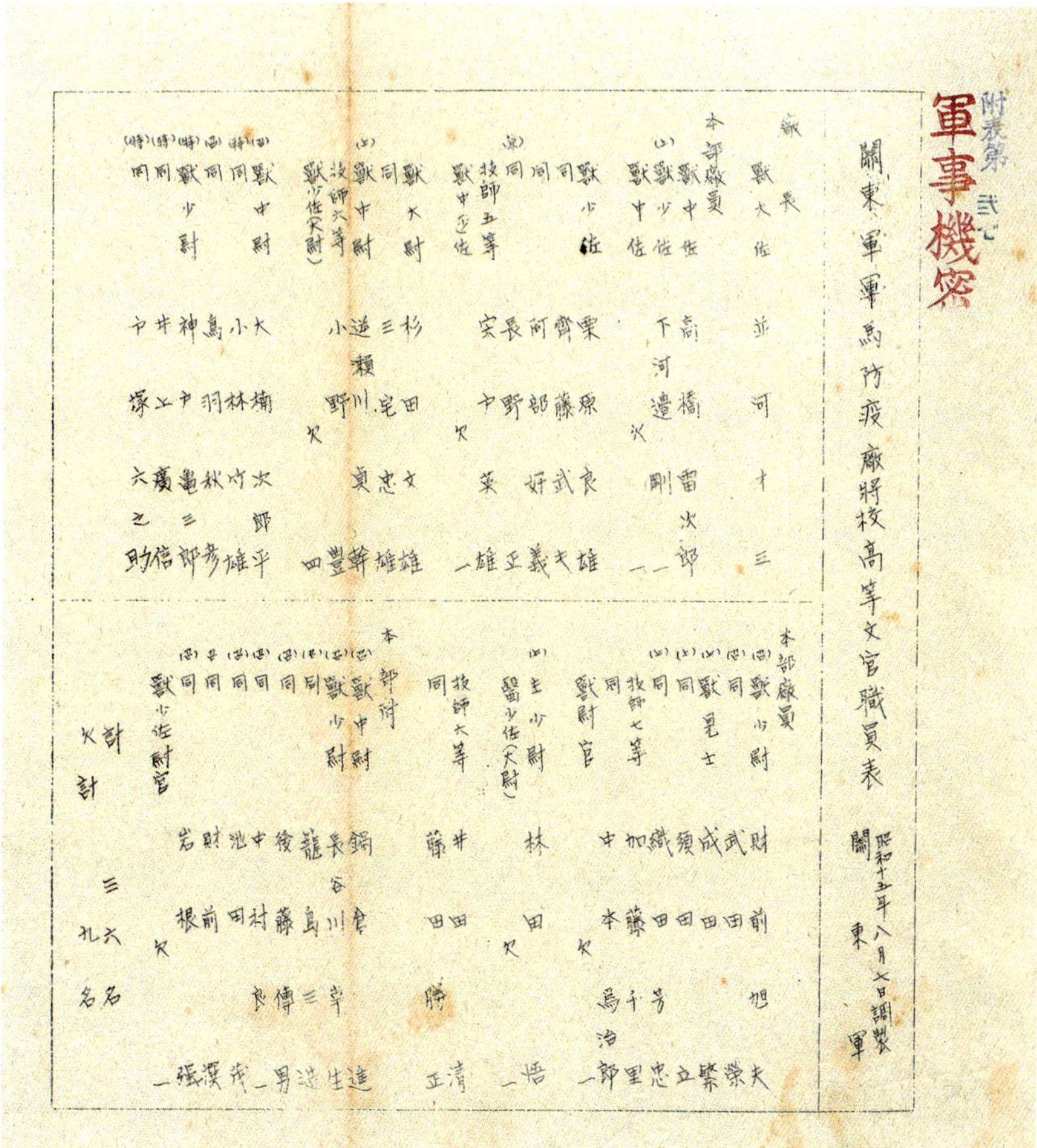

【巻頭カラー図版資料③】1940年8月7日現在の関東軍軍馬防疫廠の職員表
（復員課『昭和十五年（軍事秘密）昭和十五年軍備改変ニ拠ル編成（編制改正）詳報（其二）』所収。国立公文書館所蔵。松野発見）

軍事機密

關東軍軍馬防疫廠判任文官同待遇者職員表

昭和十五年八月七日調製

關東軍

附

技手 新井仲市
同 大塚時雄
同 中村寛
同 荻原傚
同 濤田昌行
同 山口藤藏
同 池田守三
同 鈴木弘
同 田中錠太郎
同 畑中德雄
同 松井徑孝
同 羅田讓
同 庄司正一
同 石橋作治
同 宮島亟一
同 木村秀雄
同 須藤正
同 井川弘
同 田中豐

計 一九
缺 五

軍馬防疫廠業務

囑 肥田慶次郎

計 一
缺 三

合計 二〇
缺計 八

はしがき

本書は、獣医学、政治学、日本近現代史の研究者が、相互に協力して取り組んだ、おそらく日本で初めての共同研究書である。

関東軍軍馬防疫廠（一〇〇［イチマルマル］部隊）は、一九三一年九月の満州事変以降第二次世界大戦中に「満洲」で活動し、一九三六年に関東軍防疫給水部（七三一部隊）と同時に発足した。七三一部隊は、細菌戦と人体実験を行ったことは広く知られており、日本ばかりでなく世界中でこれまで数多くの研究が行われてきた。

その研究成果は、文部省が教科書検定で七三一部隊の記述を否定したことに対する「家永教科書裁判」で、七三一部隊が細菌兵器の研究、開発、製造の過程で、中国、ロシアなど多くの抗日運動の関係者を「マルタ」として人体実験に供した事実が裁判で認定されたことに繋がっていた（松村高夫・矢野久共編『裁判と歴史学――法廷から731部隊を見る』現代書館、二〇〇〇年）。

また、日中戦争における細菌戦の被害者が日本で裁判に訴えた「細菌戦国家賠償請求裁判」は、一九四〇年から四二年にかけて中国各地で、七三一部隊が開発したペスト蚤（ＰＸ）の実戦使用による細菌戦が日本軍の戦闘行為の一環として行われた史料の調査研究が、裁判での事実認定に重要な役割を果たした（加藤哲郎『飽食した悪魔」の戦後』花伝社、二〇一七年、一五-一六頁）。

いっぽうで一〇〇部隊は、「満洲には細菌戦と人体実験で悪名高い七三一部隊の他に『悪魔の姉妹・一〇〇《イチマルマル》』として関東軍軍馬防疫廠が存在」（森村誠一『新版・悪魔の飽食』、一九九八年）と、指摘されていたが、三友一男『細菌戦の罪』（泰流社、一九八七年）と江田いづみ「関東軍軍馬防疫廠――一〇〇部隊像の再構成」松村高夫ら編『戦争と疾病』（本の友社、一九九七年）を除いては、実態はほとんど知られてこなかった。

しかし二〇二〇年小河孝が、獣医疫学の視点から関東軍の軍馬における鼻疽の防疫対策の解析を通じ、一〇〇部隊による細菌戦と人体実験への関与を新たな視点から取り上げた（『満州における軍馬の鼻疽と関東軍奉天獣疫研究所・馬疫研究処・一〇〇部隊』（文理閣、二〇二〇年））。続いて二〇二二年夏、加藤哲郎と小河孝は、『731部隊と100部隊――知られざる人獣共通感染症部隊』（花伝社、二〇二二年）を上梓した。

共著は米国国立公文書館所蔵のGHQ／LS（法務部）資料をもとに、中国で新たに編纂・刊行された近藤昭二・王選編『日本生物武器作戦調査資料』第六冊（二〇一九年）にある一〇〇部隊の『山口本治ファイル』を解読した。加えて西山勝夫『留守名簿　関東軍軍馬防疫廠』（不二出版、二〇一九年）で国立公文書館の公的史料を解析、一〇〇部隊の軍属（技手）であった紀野猛や西村武による人体実験疑惑のGHQへの告発の分析を通じて、一〇〇部隊の新たな研究を進めてきた。

二〇二三年七月、明治学院大学国際平和研究所の松野誠也研究員が、「国立公文書館の公式史料から七三一部隊の一九四〇年組織改正の『職員表』などを発見」と、新聞やNHKニュースなどで大きく報道された。

松野研究員はNHKの取材に、「七三一部隊の構成を示す資料はこれまで見つかっておらず、部隊ができたばかりの時期に誰がいたのかを網羅的に示した資料が見つかったという点で非常に貴重だ。これまで知られていなかった人たちの名前も含まれており、部隊の実態を解明していく上で重要な基礎資料になる」と、コメントした。

加藤と小河はこれらの報道に、「七三一部隊と同時に一〇〇部隊の職員表も発見」という記事を見つけ、松野研究員に詳しい内容を問い合わせ、松野氏から「七三一部隊と同様に一〇〇部隊の『職員表』の存在」が確認された。これを契機に、加藤と小河に松野を加えた三者による一〇〇部隊の情報共有を通じて共同研究への探求が始まった。

同じく二〇二三年八月、共著の出版元である花伝社あてに、匿名（住所・氏名なし）読者から加藤と小河に一通の手紙が届いた。第一信（二〇二三年八月一五日付消印）には、「一〇〇部隊に在籍した某隊員から託された資料」六点と「遺言を託された者より一言と追記」の手紙が含まれていた。

手紙には、「実は、一〇〇部隊員の方が近所にお住まいでしたので懇意にしていただきました。史料や手記を託され、いつか機会があれば世の中に発表して欲しいと遺言を預かりました。昨年『731部隊と100部隊』を拝読させていただき、正に今がその時かと思い送付させていただきました」と、書かれていた。（続いて第二信（九月）は、一〇〇部隊の敗走関連の資料が同封されていた。）

加藤と小河は受領した資料について、一〇〇部隊の既存資料である『細菌戦の罪』（泰流社、一九八七年）にある記述との関連性と相違点について詳しく比較検討をした。

主な点は、①三友一男の自分史『青春如春水』（私家版、一九八五年）に存在した人体実験の記述が『細菌戦の罪』から削除されていた謎、②山口本治『百部隊終戦始末記と後日譚』（陸軍獣医部会報『紫陽』第七五号、一九九〇年）の記述にGHQ法務部の尋問記録との照合を要する新しい事実の存在、③某隊員のメモ「第2部第6科の人体実験と細菌戦」の内容が、一〇〇部隊の細菌戦と人体実験疑惑のさらなる探索の重要性を示唆していた。

一九四九年末、ソ連のハバロフスク裁判で断罪された一〇〇部隊は、これまで史料も証言も断片的であった。加藤と小河の共著しかなかったが、匿名読者の「資料」の解読を進めた経緯から、私たちは本書で七三一部隊とは区別される細菌戦部隊である一〇〇部隊の細菌戦研究について、独自の視点から新たに取り組むことにした。

以上、本書の企画成立までの経緯を述べてきた。以下、本書の概要を簡単に紹介し、三名による共同研究の成果の如何については、読者の判断を仰いでいきたい。

松野が担当した第一章「陸軍獣医部と関東軍軍馬防疫廠」は、これまでの日本陸軍関係資料発掘の集大成となる研究成果の一部から構成されている。とくに一九三一年の満州事変から、一九三六年の軍馬防疫廠創設を経て一九四五年の敗戦に至るまで全体を五期に分けて、豊富な陸軍関係の史料を提示した。内容は、日本軍全体および歴史的文脈の中で、一〇〇部隊の拡大と研究活動の変遷を示した基礎的研究と位置づけられる。

小河が担当した第二章「関東軍軍馬防疫廠一〇〇部隊の虚像と実像」は、先の共著で明らかにした一〇〇部隊の細菌戦と人体実験、戦争責任の追及、さらに戦後に続く「負の遺産」について、これまで関連資料が見つからないために十分な分析ができなかった部分に某隊員による資料とメモを活用した。

内容については検討を要するが、客観性が担保できる情報、例えば三友一男の自分史『青春如春水』の目次と七二〜七八頁、山口本治の『百部隊終戦始末記と後日譚』（『紫陽』七五号）などは、三友一男『細菌戦の罪』に内在する改竄プロセスやGHQによる山口本治の取り調べの真相解明などに用いた。

さらに、既存資料の再評価および新たな関連資料を探索した結果、一〇〇部隊の敗走と北朝鮮・定州に留め置かれた家族の悲劇（満州難民）の解明に繋がった。

最後に加藤が担当した第三章は「情報戦としての細菌戦」を大きなテーマに、コロナ・パンデミック終息後の新たな世界情勢を俯瞰し、第一節「情報戦のなかでの七三一部隊・一〇〇部隊問題」は、幅広い視点からさまざまな情報源を駆使し「国際歴史探偵」を彷彿させる多角的な記述で構成されている。

第二節「生物兵器開発の歴史と医学・獣医学の情報戦」は、加藤の『飽食した悪魔』の戦後』（花伝社、二〇一七年）で、GHQと七三一部隊が関連した「戦後史の闇」の解明を包括的に展開したように、生物兵器開発の歴史の展開を逐次解説する形となっている。

最後の第三節は、「三友一男『細菌戦の罪』の罪と「旧隊員」遺品からの新情報」と題して、匿名読者からの第一信と第二信、さらに二〇二四年五月に来た第三信の手紙と資料の意味と性格を考察し、加藤から「匿名読者」への返信となっている。

以上、話題の豊富な内容からなる本書は、最初に目次全体を参照していただき、読者の関心と興味をひく部分から、自由闊達に読み進めてくださることをお薦めしたい。

信州・上田市真田町にて　小河　孝

検証・１００部隊——関東軍軍馬防疫廠の細菌戦研究◆目　次

第一章　陸軍獣医部と関東軍軍馬防疫廠

松野誠也

はじめに

日本陸軍の細菌戦部隊である関東軍軍馬防疫廠（満洲第一〇〇部隊）に関する実態解明は、一九九〇年代後半になってからスタートした。すなわち、江田いづみ氏によって、関東軍軍馬防疫廠の起点は関東軍病馬収容所であったこと、陸軍獣医学校や「満洲国」大陸科学院馬疫研究処(1)および衛生技術廠に支えられながら一九三三年には細菌研究室を設けて「細菌戦（対策）の研究を開始」したこと、一九三六年の関東軍軍馬防疫廠の誕生を経て、遅くとも一九四一年には「細菌戦準備の実施に着手した」ことなどが論じられたのである(2)。これは、一九四九年に旧ソビエト連邦が元関東軍幹部と元関東軍防疫給水部（満洲第七三一部隊）および元関東軍軍馬防疫廠の関係者を裁いたハバロフスク軍事裁判の公判記録『細菌戦用兵器ノ準備及《およ》ビ使用ノ廉《かど》デ起訴サレタ元日本軍軍人ノ事件ニ関スル公判書類』（外国語図書出版所、一九五〇年）や、中華人民共和国の撫順戦犯管理所において日本人戦犯が記した自筆供述書、元関東軍軍馬防疫廠軍属の三友一男『細菌戦の罪』（泰隆社、一九八七年）などに依拠して検討されたものだが、「これまで一〇〇部隊についてはまとまった資料も研究もほとんどなく、本稿では試みとして部隊周辺からの証言をもとに部隊像を描いてみた(3)」とあるように、資料的な制約が非常に厳しいなかで取り組まれたものだった。

その後、松野は、日本軍資料の発掘と分析を通じて、二〇一七年、関東軍軍馬防疫廠の創設は参謀本部の主導によって行われたものだったことを明らかにするとともに、[4]翌一八年には関東軍軍馬防疫廠の部隊人数の変遷（資料が現存する一九三六年から一九四〇年まで）を明らかにした。[5]そして、二〇二〇年代に入ると、①小河孝『満州における軍馬の鼻疽と関東軍――奉天獣疫研究所・馬疫研究処・一〇〇部隊』（文理閣、二〇二〇年）と②加藤哲郎・小河孝『731部隊と100部隊』（花伝社、二〇二二年）が刊行される。これらのうち、小河氏によってはじめて獣医疫学・獣医師の立場から本格的な分析が加えられたことの意義は大きく、研究は新たな段階に進んだといえる。具体的には、中国東北（「満洲」）における鼻疽をめぐる日「満」防疫体制と関東軍の主導による「満洲国」大陸科学院馬疫研究処の設置（一九三七年二月）過程を分析するとともに、南満洲鉄道株式会社の奉天獣疫研究所において鼻疽の人への実験室内感染事故が起きていたことを明らかにし、馬疫研究処は関東軍軍馬防疫廠を補完する役割を担っていたこと、その初代処長・安達誠太郎の自筆供述書にたいする詳細な検討を経て関東軍臨時病馬廠の設置（一九三三年）から関東軍軍馬防疫廠の成立（一九三六年）までを検討している。さらに、三友一男にたいする批判的検討を踏まえながら関東軍軍馬防疫廠における細菌謀略の研究活動や野外実験の実態について考察するとともに、GHQ法務局の「山口本治ファイル」に記録された元関東軍軍馬防疫廠関係者の供述を紹介・検討している。一方、加藤氏は、七三一部隊や一〇〇部隊の戦争犯罪は現代の問題であることを新型コロナウイルス対策とワクチンをめぐる問題から論じるとともに、先行研究では検討されてこなかった元関東軍軍馬防疫廠技師の加藤久弥について検証し、岩手大学学長まで上り詰めながらも関東軍軍馬防疫廠の戦争犯罪に向き合うことのなかった獣医学者の戦後を明らかにした。

このように、近年、関東軍軍馬防疫廠に関する研究は進展しているが、実態解明を進めるうえで重要となる日本軍資料の発掘は、国立公文書館が所蔵する関東軍軍馬防疫廠の留守名簿が資料集[6]として刊行されたことを除けば、ほとんど進んでいないのが実態であろう。一方、松野は前述の論文を発表した後、関東軍軍馬防疫廠に関する基礎資料の発掘に力を注ぎ、その成果の一端は、国立公文書館において関東軍が一九四〇年に作成した関東軍防疫給水部と関東軍軍馬防疫廠の職員表を発見したことを二〇二三年に報道で発表する機会を得た（この職員表は、本書巻頭にカラー図版で示している）。

以上のような研究状況を踏まえ、本稿は、日本軍資料発掘の結果[7]に基づく陸軍獣医部と関東軍軍馬防疫廠についての基盤的研究として、陸軍獣医部や関東軍における細菌戦・細菌兵器の認識と関東軍軍馬防疫廠創設にいたる経緯、陸軍中央の主導による関東軍軍馬防疫廠の創設とその後の拡大、日本軍全体および歴史的文脈の中での部隊拡大と研究活動の変遷について具体的に検討するとともに、時期区分の設定を行うことにしたい。

分かりやすさを考え、あらかじめ時期区分を示しておくと以下のとおりである。

【第一期】：一九三三年二月〜一九三六年七月
関東軍臨時病馬廠の創設から関東軍軍馬防疫廠が誕生するまで。

【第二期】：一九三六年八月〜一九四一年六月
関東軍軍馬防疫廠誕生後から、一九三九年のノモンハン戦争を経て関東軍の対ソ戦準備が本格化するまで。

【第三期】：一九四一年七月〜一九四三年一一月
関東軍の対ソ戦準備＝関特演（関東軍特種演習）の発動に伴なって関東軍軍馬防疫において細菌生産を開始し、細菌製造を担当する第二部第六課の新設が決定される直前まで。

【第四期】：一九四三年一二月〜一九四五年八月
第二部第六課新設決定後から一九四五年八月九日のソビエト連邦（ソ連）による対日開戦まで

【第五期】：一九四五年八月〜一九四五年一一月
ソ連の対日開戦後から日本敗戦を経て関東軍軍馬防疫廠が内地に帰還するまで

以下、本稿は、この時期区分ごとに叙述することにしたい。引用に際し、旧漢字は新漢字に改め、改行位置を変更している。また、〔　〕は松野による注記を、／は改行位置であることを示す。

なお、用語について触れておくと、一般的に関東軍軍馬防疫廠は一〇〇部隊と称されるが、関東軍軍馬防疫廠（本部と支部を含む全体）が満洲第一〇〇部隊と称されるようになったのは、後述するように一九四一年からであることから、本稿では、一〇〇部隊ではなく、関東軍軍馬防疫廠という用語を使用することにする。また、関東軍軍馬防疫廠が研究していたのは、細菌だけではなくウイルスも含まれることから、生物兵器や生物戦というべきであるが、日本軍では生物兵器による謀略は「細菌謀略」、それによる攻撃（戦闘）は「細菌戦」と呼んでいたのが一般的であるため、本稿では、細菌謀略、細菌戦、細菌兵器という用語を使用している。

一　第一期：一九三三年二月～一九三六年七月

関東軍臨時病馬廠の創設から関東軍軍馬防疫廠が誕生するまで

関東軍臨時病馬廠の設置

満洲事変勃発直後の一九三一年一一月、関東軍に臨時病馬収容所が設置された。そして、一九三三年二月一五日、関東軍司令官・武藤信義大将は「自今《じこん》関東軍病馬収容所ヲ関東軍臨時病馬廠ト改称ス」と命令（関後命第二六〇号）したことから、[8] 関東軍臨時病馬廠が「満洲国」首都・「新京」（現、長春）の南に位置する寛城子に設置された。その任務については、関東軍獣医部「軍馬衛生に関する細部の指示事項」が次のように解説している。[9] ここで、軍馬の主な「特種疾病」とは、血汗症、ピロプラズマ類似症、特種急性胃腸炎、裂蹄《れってい》などを指す。

四、関東軍臨時病馬廠の任務の概要左の如《ごと》し
1、防疫業務
2、病馬の収療業務
3、軍馬の補充一部の業務
4、伝染病、特種疾病の調査研究

当時、中国東北では鼻疽が流行しており、日本軍の軍馬が中国東北の在来馬と接触して鼻疽に感染する恐れがあり、鼻疽の感染の有無を判定する検疫対策が必要とされていた。[10] 鼻疽はウマ科の動物に感染するほか人にも感染する人畜共通感染症であり、これに感染した馬の分泌物で汚染された飼料や水を介して感染し、馬集団のなかで感染を拡大させて感染馬は敗血症によって死亡する。[11] 機械化の遅れた日本軍にとって、軍馬は貴重な存在だったことから、鼻疽にたいする対策の強化が重要な課題となっていたのである。

こうして創設された関東軍臨時病馬廠は、軍馬の鼻疽防疫を推進する上で重要な組織となった。例えば、間庭秀信獣医少佐による懸賞論文「鼻疽防疫に関する根本的対策を論ず」は、「従来〔鼻疽の〕血清学的検索は軍に其《その》設備なかりしを以《もっ》て、満鉄獣疫研究所に委嘱せるも、軍馬の検疫は軍自体にて実施するを本旨となすにより之《これ》が施設を急ぎ、昭和八年十月以降関東軍〇〇〇〇廠に於《おい》て之《これ》を実施し得るに至り、最近之《これ》を〇〇部隊に改編し、陣容を充実して病性鑑定に学術研究に著々《ちゃくちゃく》軍陣防疫上画期的功績を挙《あ》げつゝあり」と記している。[12] ここで、「〇〇〇〇廠」は「臨時病馬廠」、「〇〇部隊」は「防疫部隊」＝関東軍軍馬防疫廠を指す。つまり、関東軍臨時病馬廠によって軍馬の鼻疽検疫がはじめて可能になり、これを発展させたものが関東軍軍馬防疫廠という位置づけが示されている。このことから本稿では、第一期の起点を関東軍臨時病馬廠の創設に置いている。

陸軍獣医部の提言と細菌謀略への対処

関東軍臨時病馬廠が創設された直後、陸軍獣医部は、間髪を入れずにさらなる態勢の充実に向けて動き出す。中国東北を視察した陸軍獣医学校長・渡辺満太郎獣医監は、一九三三年七月二五日にその所見をまとめ、これは、同月三一日、荒木貞夫陸軍大臣に提出された。(13) 渡辺はこのなかで、「軍部ノ防疫方策」に言及し、鼻疽防疫については各部隊で煩雑な検査法を反復しており、これを完璧にするためには「更《さら》ニ一段ノ工夫ヲ必要トス」としたうえで、改善の第一案として「関東軍ニ軍用動物防疫部ヲ新設シ防疫ニ関スル研究、調査、検査並《ならびに》製造等ヲ行ハシム」ること、第二案として、「〔関東〕軍司令部要員内ニ防疫勤務要員ヲ増加シ軍獣医部業務ノ一部トシテ防疫業務ヲ選任セシム」ることを示し、このいずれかを採用することによって「適切ナル防疫施設ヲ講スルノ要アリ」と提言している。このうち、第一案が関東軍軍馬防疫廠の創設につながっていくことになるのである。

関東軍における軍馬防疫機関の拡充は、末端の獣医からも提言されていた。例えば、一九三二年六月から一九三四年八月にかけて騎兵第一旅団に所属した内田長文一等獣医の「満洲派遣間に於《お》ける行動並《ならびに》馬匹衛生に就《つい》て」(14)は、「病馬収容機関は行動並《ならびに》駐軍時と雖《いえども》必要にして之《これ》が設置は各地に於《おい》て要望する所なり。現在の関東軍臨時病馬廠の如《ごと》く病馬収容と共に防疫又《また》は其他《そのた》特種の事項を研究実施する機関を各地に設置し十分なる防疫並《ならびに》各種研究をなす如《ごと》く更《さら》に拡張整備するの要あり」と指摘している。ここでは、「其他《そのた》特種の事項を研究実施する機関」が必要であるとされている点が注目されるが、内田は「特種の事項」についての具体的な言及は伏せている。

さらに陸軍獣医部は、以上の取り組みと同時並行的に、一九三三年以降、各師団獣医部において、陸軍獣医学校が教授した「細菌戦」に関する教育を開始した（表1）。つまり、この時期、「細菌戦」に関する教育の中枢は陸軍獣医学校だったことがわかる。なお、ここでの「細菌戦」研究とは攻撃を意図したものではなく、謀

表1 『陸軍獣医団報』において細菌戦に関する記載がある師団獣医部での研究会などの記事
①（日中全面戦争開始前）

No	時期	タイトル	内容	掲載号
1	1933年 8月19日	「八月中第六師管区陸軍獣医分団留守班研究会記事」	野砲兵第6連隊留守隊での「研究項目講和」に、「2．細菌戦に就《つい》て（乙種学生修得事項普及及《およ》び第一回）小庄獣医」とある。	第293号、1933年12月
2	1934年 1月11日	「一月中第十二師管区陸軍獣医分団留守班研究会記事」	輜重兵第18大隊での「研究事項講話」の「第二席 陸軍獣医学校乙種士官学生として習得せる事項の一部に就《つい》て 林三等獣医」は「要旨 細菌戦に関して紹介す」とある。	第296号、1934年3月
3	1934年 1月16日	「一月中第十九師管区陸軍獣医分団研究会記事」	騎兵第27連隊での「研究項目講話」は「第一席 細菌戦に就《つい》て 小庄三等獣医」のみであり、「陸軍獣医学校乙種学生在校間修得事項を紹介す」とある。	第296号、1934年3月
4	1934年 8月14日	「八月中第六師管区陸軍獣医分団研究会記事」	第6師団司令部での「研究項目講話」の「第二席 陸軍獣医学校乙種学生在修得事項の紹介 井上三等軍医」では、第三項目に「細菌戦に就《つい》て」とある。	第304号、1934年11月
5	1935年 2月28日 ～3月4日	「第十六師団蹄鉄工長合同現地教育事記」	2月28日、「午前九時迄《まで》統裁官以下全員野砲兵連隊に集合統裁官の訓示並《ならびに》指導官たる和田獣医正《せい》より所要の注意を与へ、続いて将来戦に於《お》ける馬衛生機関の運用並《ならびに》勤務の研究、特に化学兵器並《ならびに》細菌戦に関する教育を実施し這般《しゃはん》研究したる北満冬季試験資材各種蹄鉄の比較成績に就《つい》て講話せり」とある。	第317号、1935年12月
6	1936年 11月27日	「十一月中第一師管区陸軍獣医分団研究会記事」	第1師団司令部で、「研究項目講話」の「第二席 細菌工作に就《つい》て 村本一等獣医」は「要旨 某国に於《お》ける細菌戦工作に関する情報を紹介し将来の参考に資する所ありたり」とある。	第319号、1936年2月
7	1936年 12月19日	「十二月中第一師管区陸軍獣医分団研究会記事」	第1師団司令部で、「研究項目講話」の「第四席 細菌戦に対する一考察 井澤三等獣医」は「要旨 細菌戦に関する文献を紹介し次いで人に対し応用せらることあるべき各細菌に就《つい》て詳述せり」とある。	第320号、1936年3月
8	1937年 2月1日 ～3日	「第十四師管区陸軍獣医分団野外作業記事」	2月1日、茨城県湊町での野外作業中、「第四問題」に「師団作戦進捗に伴ひ獣医部長として予想し得べき敵の細菌謀略手段及《および》菌種並之《ならびにこれ》が対策如何《いかん》」とある。	第334号、1937年5月

（ここで示した『陸軍獣医団報』はすべて国立国会図書館デジタルアーカイブ掲載資料である。）

1352

関東軍参謀部 密 第五〇七號

秘密書類調製報告

昭和九年十一月十九日

関東軍司令官

陸軍大臣 林銑十郎殿

左記秘密書類別冊ノ通軍獸醫部ニ於テ調製セシニ付報告ス

左記

對細菌戰獸醫勤務参考

別冊 十二月四日

陸軍省 9.11.23

陸軍省 9.11.27 馬政課

受領 11月26日

陸軍

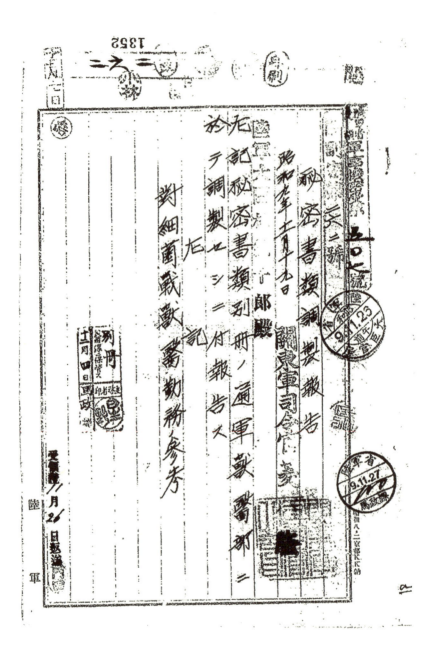

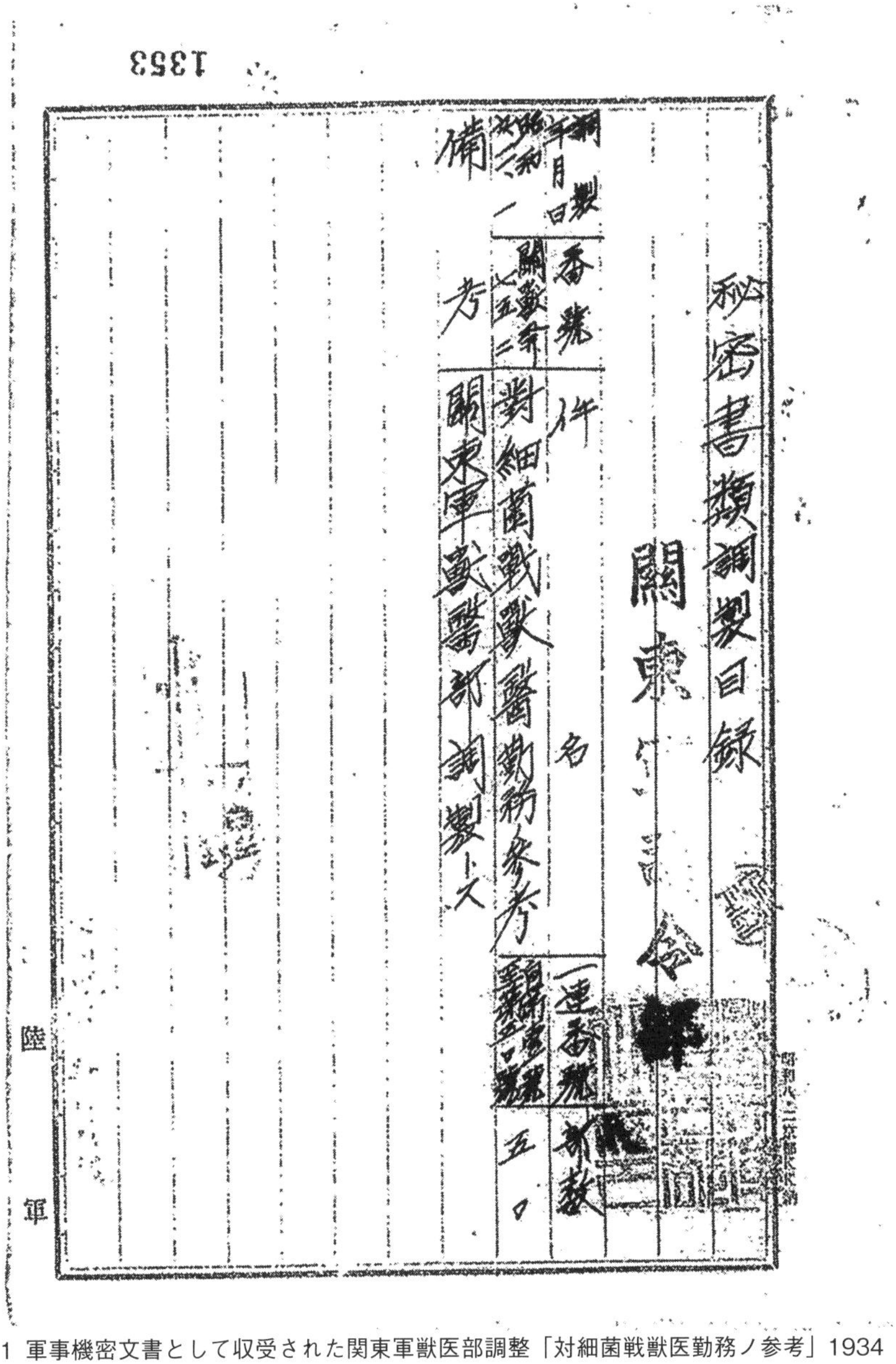
1353

秘密書類調製目録

關東

一連番號

部數 五〇

調製年月日 昭和九、一一、一

番號 關獸秘七五二

件名 對細菌戰獸醫勤務參考

備考 關東軍獸醫部調製トス

陸軍

図1 軍事機密文書として収受された関東軍獣医部調整「対細菌戦獣医勤務ノ参考」1934年11月1日

（『陸機密大日記』1934年第1冊2／2所収。防衛省防衛研究所戦史研究センター史料室所蔵。本体は現存していない。）

略的な細菌攻撃を受けた場合の対処方法＝「防疫」的なものが中心だったと考えられる。

なぜなら、一九三四年一一月一九日、関東軍司令官・菱刈隆大将は、同月一日に関東軍獣医部「対細菌戦獣医勤務ノ参考」を五〇部調製したことを林銑十郎陸相に報告しているからである（図1）。この文書の本体が現存していないのは残念だが、タイトルからして、細菌攻撃を受けた場合の対処方法をまとめたものであることが分かる。これは、陸軍獣医部が非常に早い段階から細菌攻撃（なかでも謀略的な細菌攻撃）を受ける可能性があることを強く意識し、それに対抗していくための防御研究を重視していたことを示している。

関東軍による細菌戦部隊創設の意見

そして関東軍は、さらに進んで、軍馬に関する「細菌戦ノ研究」を進めていくことを陸軍中央に提言するにいたる。一九三四年八月二〇日、関東軍参謀長・西尾寿造中将は、陸軍次官・橋本虎之助中将にたいして軍事機密に指定した「在満《ざいまん》諸部隊編制ニ対スル意見提出ノ件」を提出した。これは、関東軍による仮想敵国・ソビエト連邦との戦争＝対ソ戦の任務を達成するうえで必要となる軍備を充実させていくために意見されたものだが、優先順位に示された項目の最後に「細菌戦ノ研究」を行うことも含めた「関東軍病馬廠」を新設するよう求めている（巻頭のカラー図版資料参照）。該当する部分を以下に摘記する。

其二十、其ノ他

一、〔略〕

二、関東軍病馬廠ヲ新設スルヲ要ス

理由

防疫、傷病馬ノ治療、化兵《かへい》〔化学兵器〕及《および》細菌戦ノ研究、馬正《ママ》ノ補充業務等ヨリ独立部隊トスルヲ適当ト

スルニ由《よ》ル

ここでは、「対細菌戦」といった表現が使われていないこと、また、「防疫」とは別のものとして「細菌戦ノ研究」とあることから、細菌攻撃についての研究に着手するための専門部隊の創設を求めたものと考えられる。この資料によって、関東軍は非常に早い段階から軍馬にたいする「細菌戦ノ研究」を企図していたことが明らかになった。しかしながら、当時、この意見は直ちには採用されなかった。

現在確認される段階では、次に関東軍が軍馬の「細菌戦」に関する部隊の新設を求めたのが一九三六年だった。すでによく知られているように、一九三六年四月二三日、関東軍参謀長・板垣征四郎中将は陸軍次官・梅津美治郎中将にたいして、関東軍司令部「在満兵備充実ニ関スル意見」（一九三六年四月二三日）を提出したが、[15]このなかで、次のような意見が示されている。

第二十四　関東軍軍獣防疫廠ノ新設増強

予定計画ノ如《ごと》ク昭和十一年度ニ於《おい》テ関東軍ニテ臨時編成シアル病馬廠ヲ改編シテ傷病馬ノ収容、細菌戦対策ノ研究機関タラシムル如《ごと》ク関東軍軍獣防疫廠ヲ新設ス

又《また》在満部隊ノ増加等ニ伴《ともな》ヒ昭和十三年度以降其《その》一部ヲ拡充ス

関東軍軍獣防疫廠ノ駐屯地ハ寛城子付近トス

この意見では、関東軍防疫部（後の関東軍防疫給水部＝七三一部隊）の新設増強も提言されているが、そこでは「細菌戦準備ノ為《ため》」と明記されており、「関東軍軍獣防疫廠」の「細菌戦対策ノ研究」とは明らかに段階が異なることが分かる。

参謀本部の主導による関東軍軍馬防疫廠の創設と昭和天皇

だが、実際には、関東軍防疫部や関東軍軍馬防疫廠の創設は、この意見を受けてからではなく、参謀本部の主導によって行われていた。一九三六年四月一三日付けの参謀本部第一課（編制動員課）「満洲派遣部隊一部ノ編成及《およ》編制改正要領（決定案）」には、関東軍防疫部と関東軍軍馬防疫廠は一九三六年八月上旬に編成に着手し、そのうちの一部は同年一二月に着手することなどが示され、これを照会した閑院宮載仁《かんいんのみやことひと》参謀総長にたいして寺内寿一陸軍大臣が同意したことから昭和天皇に上奏《じょうそう》され、五月三〇日、昭和天皇がこれを裁可して「軍令陸甲第七号」により施行を命じたことから実現したのである。[16] このとき、陸軍中央が昭和天皇にたいしてどのような説明を行っていたのかについてはまだ分かっていない。その解明は今後の課題である。なお、陸海軍が帷幄上奏《いあくじょうそう》して天皇の允裁《いんさい》（裁可）が得られたら陸海軍大臣が副署して令達するものを「軍令」と言い、そのうち、陸軍に関して公示しない軍事機密事項を「軍令陸甲」、秘密事項を「軍令陸乙」を付して発番された。一方、公示するものは「軍令陸」を付して発番された。つまり、本稿で取り上げる「軍令陸」はすべて昭和天皇の承認を得たものということにある。

関東軍軍馬防疫廠の創設が参謀本部の主導によって行われたことは、次の点からも裏付けることができる。すなわち、先の関東軍の意見には、冒頭、「此等《これら》兵備ノ充実ハ是非《ぜひ》トモ昭和十四年度迄《まで》ニ実現セラレタク切《せつ》ニ中央ノ配慮ヲ望ミテ息《や》マサル所ナリ」とあることから、関東軍防疫部や関東軍軍馬防疫廠の創設を事前に知っていた場合にはこの二つの部隊新設は意見に盛り込まれなかったはずである。また、関東軍の意見にある「関東軍軍獣防疫廠」という部隊名称が採用されなかった点もそのことを示すものだろう。

そして、関東軍防疫部と関東軍軍馬防疫廠の編成完結については、昭和天皇へ上奏《じょうそう》された。一九三六年八月六日、関東軍司令官・植田謙吉大将は寺内陸軍大臣宛の極秘電報によって、関東軍防疫部は八月五日、関東軍軍馬防疫廠は八月三日に編成を完結したことを報告した。[17] これを受けた陸軍省は、八月八日、上記の二つの部

表２　歴代の関東軍軍馬防疫廠長

時　　期	廠　　長
1935年８月１日～1940年３月９日	高島一雄一等獣医正
1940年３月９日～1942年７月１日	並河才三獣医中佐
1942年７月１日～	若松有次郎獣医大佐

（秦郁彦編『日本陸海軍総合辞典』東京大学出版会、1991年、323頁より作成）

隊の編成完結とその日付を昭和天皇に上奏《じょうそう》している（図２）。関東軍防疫部と関東軍軍馬防疫廠の新設にあたっては、昭和天皇の承認が必要不可欠だったこと、編成完結とその日付についてきちんと昭和天皇に上奏《じょうそう》していたという経緯は、両者が〈天皇の軍隊〉の一員であることを如実に示すものである。そして、一九三七年一月七日、植田関東軍司令官は寺内陸軍大臣にたいして関東軍軍馬防疫廠「関東軍軍馬防疫廠編成詳報」を提出した[18]。

関東軍軍馬防疫廠の歴代部隊長は、表２に示したとおりである。

二　第二期：一九三六年八月～一九四一年六月
関東軍軍馬防疫廠誕生後から、一九三九年のノモンハン戦争を経て関東軍の対ソ戦準備が本格化するまで

関東軍勤務令の規定

関東軍軍馬防疫廠の役割は、関東軍勤務令によって規定された。関東軍勤務令とは、関東軍司令官とその隷下にある部隊の勤務の要綱を規定したもので、参謀本部が案を作った後で陸軍省と合議したのち、昭和天皇に上奏《じょうそう》され、裁可された場合は「軍令陸乙」により下達・施行された。現存する関東軍勤務令のうち、関東軍軍馬防疫廠が初めて登場するのが一九三七年に改定された関東軍勤務令である。この時の関東軍勤務令改定案は同年五月二九日に参謀本部第三課（編制動員課。組織改編により旧第一課は第三課となった）が作成して閑院宮参謀総長から杉山元《げん》陸軍大臣

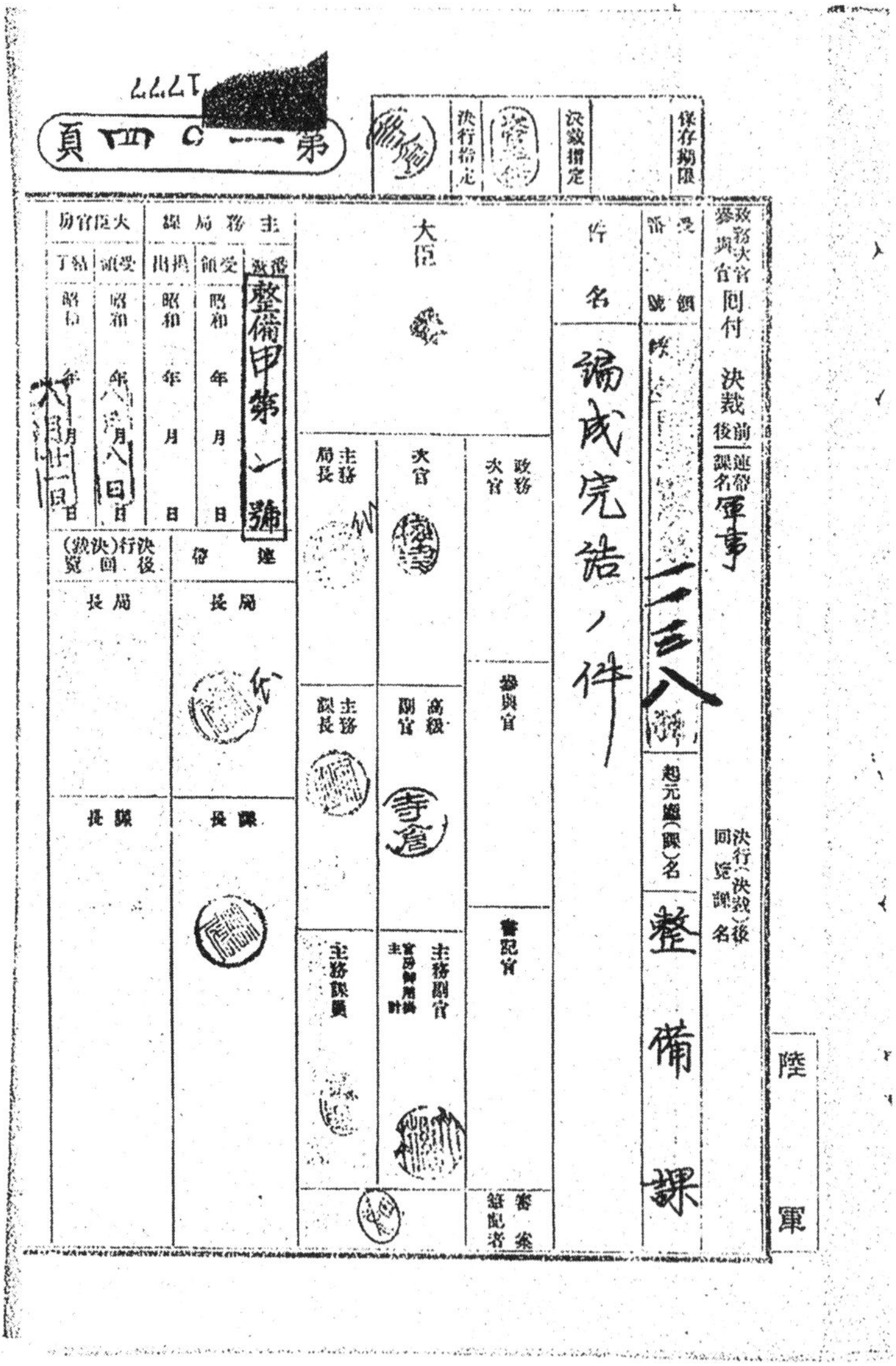
1777 [redacted]

第一一〇四頁

保存期限

決裁指定

決行指定

政務次官 参与官 回付

決裁 前/後 連帯課名 軍事

受領番號 陸 一二三八

件名 編成完結ノ件

起元局（課）名 整備課

決行（決裁）後回覧課名

大臣 花押

次官

政務次官

主務局長

主務課長

高級副官

参与官

書記官

主務課員

主務副官

官房御用掛主計

審案者記入

主務局課 番號 整備甲第八二號

受領 昭和 年 月 日

提出 昭和 年 月 日

大臣官房 受領 昭和 年八月八日

結了 昭和 年八月廿一日

連帯 局長 課長

決行（決裁）後回覧 局長 課長

陸軍

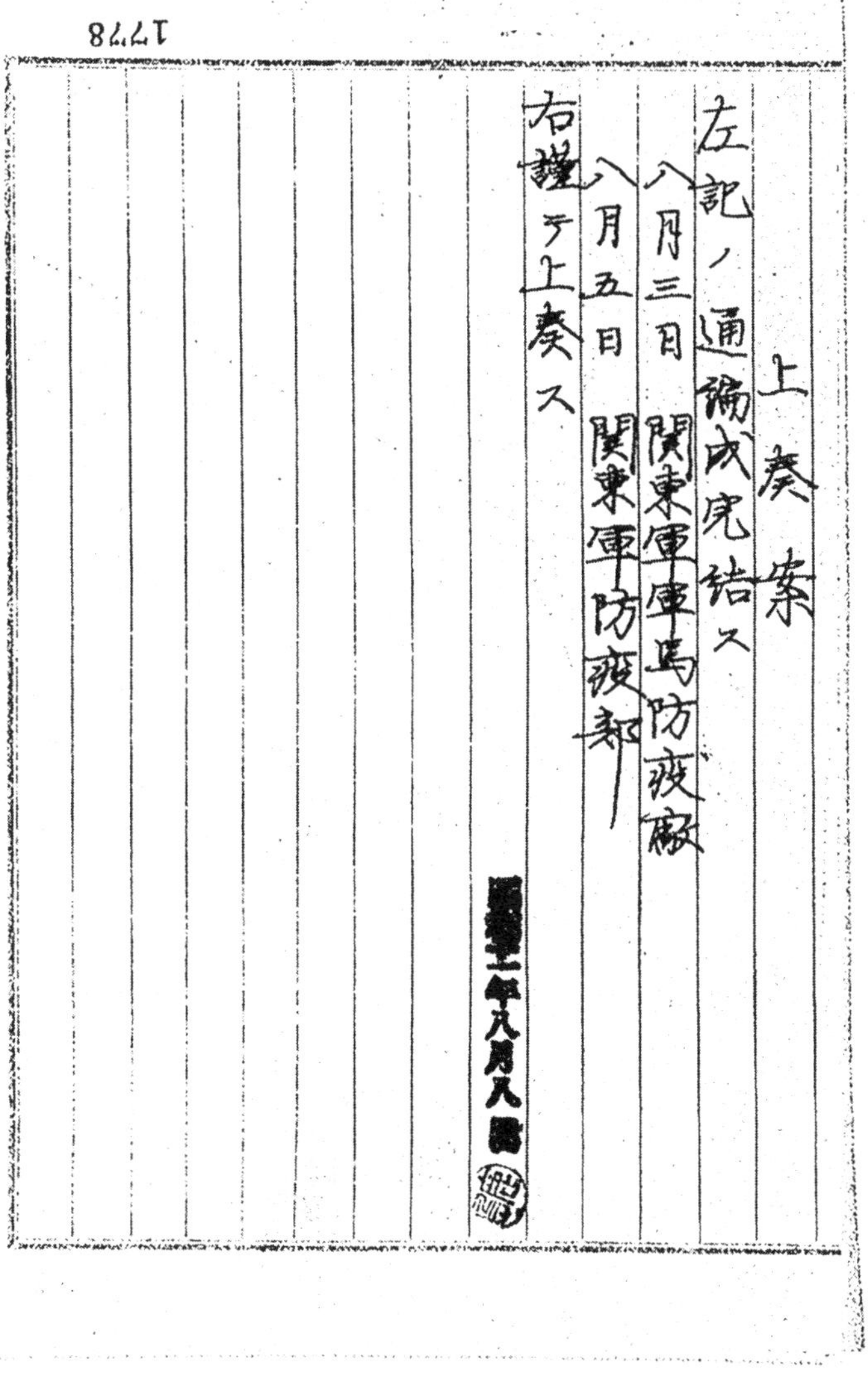

上奏案

左記ノ通編成完結ス

八月三日　関東軍軍馬防疫廠

八月五日　関東軍防疫部

右謹テ上奏ス

十一年八月八日

図２ 関東軍防疫部と関東軍軍馬防疫廠の編成完結に関する 1936 年８月８日付けの昭和天皇への上奏
（『陸満密綴』1935 年第９号所収。防衛省防衛研究所戦史研究センター史料室所蔵）

に照会され、杉山は六月一〇日に「異存ナシ」と回答したことから昭和天皇の允裁《いんさい》を求め、天皇は六月一四日にこれを裁可して「軍令陸乙第十一号」として施行を命じたが、そこには「関東軍軍馬防疫廠長ハ関東軍司令官ニ隷《れい》シ軍用動物ノ防疫ニ関スル調査、研究及《および》試験業務ヲ掌《つかさど》リ且《かつ》直接伝染病ノ予防及《および》撲滅並《ならびに》薬品製造等ノ諸作業ニ任ス」（第五十六）などと規定している（表3）。関東軍勤務令の改定は、関東軍軍馬防疫廠が誕生した直後にも行われていたと考えられるが、それは現存していない。

さらに、一九三九年五月一一日付けの「軍令陸乙第十八号」によって施行された関東軍勤務令では、関東軍軍馬防疫廠長の任務に獣医部下士官候補者にたいする教育が加えられたほか、関東軍司令官の命によって支廠や出張所を設置することができるとされている（表3）。これにより、関東軍軍馬防疫廠に教育部が設置されたと考えられる。

そして、一九三七年六月二二日、植田関東軍司令官は、杉山陸軍大臣にたいして「関東軍軍馬防疫廠ニ於《おい》テ軍用細菌ニ関スル試験研究従事者別紙ノ通《とおり》免命セルニ付《つき》報告」したが、このとき、「軍用細菌ニ関スル試験研究従事者」に命じた者は高島一雄獣医大佐以下計一八名、免じた者は一名だった[19]。この報告には㊙の押印が捺されていることから、機密性の高い報告ということになる。また、この時、免じた者がいることから、関東軍軍馬防疫廠において最初に「軍用細菌ニ関スル試験研究従事者」が任命されたのはこの時よりも前ということになる。

炭疽菌の人工的感染実験の成功

一九三七年七月、大日本帝国は中国にたいする全面的な侵略戦争を開始するが、この後、陸軍獣医部では、動物にたいする細菌攻撃の可能性について重要な知見を得ることになる。一九三八年四月、若松有次郎獣医中佐指導・葛巻義夫獣医少佐「炭疽の自然感染要約に関する研究」によって、ウサギとモルモットにたいする炭

表３ 関東軍勤務令における関東軍軍馬防疫廠長に関する記載の変遷（下線部は新に付け加わった部分を示すために松野が引いたものである）

No	勤務令の名称	関東軍獣医部長の規定	関東軍軍馬防疫廠長の規定	出典
1	軍令陸乙第十一号 関東軍勤務令 1937年6月14日	第十一 軍獣医部長ハ関東陸軍倉庫長、関東軍軍馬防疫廠長及《および》関東軍補充軍馬廠長ニ対シ其《その》主管業務ニ関シ所要ノ指示ヲ与フルコトヲ得	第五十六　関東軍軍馬防疫廠長ハ関東軍司令官ニ隷《れい》シ軍用動物ノ防疫ニ関スル調査、研究及《および》試験業務ヲ掌《つかさど》リ且《かつ》直接伝染病ノ予防及《および》撲滅並《ならびに》薬品製造等ノ諸作業ニ任ス 第五十七　関東軍軍馬防疫廠長ノ勤務ハ特ニ定ムルモノノ外《ほか》戦時獣医部勤務令ヲ準用スルモノトス	参謀本部起案「関東軍勤務令改定ノ件」1937年5月29日、6月10日、6月14日（『満受大日記』1937年第15冊所収。JACAR Ref.C01003265800。防衛省防衛研究所戦史研究センター史料室所蔵。）
2	軍令陸乙第十八号 関東軍勤務令 1939年5月11日	第十四 軍獣医部長ハ関東陸軍倉庫長、関東軍軍馬防疫廠長及《および》関東軍補充軍馬廠長ニ対シ其《その》主管業務ニ関シ所要ノ指示ヲ与フルコトヲ得	第百二十一　関東軍軍馬防疫廠長ハ関東軍司令官ニ隷シ軍用動物ノ防疫ニ関スル調査、研究及《および》試験業務ヲ掌《つかさど》リ且《かつ》直接伝染病ノ予防及《および》撲滅並《ならびに》薬品製造等ノ諸作業ニ任ス 前項ノ他関東軍軍馬防疫廠長ハ別段ノ規定アルモノノ外《ほか》関東軍司令官ノ定ムル所ニ拠《よ》リ獣医部下士官候補者ノ教育ヲ担任ス 関東軍軍馬防疫廠長ハ関東軍司令官ニ命ニ拠《よ》リ支廠又《また》ハ出張所ヲ設クルコトヲ得《う》 第百二十二　関東軍軍馬防疫廠長ノ勤務ハ特ニ定ムルモノノ外戦時獣医部勤務令ヲ準用スルモノトス	参謀本部起案「関東軍勤務令改定ノ件」1939年4月28日、5月6日、5月8日、5月11日（『満受大日記』1939年第11号所収。JACAR Ref.C01003451600。同上所蔵。）
3	軍令陸乙第二十七号 関東軍勤務令 1940年7月27日	第十三 軍獣医部長ハ関東陸軍倉庫長、関東軍軍馬防疫廠長及《および》関東軍補充軍馬廠長ニ対シ其《その》主管業務ニ関シ所要ノ指示ヲ与フルコトヲ得	第百二十五　関東軍軍馬防疫廠長ハ関東軍司令官ニ隷シ軍用動物ノ防疫、衛生ニ関スル調査、研究及《および》試験業務ヲ掌《つかさど》リ且《かつ》直接伝染病ノ予防、撲滅並《ならびに》之等《これら》ニ必要ナル資材ノ製造、保管、補給等ノ諸作業ニ任ス 前項ノ他関東軍軍馬防疫廠長ハ獣医部下士官候補者ノ教育ヲ掌理ス 第百二十六　関東軍軍馬防疫廠支廠長ハ関東軍軍馬防疫廠長ニ隷《れい》シ軍用動物ノ防疫及《および》衛生ニ関スル調査、直接伝染病ニ予防及《および》撲滅並防疫材料ノ補給等ニ任ス 関東軍軍馬防疫廠ノ支廠ハ各其《そ》ノ所在地ノ地名ヲ付シ「関東軍軍馬防疫廠何地支廠」ト称ス 第百二十七 関東軍司令官ハ関東軍軍馬防疫廠ノ出張所ヲ設クルコトヲ得《う》 第百ニ十二　本章ニ定ムルモノノ外《ほか》関東軍軍馬防疫廠長ノ勤務ハ特ニ定ムルモノノ外《ほか》戦時獣医部勤務令ヲ準用スルモノトス	参謀本部起案「関東軍勤務令改定ノ件」1940年7月23日、7月26日、7月27日（『陸満密大日記』1940年第11冊所収。(JACAR Ref.C01003601800）同上所蔵。）

疽菌感染実験に成功したことが発表された。[20] これは「〔若松〕教官指導の下に炭疽の自然感染要約に関する実験的研究を行ひ極めて興味ある実験的知見を得たるを以《もっ》て其《その》成績を報告」したものだが、若松は後に関東軍軍馬防疫廠長となる人物であり、当時は陸軍獣医学校教官だった。この論文の実験成績総括と結論によれば、人工的に傷をつけた場合では出血した程度でないと感染させるのは困難であり、傷に直接炭疽菌を塗布したときは発病させることができるが、炭疽菌を容器に撒布して傷つけたモルモットを放置した場合には「芽胞《がほう》のみ起病し成長体は起病困難なり」という結果が得られたとしている。さらに、「消化器感染」については、「絶食を行ふとき或《ある》程度の消化器感染を誘発し特に飢餓の度《ど》進むに従ひ益々《ますます》感受性増加するを認む」などとしている。つまり、飢えていれば餌をたくさん食べるため、炭疽菌に汚染された餌を食べさせるほど感染する可能性が高くなるということである。以上は、人為的に動物を炭疽菌に感染させる方法を明らかにしたものであり、それによる謀略的な細菌攻撃の可能性を見出した基礎研究と位置付けることができるだろう。

関東軍軍馬防疫廠の拡大を求める提言

そして、陸軍獣医部は、鼻疽による軍馬にたいする細菌攻撃について神経を尖らせるとともに、関東軍軍馬防疫廠の拡大を求めていくことになる。例えば、一九三八年五月に掲載された中村芳雄獣医大尉による懸賞論文「鼻疽防疫に関する根本的対策を論す」は、次のように提言している。[21] まず、「第六章　戦時の防疫準備に就《つい》いて」のなかでは、「第一〇〇〇〇部に於《おい》て実施すべき事項」の四項目目に「〇〇攻撃に対する防護法を策案し之《これ》に応ずる計画並《ならび》整備を要するものとす」としている。ここで伏字となっている「〇〇〇〇部」は「陸軍獣医部」と思われ、「〇〇攻撃」とは「細菌攻撃」だろう。また、「第三　部隊に於《おい》て実施すべき事項」の第四項目では、「〇〇〇攻撃防護／〇〇攻撃に対しては平素将校以下に其《その》脅威並《ならびに》対応策を深刻に徹底せしめ置くを要す。而《しこう》して攻撃方法は主として密偵或《あるい》は放畜に依《よ》るべきを以《もっ》て特に馬繋場に於《お》ける警戒集積馬糧《ばりょう》の監視、井水汚染の判定並《ならび》に捕獲動物の処置等に細心の注意を要す」とある。「〇〇〇攻撃防護」は「対細菌攻撃防護」、「〇〇攻撃」は「細菌攻撃」であり、謀略的な細菌攻撃を警戒していることが分かる。さらに、「第七章　其他《そのた》本病防疫の為《ため》実施すべき事項に就《つい》て」では、「第一、関東軍〇〇廠〇廠の設置に就《つい》て」として次のように述べている（伏字部分は、「関東軍〔軍馬〕防疫廠支廠」であろう）。

> 現在広大なる満洲版図《はんと》内に散在する我が軍隊の為《ため》に僅《わず》か一箇の〇〇廠を有するのみにして遠隔の地に駐屯する部隊は利用上甚《はなは》だしく不便を感じつつあり。殊《こと》に全満に瀰漫《びまん》せる鼻疽に対する防疫は最重要事なるに鑑《かんが》み之《これ》が利用を便にし機能を徹底せしむる為《ため》三箇以上の〇廠を設置するを要す。而《しこう》して夫等《それら》〇廠は、〇〇〇及《および》〇〇に設置し各々《おのおの》地区を担当せしめ……又一旦《またいったん》〇〇に際しては直ちに防疫機関に〇〇し得べく極めて有利なり。

ここで伏字となっている文字は、「〇〇廠」は「〔軍馬〕防疫廠」、「〇廠」は「支廠」、「〇〇〇及《および》〇〇に設置」は後に支廠が設置される牡丹江と出張所が設置される大連と考えられ、「一旦〇〇に際しては」は「開戦」（対ソ戦の発動）、「防疫機関に〇〇し得べく」は「統合」だろう。

このように、陸軍獣医部は軍馬にたいする細菌攻撃を受けることを懸念し、一九三九年以降になると、各師団獣医部での「細菌戦」に関する教育・演習が活性化していくことになるのである（**表4**）。

なお、三友一男によれば、関東軍臨時病馬廠時代から使用されていた寛城子の部隊庁舎は手狭だったことから、一九三八年に孟家屯で新庁舎の建設が始められ、一九三九年からそこへの移転が始まったという。[22] 三友が示した孟家屯における関東軍軍馬防疫廠の建物配置図と本部庁舎は**図3**のとおりである。

表4『陸軍獣医団報』において細菌戦に関する記載がある師団獣医部での研究会などの記事②（日中全面戦争開始以後）

No	時期	タイトル	内容	掲載号
1	1939年2月4日～2月7日	「○○部隊陸軍獣医分団野外作業記事」	2月6日、「三、細菌戦に関する研究」を中国東北の仏爺溝・狼洞溝・大肚《とつ》子川付近で実施したとある。	第358号、1939年5月
2	1939年4月20日～21日	「○○陸軍獣医分団研究会記事」	池田部隊において、4月21日の獣医部将校集合教育のなかに「4 細菌戦獣医勤務に就て 浅沼中尉」とある。	第363号、1939年10月
3	1940年12月20日、26日	「旭川分団」	「上陸○○並之《ならびにこれ》に基く獣医勤務の図上戦術及《および》特殊作戦に関する教育」では「上陸○○の大綱並之《ならびにこれ》に基く獣医勤務を図上に於《おい》て研究すると共に熱地及《および》寒地作戦輸送、衛生、細菌戦、毒物謀略等に関する教育を実施す」とある。	『陸軍獣医団報』第381号、1942年4月
4	1941年9月16日～17日	「小川分団」	「一、教育事項」のなかで、「(二) 対○○戦に就て」として、「【要領】外蒙に於《お》ける蘇連○○工作機関の概要及《および》蘇連○○戦運用法を説明し、○○謀略に因《よ》る一般防護並《ならびに》勤務要領等に関し認識を深刻ならしめ防疫の徹底を図る」とある。	第389号、1941年12月
5	1942年2月2日	「横山分団」	「軍馬防疫会同記事」のなかで、目的に「予想作戦地に於《お》ける細菌謀略並《ならびに》伝染病防遏《ぼうあつ》対策研究、「問題」に「四、敵の細菌及《および》毒物謀略判断並《ならびに》対策（獣医）」とある。	第394号、1942年5月
6	1942年4月26日～28日	「横山分団」	「召集獣医部将校集合教育並矢が作業記事」のなかで、主要研究事項に「3、対瓦斯並《ならびに》細菌毒物に関する事項」があり、27日～28日に実施したとある（朝鮮）。	第396号、1942年7月
7	1942年6月6日	「松本分団」	「研究会」のなかで、研究事項中に「ト、細菌謀略に関する研究」とある。	第398号、1942年9月
8	1942年9月30日	「青木分団」	「講話」のなかで、「一、細菌戦術に就《つい》て」とあり、要旨は「近代戦に於《お》ける細菌戦術の重要性を既往幾多《いくた》戦役の被害事例を挙げて説明し尚之《なおこれ》が防遏《ぼうあつ》法に就《つ》き詳述」とある。	第401号、1942年12月

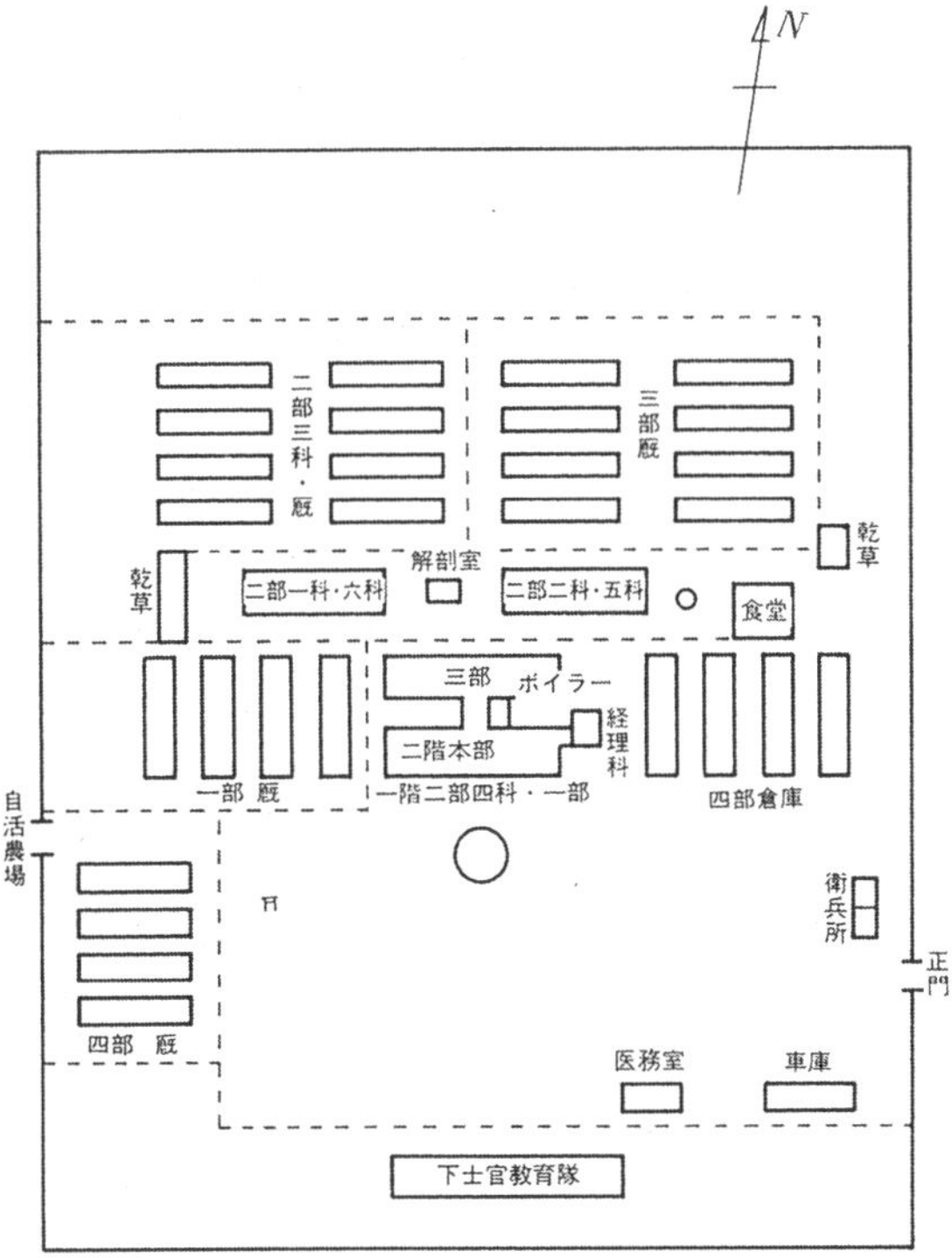

図3　三友一男が描いた関東軍軍馬防疫廠の建物配置図と本部庁舎（1945年）
（三友一男『細菌戦の罪』泰隆社、1987年、23頁および26頁）

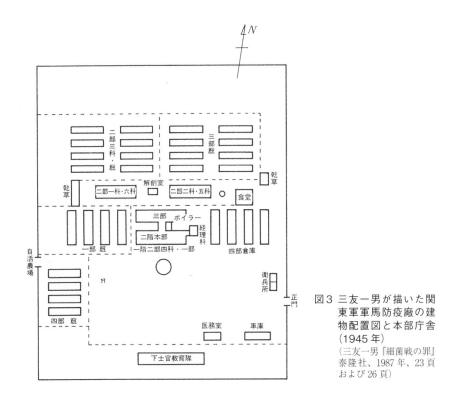

ノモンハン戦争後における関東軍軍馬防疫廠の増強①

そして、関東軍がはじめて極東ソ連軍と本格的な激闘を交えたのが、一九三九年五月から九月にかけてのノモンハン戦争（ノモンハン事件）だった。この戦争は、日本陸軍が初めて体験した近代戦であり、第二三師団は極東ソ連軍の機械化部隊や重砲によって総崩れとなって敗退するにいたる。関東軍軍馬防疫廠はノモンハン戦争に参加したが、軍馬が活躍する機会はなかった。そして、戦場は灼熱の日光を遮る樹木がない草原であり、将兵はもとより、軍馬に与える飲用水の確保に苦労したのである。(23)

一九三九年一一月二七日、関東軍兵備研究調査委員長はノモンハン戦争を踏まえた研究報告を取りまとめて陸軍省に提出したが、このなかでは、「中間軍」（関東軍隷下の各野戦軍）に軍馬防疫廠を設立して関東軍隷下部隊の防疫や検査はこれに委譲し、「関東軍々馬防疫廠ハ専《もっぱ》ラ研究調査製造及《および》教育並《ならび》ニ一部ノ防疫検査ニ関スル業務ニ任スル如《ごと》ク機構ヲ改ムルヲ可トス」と提言した。(24)つまり、関東軍軍馬防疫廠の任務を軽くして、「研究調査」などに集中できるように措置すべきだとしているのである。

また、大本営陸軍部に設置されたノモンハン事件研究第一委員会は、一九四〇年一月一〇日に研究報告を取りまとめたが、そこでは、「馬ハ今次事件ニ於《おい》テ其《そ》ノ活動ノ余地乏《とぼ》シク反《かえ》ツテ飛行機、戦車、砲兵等ノ好目標トナリ損害大ナリシハ事実」としながらも、その「本質的価値」を疑うのは適当でないと指摘する。(25)これは、機械化の遅れた日本陸軍では、軍馬の存在が重要であり、代替策がなかったからであろう。そのうえで、「馬衛生」の部分では、「軍馬防疫廠ハ平戦両時ヲ通ジ其《そ》ノ機構ヲ拡充スルヲ要ス、即《すなわ》チ関東軍軍馬防疫廠ニ在《あ》リテハ中間軍ニ各一箇ノ有力ナル支廠及《および》大連、羅津ニ出張所ヲ設置シ戦時軍馬防疫廠ハ現制ノ約一倍半ニ増強シ以《もっ》テ平戦両時ニ於《お》ケル軍馬及其《およびその》ノ他軍用動物ノ防疫ニ遺憾ナカラシム」、「関東軍軍馬防疫廠ニ強力ナル軍馬衛生研究機関ヲ付設シ馬匹其《そ》ノ他軍用動物ノ衛生特ニ作戦地ニ於《お》ケル馬《ば》糧就中《りょうなかんづく》干草、厩舎及《きゅうしゃおよび》野外衛生ニ関スル調査研究ヲ促進セシムルノ要アリ」としている。(26)このように、関東軍の意見を踏まえ、陸軍中央においても関東軍軍馬防疫廠のさらなる拡充が提言されたのである。

ノモンハン戦争後における関東軍軍馬防疫廠の増強②

こうして、ノモンハン戦争後、関東軍軍馬防疫廠は増強されることになる。一九三九年一二月一一日、関東軍司令官・梅津美治郎大将は、「関東軍軍馬防疫廠長ハ大連軍用動物検疫所施設ノ完成ニ伴《ともな》ヒ概《おおむ》ネ十二月下旬迄《まで》ニ……関東軍軍馬防疫廠大連出張所ヲ開設シ軍用動物ニ関スル一部ノ調査、研究、試験並《ならび》ニ薬品製造等ニ業務ヲ掌《あた》ラシメ」るよう命令した。(27) これに続いて、一九四〇年七月一〇日、牡丹江支廠が創設されることになる。(28)

一九三七年一二月から一九四〇年七月までの関東軍軍馬防疫廠における部隊人員の変遷＝増強は**表5**に示した通りだが、ノモンハン戦争中である一九三九年八月一五日時点の人馬一覧表では実員が三五三名とあるのにたいして、一九四〇年一二月二三日時点の人馬一覧表では実員は六七四名とあり、大幅に増加していることが分かる。元関東軍軍馬防疫廠員の平桜全作元獣医中尉は、ハバロフスク軍事裁判において、部隊の人数は約六〇〇名ないし八〇〇名に達したと供述しており、(29) 上記の実員数と傾向が一致することが分かる。さらに、この間の関東軍軍馬防疫廠員のうち、獣医将校と軍属の高等文官・判任文官（技師・技手《ぎて》）については、一九三九年八月六日時点と一九四〇年八月七日時点の職員表によって網羅的に把握することができるが、それらは本書の巻頭にカラー図版を掲載しておいた。これらの職員表はいずれも「軍事機密」に指定されている。

こうした関東軍軍馬防疫廠の増強は、関東軍勤務令の改定からも明らかにすることができる。**表3**に示したように、ノモンハン戦争（第一次ノモンハン事件）が勃発した一九三九年五月一一日の「軍令陸乙第十八号」によって施行されたものと、一九四〇年七月二七日の「軍令陸乙第二十七号」によって施行されたものを見比べれば明白である。この一九四〇年の改定によって関東軍軍馬防疫廠は任務のために必要となる資材の製造・保管・補給を行うことが加えられ、同支廠長の任務も明確化され、本廠と同等の役割を付している。一方、今

兵	軍人小計	軍属				嘱託			軍属・嘱託小計	合計
		高等文官	判人文官	雇員	傭人	高等官待遇	判任官待遇	その他		
―	13	―	9	6	60	―	―	―	75	88
―	13 ※1	―	9	9	59	―	―	―	77	90 ※2
―	14	―	9	10	65	―	―	―	84	98
―	14	―	9	11	71	―	―	―	91	105
―	21 ※3	―	9	11	81	―	―	―	101	122 ※4
―	23	3	10	23	193	―	―	―	229	252
―	21	3	11	39	261	1	―	―	315	336
―	21	3	11	40	269	1	―	―	324	345
―	20	3	11	50	260	3	―	―	327	347
―	26	3	7	48	256	3	―	―	317	343
1 （衛生部1）	38	5	10	47	253	（原資料に嘱託欄が存在しない。）			315	353
―	55	2	24	117	476				619	674
1 （衛生部1）	78 ※5	6	33	200					239	317 ※7
1 （衛生部1）	93 ※6	6	37	200					243	336 ※7

現況表』と題する冊子所収（JACAR Ref.C13010082800）、③関東軍参謀長東條英機「人馬現員表提出ノ件」1938年4月19日（『満受大日記』1938年第8冊所収。JACAR Ref.C01003342500）、④前掲『昭和十二～十三年 関東軍人馬現況表』所収（JACAR Ref.C13010083600）、⑤関東軍参謀長磯谷廉介「人馬現員表提出ノ件」1938年7月9日（『満受大日記』1938年第28号所収。JACAR Ref.C01003406100）、⑥同「人馬現員表提出ノ件」1939年1月18日（『満受大日記』1939年第6号所収。JACAR Ref.C01003431900）、⑦同「人馬現員表提出ノ件」1939年4月27日（『満受大日記』1939年第13号所収。JACAR Ref.C01003473400）、⑧同「人馬現員表提出ノ件」1939年5月29日（同前所収。JACAR Ref.C01003473800）、⑨同「人馬現員表提出ノ件」1939年6月27日（同前所収。JACAR Ref.C01003477600）、⑩同「人馬現員表提出ノ件」1939年8月11日（『満受大日記』1939年第15号所収。JACAR Ref.C01003501800）。⑪関東軍司令官梅津美治郎「編成（編制改正）詳報提出ノ件報告」1939年9月23日（『満受大日記』1939年第17号所収。JACAR Ref.C01003520800）、⑫同「将校（高等文官）職員表、人馬一覧表並編成（編制改正）完結日一覧表提出ノ件報告」1941年2月21日（『陸満密大日記』1941年第3冊 2分冊の2所収。JACAR Ref.C01003652200）、⑬～⑭は陸軍省調整『関東軍編制人員表』（作成日記載なし。JACAR Ref.C12120966500）。

いずれも原本は、防衛省防衛研究所戦史研究センター史料室所蔵。

表5　関東軍軍馬防疫廠の部隊人員の変遷

時期＼項目	編制定員	将校	准士官	下士官
①1937年12月31日調の人馬現員表	54	6 （獣医部5、経理部1）	2 （獣医部1、経理部1）	5 （獣医部3、経理部2）
②1938年1月末日調の人馬現員表	54	6 （獣医部5、経理部1）	2 （獣医部1、経理部1）	5 （獣医部3、経理部2）
③1938年2月28日調の人馬現員表	54	8 （獣医部7、経理部1）	1 （獣医部1）	5 （獣医部3、経理部2）
④1938年3月31日調の人馬現員表	54	8 （獣医部7、経理部1）	1 （獣医部1）	5 （獣医部3、経理部2）
⑤1938年5月31日調の人馬現員表	54	8 （獣医部7、経理部1）	1 （獣医部1）	12 （獣医部9、軍医部1、経理部2）
⑥1938年11月30日調の人馬現員表	54	10 （獣医部10）	1 （経理部1）	12 （獣医部9、軍医部1、経理部2）
⑦1939年3月31日調の人馬現員表	54	9 （獣医部9）	2 （獣医部1、経理部1）	10 （獣医部7、軍医部1、経理部2）
⑧1939年4月30日調の人馬現員表	54	9 （獣医部9）	2 （獣医部1、経理部1）	10 （獣医部7、軍医部1、経理部2）
⑨1939年5月31日調の人馬現員表	54	9 （獣医部9）	2 （獣医部1、経理部1）	9 （獣医部6、軍医部1、経理部2）
⑩1939年6月30日調の人馬現員表	54	15 （獣医部15）	2 （獣医部1、経理部1）	9 （獣医部6、軍医部1、経理部2）
⑪1939年8月15日調整の人馬一覧表	記載なし	23 （獣医部22、経理部1）	1 （獣医部1）	13 （兵科2、獣医部6、衛生部1、経理部4）
⑫1940年12月23日調整の人馬一覧表	記載なし	32 （獣医部30、衛生部1、経理部1）	4 （獣医部4）	19 （獣医部14、衛生部1、経理部4）
⑬1940年7月10日現在の編制人員表	記載なし	51 （獣医部48、衛生部1、経理部1、兵科1）	26 （獣医部16、衛生部2、経理部5、兵科3）	
⑭1940年7月現在（日付なし）の編制人員表	記載なし	60 （獣医部57、衛生部1、経理部1、兵科1）	32 （獣医部22、衛生部2、経理部5、兵科3）	

※1：原資料には合計は26名とあるが、集計ミスである。
※2：原資料には合計は103となるが、集計ミスである。
※3：原資料には合計は41名とあるが、集計ミスである。
※4：原資料には142名とあるが、122名の誤記である。
※5：原資料には合計は77名とあるが、集計ミスと思われる。
※6：原資料には合計は92名とあるが、集計ミスと思われる。
※7：このほかに獣医部下士官候補者100名を置くとあるので、これを加えると、⑬の合計は計417名、⑭の合計は436名となる。

出典：①関東軍参謀長東條英機「人馬現員表提出ノ件」1938年3月2日（『陸満機密大日記』1938年第2冊2分冊の1所収。JACAR Ref.C01002724600）、②防衛研究所が製本した『昭和十二〜十三年 関東軍人馬

回の改定では関東軍司令官の権限が縮小されて、その裁量で設置できるのは出張所の設置のみに限定され、支部の設置は陸軍中央による措置が必要になったことが分かる。

そして、一九四〇年一一月一四日に陸軍省が通牒した「在満部隊通称号規定」によって、関東軍における軍備改変の推移を秘匿するため、関東軍隷下の全部隊は、兵団文字府に「満洲」を使用し、個別の通称番号が割り当てられた。これにより、関東軍軍馬防疫廠の「在満部隊通称号」は、部隊全体には「満洲第一〇〇部隊」、本部には「満洲第三七部隊」、牡丹江支廠には「満洲第一四一部隊」、大連出張所には「満洲第六八五部隊」の通称番号が割当られた[30]。関東軍軍馬防疫廠を満洲第一〇〇部隊と呼ぶのはこのためである。

陸軍全体としての軍馬防疫廠の強化

以上は関東軍での取り組みだが、戦火が止めどもなく拡大した中国戦線でも軍馬防疫廠が設置されていた。すなわち、華北には、一九三八年一二月二八日に北支那軍馬防疫廠が、華中と華南には一九三九年四月一八日に中支那軍馬防疫廠と南支那軍馬防疫廠が設置されている[31]。陸軍獣医学校が作成した「過去戦役間鼻疽検疫成績表」によれば、戦地で鼻疽に感染した軍馬（日本馬）は日中戦争期（一九三八年一二月末まで）が圧倒的に多かったことから（**図４**）、中国戦線では軍馬防疫廠の創設が次々と推進されたのである。このことからみても、関東軍が対ソ戦に踏み切ってソ連領に侵攻した場合、日本の軍馬の鼻疽感染が重大な問題になるであろうことが容易に推察されたとみられる。事実、一九四一年一二月一日に刊行された陸軍獣医学校編『軍陣獣医学提要』は、「我カ作戦地タル亜細亜《アジア》大陸ハ全ク獣医学的未開ノ地」であり「獣疫ノ世界的巣窟《そうくつ》博覧会場ノ貌《かお》ヲ呈《てい》シ」ており、「満洲ニアリテハ建国以来法令及《および》防疫施設ヲ整備シアルモ普及徹底ハ尚《なお》前途遼遠《りょうえん》ナルモノアリ」と指摘している[32]。

こうして、軍馬防疫廠全般についても様々な措置が具体化していくことになる。まず、一九四〇年三月二〇

過去戰役間鼻疽檢疫成績表

區分／戰役別		戰地ニ於テ感染セルモノ	歸還檢疫ノ結果殺處分シタルモノ	計	出征馬每百頭ニ對スル發生比例
日清戰役		一三二	八二	二一四	〇・三七
日露戰役		九九四	四七	一〇四一	〇・六一
日獨戰役		三六	一三	五二	〇・三九
西伯利出兵		八九	二八	一一四	〇・四一
昭和三年支那事變			二	二	〇・〇二
滿洲事變	出征日本馬	九二	一二	一〇四	〇・六二
	編成內滿洲馬	一九五	一一	二〇六	四・〇三
	計	二八七	二三	三一〇	一・四一
支那事變	出征日本馬	三、〇五〇	二〇七	三、二五七	—
	編成內支那馬	七七五	五	七八〇	—
	計	三、八二五	二一二	四、〇三七	—
備考	今次事變ハ昭和十三年十二月末日調査トス				

図４ 陸軍獣医学校『軍陣防疫学』（1944年３月第９版）に示された「過去戦役間鼻疽検疫成績表」
（松野所蔵）

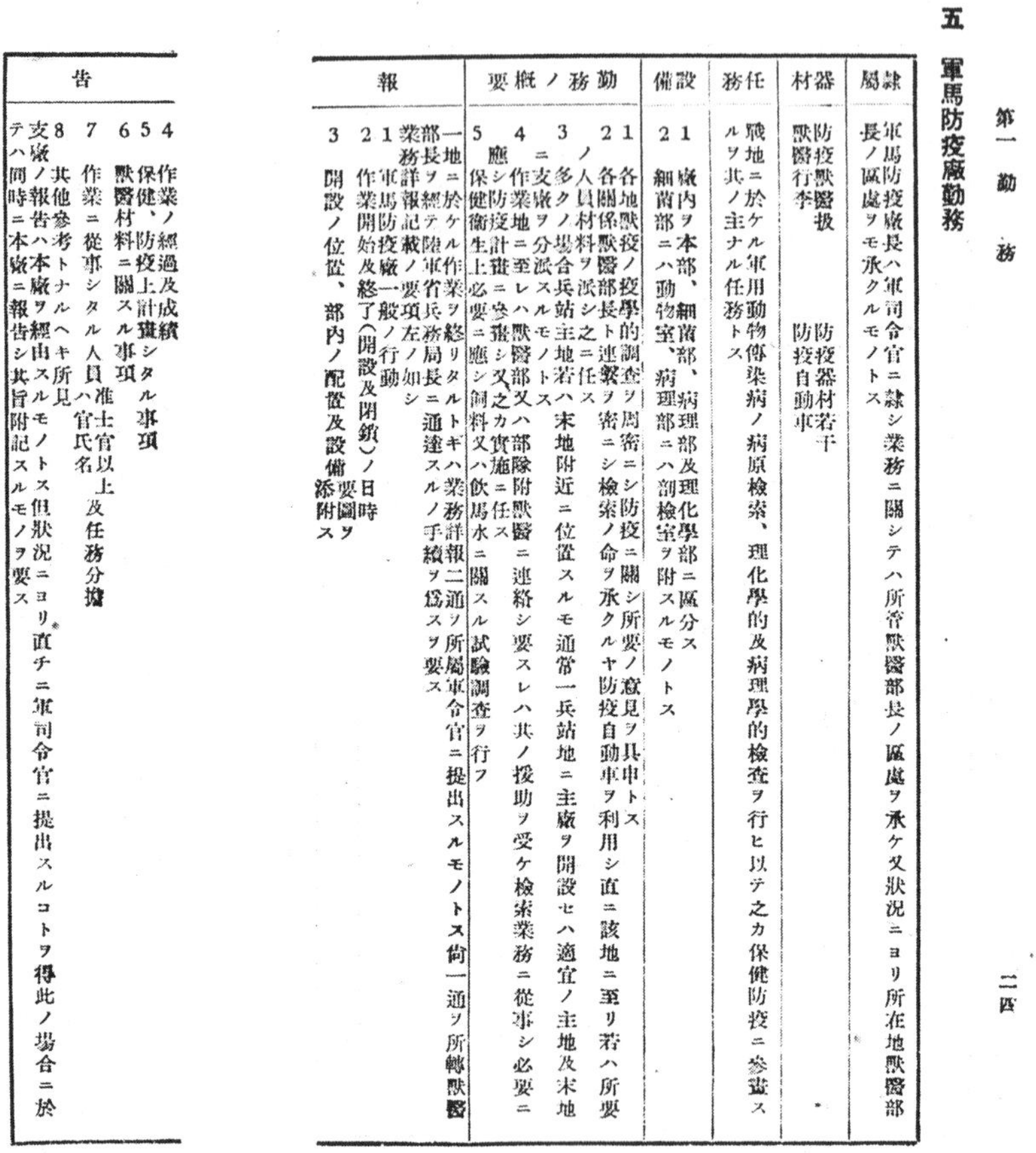

第一　勤務　二四

五　軍馬防疫廠勤務

項目	内容
隷屬	軍馬防疫廠長ハ軍司令官ニ隷シ業務ニ關シテハ所管獸醫部長ノ區處ヲ承ケ又狀況ニヨリ所在地獸醫部長ノ區處ヲモ承クルモノトス
器材	防疫獸醫扱獸醫行李 防疫器材若干 防疫自動車
任務	戰地ニ於ケル軍用動物傳染病ノ病原檢索、理化學的及病理學的檢査ヲ行ヒ以テ之カ保健防疫ニ參畫スルヲ其ノ主ナル任務トス
設備	1 廠内ヲ本部、細菌部、病理部及理化學部ニ區分ス 2 細菌部ニハ動物室、病理部ニハ剖檢室ヲ附スルモノトス
勤務ノ概要	1 各地獸疫ノ疫學的調査ヲ周密ニシ防疫ニ關シ所要ノ意見ヲ具申トス 2 各關係獸醫部長ト連繫ヲ密ニシ檢索ノ命ヲ承クルヤ防疫自動車ヲ利用シ直ニ該地ニ至リ若ハ所要ノ人員材料ヲ派シ之ニ任ス 3 多クノ場合兵站主地若ハ末地附近ニ位置スルモ通常一兵站地ニ主廠ヲ開設セハ適宜ノ主地及末地ニ支廠ヲ分派スルモノトス 4 作業地ニ至レハ獸醫部又ハ部隊附獸醫ニ連絡シ要スレハ其ノ援助ヲ受ケ檢索業務ニ從事シ必要ニ應シ防疫計畫ニ參畫シ又之カ實施ニ任ス 5 保健衞生上必要ニ應シ飼料又ハ飲馬水ニ關スル試驗調査ヲ行フ
報告	一地ニ於ケル作業ヲ終リタルトキハ業務詳報二通ヲ所屬軍司令官ニ提出スルモノトス尙一通ヲ所轄獸醫部長ヲ經テ陸軍省兵務局長ニ通達スルノ手續ヲ爲スヲ要ス 業務詳報記載ノ要項左ノ如シ 1 軍馬防疫廠一般ノ行動 2 作業開始及終了(開設及閉鎖)ノ日時 3 開設ノ位置、部内ノ配置及設備要圖ヲ添附ス 4 作業ノ經過及成績 5 保健、防疫上計畫シタル事項 6 獸醫材料ニ關スル事項 7 作業ニ從事シタル人員ハ准士官以上官氏名及任務分擔 8 其他參考トナルヘキ所見 支廠ノ報告ハ本廠ヲ經由スルモノトス但狀況ニヨリ直チニ軍司令官ニ提出スルコトヲ得此ノ場合ニ於テハ同時ニ本廠ニ報告シ其旨附記スルモノヲ要ス

図５「軍馬防疫廠勤務」
（陸軍獣医学校『陸軍獣医部将校必携（乙）』1940 年 10 月改訂版。松野所蔵）

日、『作戦要務令 第三部』（軍令陸第十九号）[33]が制定されたことによって、日本陸軍の軍事体系のなかに、「野戦軍馬防疫廠」が正式に位置付けられるにいたる。ここでは、「野戦軍馬防疫廠ハ馬及《および》其《そ》ノ他軍用動物ノ保健、防疫ニ任ズルノ外《ほか》部隊ノ検疫、消毒等ノ馬衛生ニ任ズ」（第二百二十五）と位置付けられ、「野戦軍馬防疫廠ハ各部隊ト密ニ連携シ部隊ノ防疫ヲ徹底セシムルト共《とも》ニ絶エズ地方家畜ノ衛生状態ニ注意シ之《これ》ガ伝染病ノ防遏《ぼうあつ》ニ務メ軍用動物ノ現地資源ノ確保ヲ図《はか》ルヲ要ス」（第二百二十八）と規定された。また、一九四〇年一〇月、陸軍獣医学校『陸軍獣医部将校必携（乙）』が改訂されたが、このなかで「軍馬防疫廠勤務」が示され、隷属、器材、任務、設備、勤務の概要、報告について具体的に規定している（図5）。ここでは、軍馬防疫廠長は軍司令官の指揮下に置かれ、具体的な業務については軍獣医部長の区処《くしょ》を受けるとあり（軍司令官の委任を受けて軍獣医部長が指示することを区処《くしょ》という）、「戦地ニ於《お》ケル軍用動物伝染病ノ病原検索、理化学的及《および》病理学的検査ヲ行ヒ以《もっ》テ之《これ》ガ保健防疫ニ参画《さんかく》」することが主任務とされ、部隊は本部・細菌部・病理部・理化学部から成ることまで規定された。

　このように、ノモンハン戦争後は、関東軍軍馬防疫廠を含む陸軍軍馬防疫廠についての施策が一気に推進されたことが分かる。

軍用動物にたいする「防疫」とは

　こうした状況のなかで、軍用動物にたいする「防疫」について、陸軍獣医部はどのように規定していたのであろうか。この点について、先にみた『陸軍獣医部将校必携（乙）』（一九四〇年一〇月改訂版）は、「軍陣防疫学」について「防疫ノ本領ハ軍用動物ニ於《お》ケル各種伝染病ノ発生ヲ未然ニ防止シ既《すで》ニ発生セルモノニ対シテハ手段ヲ竭《つく》シテ其伝播《そのでんぱ》ヲ制止シ其《その》病原ヲ根絶セシメ以《もっ》テ伝染病毒ニ因《よっ》テ被《かぶ》ル軍用動物ノ衛生的障碍《しょうがい》ヲ芟除《せんじょ》シ其《その》戦闘能力ヲ維持増進セシムルニアリ」としている。[34] また、先の『軍陣獣医学提要』では、「軍陣防疫学」につ

いて次のように規定している。(35)

軍用動物ハ集団的管理ナルカ為《た》メ病毒一度侵入センカ惨害特ニ甚大ナルモノアリ故《ゆえ》ニ未然ニ之《これ》ヲ防止シ（積極的防疫）病毒侵入ノ場合ハ速《すみや》カニ徹底的ニ防遏《ぼうあつ》シ作戦教育錬成《れんせい》ニ寸毫《すんごう》モ支障ナカラシムル要アリ従《したが》ツテ凡《あら》ユル間隙《かんげき》ヲ利用シ予防法ヲ講ルスト共ニ一度侵襲ヲ受ケタルトキハ迅速果敢《じんそくかかん》ノ制遏《せいあつ》ニヨリ将来ノ禍根《かこん》ヲ絶《た》ツノ要アリ

また、同書の「軍陣防疫ノ特異性」では、「一度軍ニ侵入セル伝染病ノ惨害ハ作戦準備、教育錬成《れんせい》ニ甚大ノ支障ヲ招クノミナラス遂《つい》ニハ直接作戦上ニ影響ヲ及《およ》ホスニ至ルヘシ」としたうえで、内地に帰還する軍馬の検疫が適切でなかった場合には感染症を輸入することになり、「家畜資源ニ惨害ヲ及ホシ産業ニ甚大ナル影響ヲ招来スル虞《おそれ》アリ」と指摘している。(36)

このように、資源不足が桎梏《しっこく》となって機械化が遅れた日本陸軍にとって、対ソ戦の発動に備えるために輸送力の主役だった軍馬をはじめとする軍用動物の「防疫」が急務だったことがわかる。そして、この「防疫」のための研究は攻撃と表裏一体で、「防疫」を逆手に取ったものが細菌攻撃であり、それは、察知されないうちに人為的な感染爆発を効率的に引き起こして打撃を与え、後方を撹乱することが追求されることを意味する。そして、実際に関東軍軍馬防疫廠においてそれに向けた取り組みが始まったのが、一九四一年七月からの第三期以降であった。

三　第三期：一九四一年七月～一九四三年一一月

関東軍の対ソ戦準備＝関特演（関東軍特種演習）の発動に伴なって関東軍軍馬防疫廠において細菌生産を開始し、細菌製造を担当する第二部第六課の新設が決定される直前まで

関東軍特種演習（関特演）の発動と細菌戦準備の開始

一九四一年七月一一日、昭和天皇は、関東軍の対ソ戦準備＝関東軍特種演習（関特演）の発動を命令した（大陸命第五百六号）。これは、同年六月二二日の独ソ戦開始によって極東ソ連軍の部隊が西方に投入されて減少したタイミングを捉えて対ソ開戦に踏み切る計画を前提にしたもので、関東軍の総兵力を八五万人に増強するものであった。しかし、極東ソ連軍の兵力は期待したほど減少せず、参謀本部は八月九日に年内の対ソ戦開始を断念し、南進の準備に専念するにいたる。

一方、関東軍では、関特演の発動を受けて、細菌戦の準備を開始した。ハバロフスク軍事裁判において、元関東軍獣医部長・高橋隆篤元獣医中将は、「一九四一年三月私ガ〔関東軍獣医部長に〕任命サレタ時、此《こ》ノ〔関東軍〕軍馬防疫廠ハ主トシテ馬ノワクチン、血清ノ製造及《およ》ビ伝染病ノ研究ヲ其《そ》ノ任務トシテイマシタ。一九四一年九月部隊ニハ細菌戦及《およ》ビ細菌謀略ノ準備、之等《これら》ノ問題ノ研究、手段ノ究明トイウ任務ガ課セラレテマシタ」と供述している。(37)

では、なぜこの時期に関東軍軍馬防疫廠において「細菌戦及《およ》ビ細菌謀略ノ準備」が始まったのだろうか。高橋は、ハバロフスク軍事裁判開廷前の訊問において、一九四一年九月、関東軍軍馬防疫廠長にたいして鼻疽菌・炭疽菌などの製造開始を命じたが、それは、一九四一年七月に参謀本部から関東軍司令官にたいして「対ソ細菌戦ノ準備ヲ開始セヨトノ命令ガ与エラレタカラ」であり、そのことは同年九月の会議で関東軍司令官・

梅津美治郎大将から直接聞いたと供述している。[38]

アジア太平洋戦争開戦後の状況

一九四一年一二月、大日本帝国は対米英蘭開戦に踏み切り、東南アジア・太平洋地域に侵攻した。陸軍において南方作戦を担当した南方軍は、一九四二年五月一九日、一八日付けで作戦任務の達成を報告している。これを受けて、参謀本部は再び対ソ戦準備を推進したため、関東軍は一九四二年前半からの約一年間が全盛期となり、一〇月には総軍に昇格することになる。同時に参謀本部は中国戦線での重慶侵攻作戦計画に傾倒していくが、同年八月からのガダルカナル島攻防戦の開始と激化によってそれどころではなくなっていくのである。

この時期の陸軍獣医部の能力について、陸軍大学校『昭和十七年度小林獣医中佐述 軍用動物衛生用務概説』(図6)は、野戦軍馬防疫廠について、「其《そ》ノ装備ハ……病原体ノ検索、検疫、消毒及《および》予防接種ノ外《ほか》細菌戦及《および》毒物ノ謀略的使用ニ対シテモ迅速《じんそく》ニ対処シ得ル所ニシテ……」と指摘していることから、一九四二年度までには細菌謀略への対処能力を具備していたことがわかる。そして、この資料で注目されるのが、「軍用動物関係謀略行為」について具体的に定義している点だが、これは、日本軍側でも当然そうした細菌謀略を企図していたことを示すものとみていいだろう。

そして実際に、関東軍軍馬防疫廠は中国東北において、細菌を使用した野外実験を行った。平桜元獣医中尉は、ハバロフスク軍事裁判において、一九四二年七月から八月に、北興安省・三河付近の国境付近を流れているデルブル河畔で河と湖には鼻疽菌を、土地には炭疽菌を撒布する実験を行ったが、その目的は「実戦ニ於《お》ケル細菌使用ノ可能性ヲ研究」するためだったと供述している。[39] だがこの三河での野外試験は、「企画立案者が期待するような実験結果は全く得られない杜撰《ずさん》な実験計画で失敗は当然と思われる」[40]と評されて当然の極めて拙劣なものだった。細菌謀略への対処能力を具備したうえで、次の段階として三河での実験が行われたという

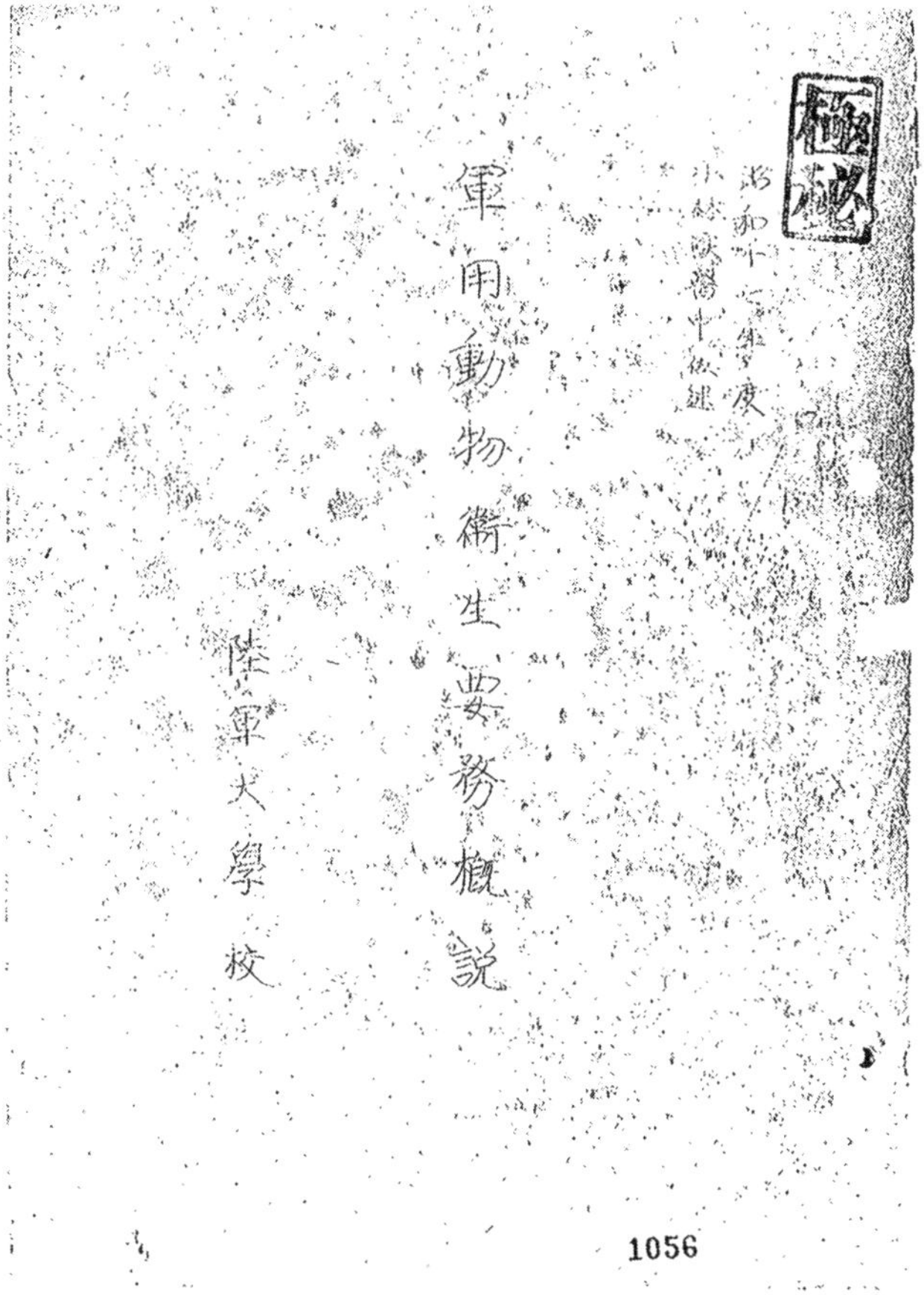
極秘
昭和十七年度
小林獣醫中佐述
軍用動物衛生要務概説
陸軍大學校
1056

図６ 極秘扱いの陸軍大学校『昭和十七年度小林獣医中佐述 軍用動物衛生用務概説』の表紙と「軍馬防疫機関」と「軍用動物関係謀略行為」の記載部分
（防衛省防衛研究所戦史研究センター史料室所蔵）

(ロ)軍馬防疫機關

通常總軍及軍ニ夫々一箇ノ野戰獸馬防疫廠(長獸醫大佐以下約百八十名ノ人員及所要ノ器材ヨリ成ル)ニアリテ軍馬其ノ他ノ軍用動物ノ防疫ニ任シ必要ニ應シテ地方家畜ノ傳染病ノ防遏ニ任スル所トス其ノ装備ハ一般防疫用器材ノ外馬防疫自動車、自動貨車等數輛ヲ有シ隨所ニ移動防疫班ヲ派遣スルコトヲ得以テ病原體ノ檢索檢疫、消毒及豫防接種ノ外細菌戰及毒物ノ謀略的使用ニ對シテモ迅速ニ對處シ得ル所ニシテ尚現地ノ状況ニ應シ各種免疫血清豫防液及診斷液等ノ製造補給ヲモ併セ行ヘリ

(ハ)其ノ他ノ軍用動物衞生關係機關

(イ)野戰貨物廠内關係機關

總軍及軍ノ野戰貨物廠ノ獸醫資材部ハ當該軍ニ於ケル獸醫資材ノ調達、保管、補給、修理及戰場遺置又ハ鹵獲ノ獸醫資材ノ收集整理等ニ任スルモノナルカ尚獸醫資材修理自動

(6) 軍用動物関係謀略行為

敵ノ軍用動物関係謀略行為ニ関シテハ現在迄ニ行ハレタル方法トシテモ多種多様ニ亘リ将来吾人ノ豫想シ得サル様相ヲ以テ出現シ来ル可キヲ期セサル可カラサルカ過去ノ戰例ニ基キ之カ概況ヲ述フレハ左ノ如ク兵站関係ノミナラス勿論第一線ニ於テモ十分警戒對處ヲ要スルモノトス

- 衛生勤務関係員ニ對スル謀略 — (衛生勤務員馬取扱者及千草調製者等ノ取得ヲ防害ス)
- 軍所屬軍用動物ニ對スル謀略
  - 細菌戰
    - 病毒馬残置
    - 細菌撒布
  - 毒物戰
    - 毒物ノ飼料飲水混入
    - 有毒植物ノ飼料混入
- 現地軍用動物ニ對スル謀略
  - 有用畜ノ逃避ヲ圖ル
  - 有用畜ノ滅殺
- 現地軍用動物関係資源ニ對スル謀略 — 飼料可能資源ノ滅匿

1118

(其ノ他

之等各種ノ謀略行為ニ對シテハ夫々ノ機関ヲシテ之カ對策ヲ講セサルハ勿論ナルモ専門技術員ヲ挺身派遣セシメ病理細菌、理化學的ノ諸検索ヲ實施シ速ニ謀略原ノ検索ニ任セシム可キコト肝要ナリトス

1119

経緯を踏まえれば、関東軍軍馬防疫廠における細菌攻撃の研究はこのときまでにほとんど進捗していなかったとみて間違いないだろう。

四　第四期：一九四三年一二月～一九四五年八月

第二部第六課新設決定後から一九四五年八月九日のソビエト連邦（ソ連）による対日開戦まで

関東軍軍馬防疫廠第二部第六課の新設

現在確認される限りでは、関東軍軍馬防疫廠における細菌戦研究が本格化するのは、一九四三年一二月、関東軍軍馬防疫廠第二部に第六課＝細菌課の新設が決定されてからである。平桜元獣医中尉は、ハバロフスク軍事裁判において、関東軍軍馬防疫廠は、本部・庶務部・第一部・第二部・第三部・第四部から成り、うち、第二部では、第一課（細菌課）、第二課（病理学課）、第三課（実験用動物の管理）、第四課（有機化学課）、第五課（植物課）によって構成され、一九四三年一二月に新設が決定された第六課が「細菌戦準備ノ諸問題ヲ取扱ツテイマシタ」と供述し、また、第五課については「細菌ニヨル植物ノ毒害及《およ》ビソノ汚染ノ為ノ手段研究ニ従事シテイタ」と供述している(41)。第五課は植物にたいする細菌攻撃を研究していたとみられるが、その詳細は明らかになっていない。

第二部第六課の新設について、平桜は同裁判開廷前の訊問において次のように供述している。一九四三年一二月、高橋関東軍獣医部長と若松有次郎関東軍軍馬防疫廠長ら部隊幹部との会合が行われ、「同会合ニ於《おい》テハ、第二部ニ第六課通称『細菌』課ヲ設置スル計画ガ立案サレマシタ。第六課ハ、細菌ノ大量生産及《およ》ビ特設地下倉庫ニ於《お》ケル其《そ》ノ保管ヲ任務トシマシタ」、「以上ノ会合ガ行ワレタ後、立案サレタ計画ニ基キ第一〇〇部隊ニ於《おい》テ大規模ナ工事ガ開始サレマシタ。即《すなわ》チ、地下倉庫ヲ有スル一階建ノ特別ナ建物ガ建設サレタノデアリマス。

又《また》部隊人員ノ数モ増加サレマシタ」[42]。そして、高橋元獣医中将によれば、一九四四年三月時点での関東軍軍馬防疫廠における細菌生産量は、炭疽菌二〇〇グラム、鼻疽菌一〇〇キログラム、赤穂病菌二〇～三〇キログラムだったことを梅津関東軍総司令官に報告したという[43]。また、高橋は、梅津にたいして、鼻疽菌、牛疫菌、羊痘菌、モザイク菌が細菌兵器として有力であるとも報告したと供述している[44]。さらに、一九四四年度の関東軍軍馬防疫廠の予算については、陸軍省から「勤務員維持費」と「防疫用薬剤製造費」として六〇万円支給され、これとは別に、関東軍総司令部第二部（情報部）から「細菌兵器ノ研究及《およ》ビ製造ノ経費」として一〇〇万円支給されていたとも供述している[45]。

自然感染に類似した鼻疽感染実験の成功

そして、一九四四年に関東軍軍馬防疫廠員は重要な研究結果を発表するにいたる。まず、同年の陸軍技術研究会において、関東軍軍馬防疫廠の渡邊守松獣医中尉・大塚時雄技手は「自然鼻疽類似の変化を惹起《じゃっき》せしむべき一感染法に就《つい》て」を報告したが、そこでは、「鼻疽の治療或《あるい》は予防法の研究上自然鼻疽と同一鼻疽を人工的に作製するは極《きわ》めて緊要なるに不拘《かかわらず》、未《いま》だ何人も之《これ》に成功せざりしが、研究者等は種々苦心の結果遂《つい》に之《これ》に成功せり」と述べたことが同年五月に公表されている（図7）。さらに、八月に発表された渡邊守松獣医中尉・川西信彦獣医中尉による「日、満騾《ラ》及《および》驢《ロ》馬《バ》の鼻疽感染上に於《お》ける差異に就《つい》て——特に自然鼻疽類似の変化を惹起せしむべき感染法を以てせる感染試験成績に就《つい》て」でも、「最も自然に近き方法と思考せらるゝ《る》感染方法を考案し、今回馬体に就《つい》て実験を施行し、自然の鼻疽と寸分《すんぶん》違はぬものを作ることに成功せり」としている（図8）。つまり、馬にたいする鼻疽の自然感染に酷似した感染実験にはじめて成功したことを報告しているわけだが、これは、鼻疽による馬への細菌謀略が技術的になったことを意味する。これらは、表向きには防御（「防疫」）のための研究とされているものが、それを逆用すれば攻撃の研究に転化させることができるとい

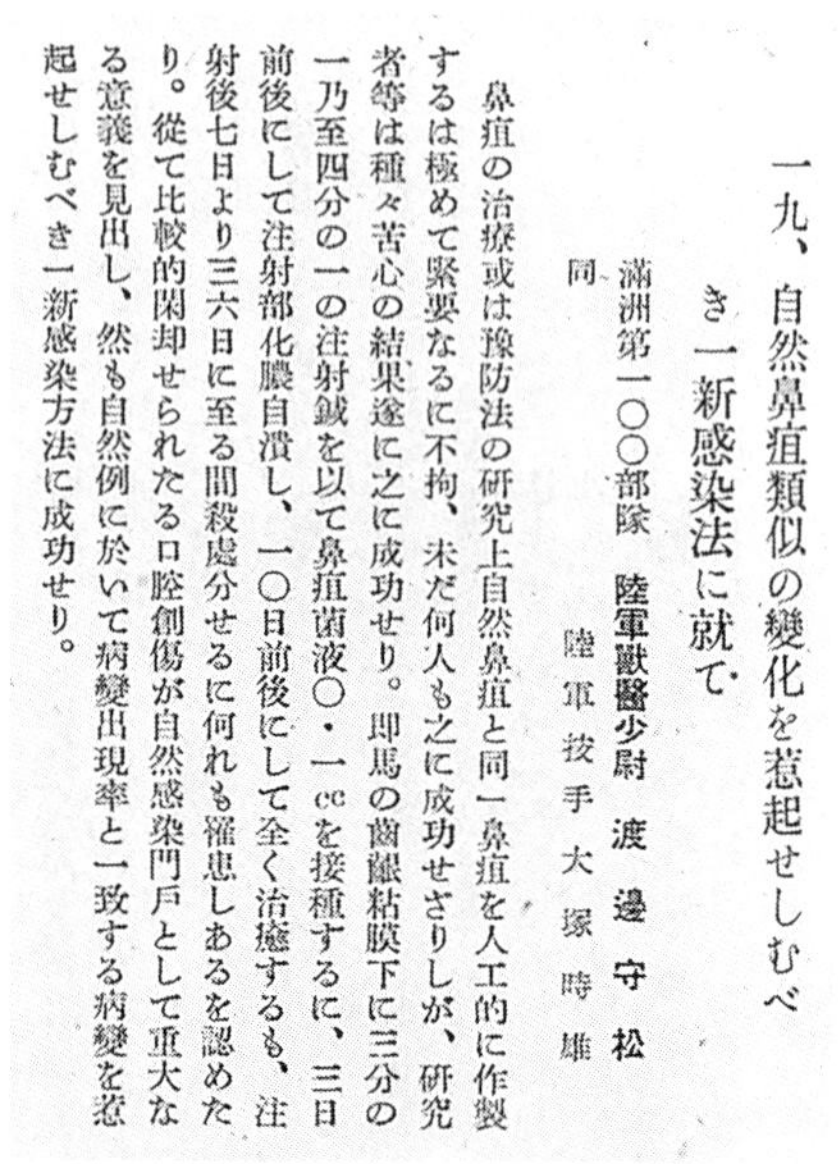
一九、自然鼻疽類似の變化を惹起せしむべき一新感染法に就て

滿洲第一〇〇部隊　陸軍獸醫少尉　渡邊守松
同　陸軍技手　大塚時雄

鼻疽の治療或は豫防法の研究上自然鼻疽と同一鼻疽を人工的に作製するは極めて緊要なるに不拘、未だ何人も之に成功せざりしが、研究者等は種々苦心の結果遂に之に成功せり。即馬の齒齦粘膜下に三分の一乃至四分の一の注射鍼を以て鼻疽菌液〇・一ccを接種するに、三日前後にして注射部化膿自潰し、一〇日前後にして全く治癒するも、注射後七日より三六日に至る間殺處分せるに何れも罹患しあるを認めたり。從て比較的閑却せられたる口腔創傷が自然感染門戸として重大なる意義を見出し、然も自然例に於いて病變出現率と一致する病變を惹起せしむべき一新感染方法に成功せり。

図７　1944年度陸軍技術研究会発表事項抄録に登場する満洲第100部隊 渡邊守松獣医中尉・大塚時雄技手「一九、自然鼻疽類似の変化を惹起せしむべき一感染法に就て」
（『陸軍獣医団報』第418号、1944年５月。国立国会図書館デジタルアーカイブ掲載資料）

う生物化学兵器の特質や関東軍軍馬防疫廠の本質をよく示す事例といえる。

さらに、こうした技術的な前進と同時並行的に、関東軍軍馬防疫廠は謀略的な細菌攻撃のための現地調査や準備を推進していく。先の平桜によれば、関東軍総司令部の命令により、一九四四年六月から関東軍軍馬防疫廠研究隊の一員として北興安省に出張してソ連・モンゴル側の国境地帯の家畜の有無と頭数、牧場、草刈場、道路や貯水池を調査したが、この情報は「対ソ開戦ノ際《さい》細菌謀略ヲ目的トシテ多数ノ家畜ヲ細菌ニ感染サセル為《ため》ニ、日本統帥部ニ必要」だったことや、「第一〇〇部隊長若松少将ヨリ聞知シタ所ニ依《よ》レバ、飛行隊ハ私ノ収集セル情報ニ基キ、開戦ノ場合ソヴエト同盟及《およ》ビ蒙古人民共和国ノ国境地帯ニ於《おい》テ、家畜ヲ感染サセル為《ため》ニ鼻疽菌、炭疽菌、牛疫毒ヲ撒布スル予定ニナツテ居《い》マシタ」として若松に報告書を二回提出し、高橋にも口頭報告したと供述している。[46] さらに、若松の命令により、一九四五年夏に家畜を購入したが。若松から聞いたところによれば「対ソ開戦ノ際ニ是等《これら》ノ家畜ハ炭疽、鼻疽、牛疫、羊疫ニ感染サレ、謀略目的ヲ以テ急性伝染病ヲ発生セシムル為《ため》ニ、ソヴエト軍ノ後方ニ遺棄セラレル予定デアリマシタ」としている。(47)

戦局の悪化と関東軍における動物にたいする細菌攻撃計画①

この時期、太平洋方面の戦局は極めて悪化しており、日本海軍は一九四四年六月一九日から二〇日のマリアナ沖海戦で惨敗し、アメリカ軍が六月一五日に上陸したサイパン島は七月七日に日本軍守備隊が全滅した。次いで七月二一日にアメリカ軍が上陸したグアム島は八月一一日に陥落し、さらに、テニアン島には七月二四日にアメリカ軍が上陸し、日本軍守備隊は八月三日に全滅するにいたる。マリアナ諸島の失陥は、日本軍が設定した「絶対国防圏」の崩壊と、戦略爆撃機B29による日本本土空襲が必至となり、戦争の大勢が決したことを意味した。

戦局の悪化に伴い、一九四三年後半から関東軍からの兵力の抽出が徐々に始まり、一九四四年以降は中国戦線・南方戦線や日本本土・南西諸島などへの主力兵団や航空部隊の大規模な転用も実行に移されたために関東軍は弱体化し、もはや対ソ戦に踏み切る状況にないことは明らかであった。こうして、九月一八日、昭和天皇は、関東軍総司令官・山田乙三大将にたいしてソ連とは極力戦争の発生を防止するという方針の下、持久守勢に転換することを命令（大陸命第千百三十号）するにいたる。

話は前後するが、高橋元獣医中将によれば、一九四四年六月からの関東軍軍馬防疫廠による北興安省への出張に関連して、梅津関東軍総司令官は、「対ソ戦ガ始マツタ場合、若《も》シ日本軍ガ防御ヲ行ウベキ大興安嶺迄《まで》退却スルナラバ、第一〇〇部隊ハ此《こ》ノ際《さい》北興安省ノ家畜ヲ総《すべ》テ家畜伝染病デ感染サセ、尚《なお》敵ガ此《こ》ノ家畜ヲ利用出来ナイ様《よう》ニ出来ル丈《だけ》コレヲ殺スベキデアル」などと述べたという。(48)大興安嶺とは、現在の中国黒竜江省から内

日、滿、騾及驢馬の鼻疽感染上に於ける差異に就て

特に自然鼻疽類似の變化を惹起せしむべき感染法を以てせる感染試驗成績に就て

滿洲第一〇〇部隊
陸軍獸醫中尉　渡邊守松
同　中尉　川西信彥

一、緒言

最も自然に近き方法と思考せらるゝ感染方法を考案し、今回馬體に就て實驗を施行し、自然の鼻疽と寸分違はぬものを作ることに成功せり。依て其の方法及成績の概要を報告す。

二、試驗材料及試驗方法

血液檢査、血淸反應マレイン反應及肝臟穿刺等の諸檢査に依り鼻疽及流產症菌症並に傳貧に非ざる馬を嚴密に撰擇せり。

頭數は日、滿、騾及驢馬各五頭計二〇頭にして之に强毒鼻疽菌（一三號株）のグリセリン寒天四八時間培養の一萬分の一白金耳（約〇、〇〇〇二瓩）を齒齦粘膜下に接種せり。豫備試驗に於ては齒齦の外に口唇粘膜下にも接種せるが特に齒齦を選べり、接種量は〇・一c.c.にして注射針を始め深く入れ次で淺き所に向ひ又押入し注射す。即ち第一及第二圖の如し。

第一圖

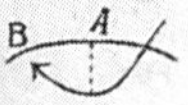

第二圖

即ち第一圖の如く注射針を入れ注射せば第二圖の如く粘膜は小豆大に隆起す。而してB部よりA部の方が壓力強きため注射液は戻ること無し。注射時此の注意を缺く時は齒齦は緊張し居るために菌液が口腔に逆流する憂あり。

三、試驗成績

菌接種後一週隔に剖檢し日、滿騾及驢馬の變化の程度を比較せり。其の病理解剖學的所見の大要は第一表の如し。詳細は後報す表示の如く注射部は十日頃迄は潰瘍となり排膿するも、二週目頃よりは治癒し注射痕を殆ど認めざるに至れり。自然例に於て侵入門戶の殆ど不明なる時此の所見は興味あり。

淋巴腺の變化は興味あるものにして顎凹淋は總て著明に腫脹し、斷面を作れば第一週より既に化膿竈を認む。然しながら上頸、中頸、及下頸の各淋巴腺は殆ど化膿竈なく又腫脹の程度も弱し、尙肺門淋は顎凹淋に次で變化重く又化膿竈も認めらる、尙腸間膜淋巴腺殆ど變狀なし、之等の變化は自然例によく類似す。

第一表　馬種別及經過初病變一覽表

群別	經過日	馬名	皮疽	鼻中隔	甲介骨	肺	肺門淋	脾
第一群	七	325 驢	—	(+)	(+)	(+++)	(+)	(++)
		335 日	—	—	—	+	+	—
	八	342 滿	—	—	—	—	+	+
		329 驢	—	—	—	+	+	—
第二群	九	324 驢	(++)	(+)	(+)	(+++)	+	(++)
	一三	333 日	(++)	(+)	(+)	(+++)	+	(++)
	一	332 驢	—	—	—	++)	+	—
		339 滿	—	±	—	+	+	—
第三群	一六	322 驢	—	(+++)	(+++)	+++	++	—
	二二	323 驢	(++)	(+++)	—	++	++	+
		334 日	(++)	(++)	(+++)	(+++)	(+++)	—
	二三	349 滿	(+)	—	—	+	+	++
第四群	二六	327 騾	—	(++)	(+)	(+++	++	—
		338 滿	++ narbe	±	—	++	(+++)	(+)
	二九	337 日	(++)	—	—	++	+++	+
		330 騾	+	±	—	+++	+++	++
第五群	三五	341 滿	—	—	—	+++	++	—
		331 騾	(++)	(++++)	(++++)	+	+	+
	三六	336 日	(++)	(+)	(+)	(+++	+++	±
		326 騾	(+)	—	—	+++	+++	+

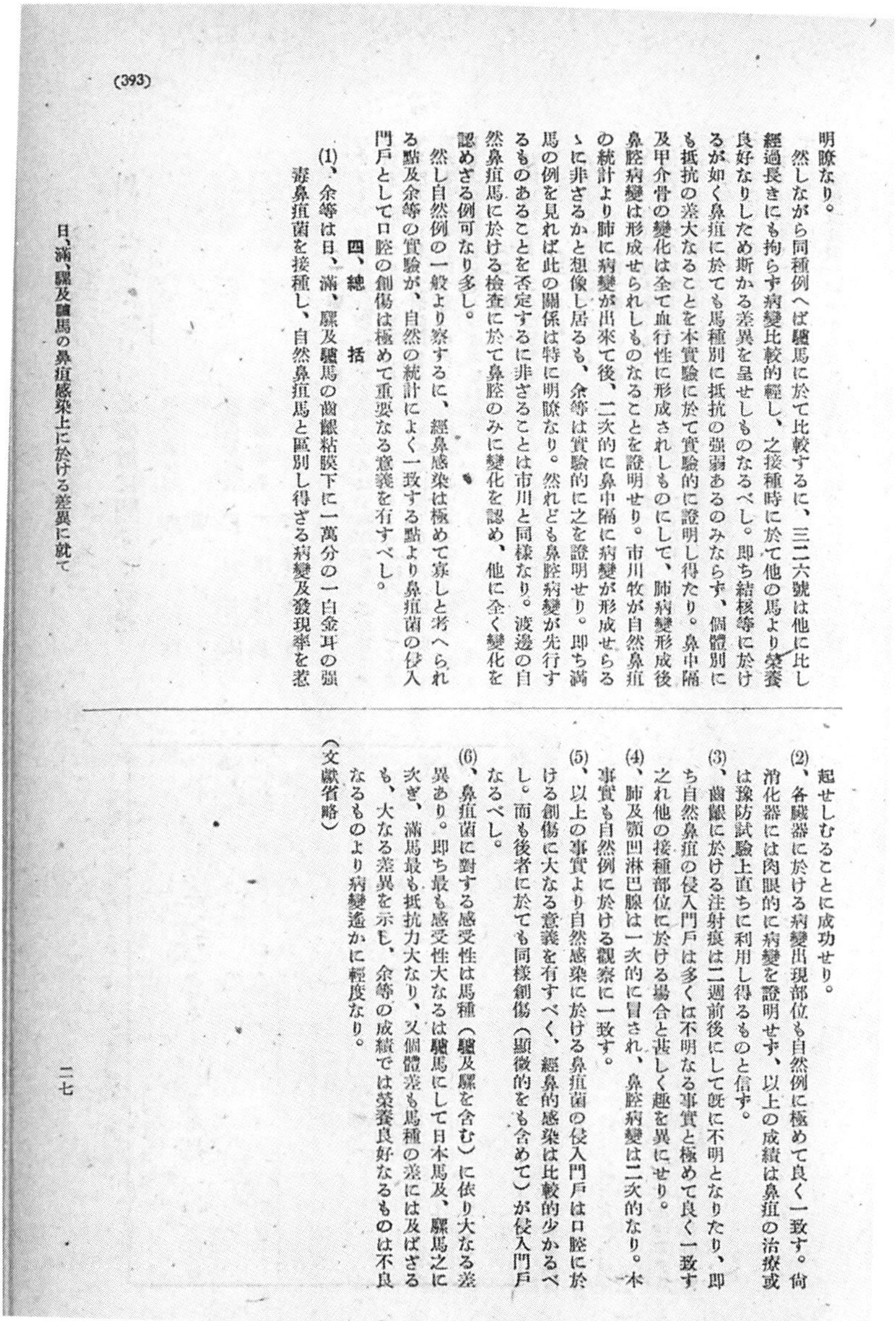
(393)

日、滿、騾及驢馬の鼻疽感染上に於ける差異に就て

明瞭なり。

然しながら同種例へば驢馬に於て比較するに、三二六號は他に比し經過長きにも拘らず病變比較的輕し、之接種時に於て他の馬より榮養良好なりしため斯かる差異を呈せしものなるべし。即ち結核等に於けるが如く鼻疽に於ても馬種別に抵抗の强弱あるのみならず、個體別にも抵抗の差大なることを本實驗に於て實驗的に證明し得たり。鼻中隔及甲介骨の變化は全て血行性に形成されしものにして、肺病變形成後鼻腔病變は形成せられしものなることを證明せり。市川牧が自然鼻疽の統計より肺に病變が出來て後、二次的に鼻中隔に病變が形成せらるゝに非ざるかと想像し居るも、余等は實驗的に之を證明せり。即ち滿馬の例を見れば此の關係は特に明瞭なり。然れども鼻腔病變が先行するものあることを否定するに非ざることは市川と同樣なり。渡邊の自然鼻疽馬に於ける檢査に於て鼻腔のみに變化を認め、他に全く變化を認めざる例可なり多し。

然し自然例の一般より察するに、經鼻感染は極めて寡しと考へられる點及余等の實驗が、自然の統計によく一致する點より鼻疽菌の侵入門戸として口腔の創傷は極めて重要なる意義を有すべし。

四、總　括

(1)、余等は日、滿、騾及驢馬の齒齦粘膜下に一萬分の一白金耳の强毒鼻疽菌を接種し、自然鼻疽馬と區別し得ざる病變及發現率を惹起せしむることに成功せり。

(2)、各臟器に於ける病變出現部位も自然例に極めて良く一致す。尙消化器には肉眼的に病變を證明せず、以上の成績は鼻疽の治療或は豫防試驗上直ちに利用し得るものと信ず。

(3)、齒齦に於ける注射痕は二週前後にして既に不明となりたり、即ち自然鼻疽の侵入門戸は多くは不明なる事實と極めて良く一致す之れ他の接種部位に於ける場合と甚しく趣を異にせり。

(4)、肺及顎凹淋巴腺は一次的に冒され、鼻腔病變は二次的なり。本事實も自然例に於ける觀察に一致す。

(5)、以上の事實より自然感染に於ける鼻疽菌の侵入門戸は口腔に於ける創傷に大なる意義を有すべく、經鼻的感染は比較的少かるべし。而も後者に於ても同樣創傷（顯微的をも含めて）が侵入門戸なるべし。

(6)、鼻疽菌に對する感受性は馬種（驢及騾を含む）に依り大なる差異あり。即ち最も感受性大なるは驢馬にして日本馬及、騾馬之に次ぎ、滿馬最も抵抗力大なり、又個體差も馬種の差には及ばざるも、大なる差異を示し、余等の成績では榮養良好なるものは不良なるものより病變遙かに輕度なり。

（文獻省略）

二七

図８ 満洲第 100 部隊 渡邊守松獣医中尉・川西信彦「日、満、騾及驢馬の鼻疽感染上に於ける差異に就て」の冒頭と総括の部分
（『陸軍獣医団報』第 421 号、1944 年８月。国立国会図書館デジタルアーカイブ掲載資料））

モンゴル自治区北部にかけて南北に走る山脈のことだが、梅津の提案は、劣勢の関東軍がソ連との国境からそこまで後退せざるを得ない場合には家畜にたいして細菌攻撃を実施することによって極東ソ連軍の軍事作戦を妨害することを企図したものである。梅津は、一九四四年七月一八日に参謀総長となり、後任の関東軍総司令官には山田が着任したため、この話はそれ以前に行われたものということになる。

戦局の悪化と関東軍における動物にたいする細菌攻撃計画②

こうして、関東軍軍馬防疫廠では、動物にたいする感染実験にのめり込んでいくことになる。関東軍軍馬防疫廠は、一九四四年一一月、部隊長の若松以下が関東軍防疫給水部（満洲第七三一部隊）の安達《アンダー》特設実験場（図9）において、関東軍防疫給水部の航空機から地上の牛や羊にたいして牛疫菌を含む肉汁を撒布し、感染・伝播することを確認する野外実験を行った。[49]また、高橋元獣医中将によれば、一九四五年三月、高橋の指令に基づいて安達《アンダー》特設実験場において関東軍軍馬防疫廠による感染実験が行われ、若松からこの実験の結果は「良好」であり、一〇頭の牛がすべて死亡したとの報告を受けたという。[50]高橋は、この時使用した細菌やウイルスの種類について明言していないが、別の訊問では、「牛ハ、飛行機ニヨリ之《これ》ヲ炭疽及《および》牛疫ニ感染セシムル予定ニナツテ居《い》マシタ」[51]と供述していることから、炭疽菌か牛疫ウイルスを使用したと思われる。このように、兵力が大規模に抽出されて弱体化した関東軍は、極東ソ連軍が侵攻してきた場合への備えの一環として藁《わら》にもすがる思いで関東軍軍馬防疫廠による細菌攻撃に期待を寄せたために、動物にたいする感染実験が繰り返し行われるにいたったと考えられる。

そして、高橋によれば、山田関東軍総司令官は一九四四年一一月か一二月に飛行機による「対ソ細菌謀略案」についての報告を求め、高橋は平桜から得た細菌偵察資料に基づいて作成した「細菌謀略案」を報告し、これは一九四五年三月に高橋の事務室で平桜が同席したうえで検討され、山田はこの案を認可したという。[52]

図９　安達特設実験場跡地に建てられた石碑と航空機からの細菌兵器投下実験（人体実験を含む）が行われた地点の方向を示す碑
（松野撮影）

なお、一九四四年中の出来事で見逃せないのは、関東軍軍馬防疫廠が七～八名の中国人とロシア人にたいして朝鮮朝顔・ヘロイン・ひまし油による人体実験を行い、被験者を全員殺害したということだが、その詳細については第二章の小河論文に譲る。

ところで、一九四五年四月二〇日、陸軍省は陸軍部隊戦時部隊通称号規定を通達したが、これによって関東軍には「徳」の通称号が付与され、各部隊に割り当てられる通称番号も全面的に改訂された。こうして、関東軍軍馬防疫廠（満洲第一〇〇部隊）は新たに「徳第二五二〇七部隊」と称されるようになったが、この時、本部・牡丹江支廠・大連出張所のそれぞれにたいして「徳」を冠した個別の通称号は付与されなかったようである。[53]関東軍軍馬防疫廠自体が比較的小規模な部隊だったことから、部隊全体に共通するものとして徳第二五二〇七部隊のみが割り当てられた可能性があるだろう。

なお、関東軍獣医下士官候補者隊の部隊略歴の記載から、関東軍軍馬防疫廠の教育部は、一九四三年七月に関東軍獣医下士官候補者隊（満洲五一三部隊）として独立したことが確認されたが、この部隊について「五一三部隊とは一〇〇部隊と連携していたこと、具体的には一〇〇部隊に所属する部隊員に対して、動物細菌戦のための教育を行う部隊であるという位置付けは間違いないであろう」との指摘がなされている。[54]しかし、松野は、既述した一九四三年末以降の実態から、関東軍軍馬防疫廠が本来の目的に専念できるようにするために教育部が切り離されたとみるべきと考える。また、関東軍軍馬防疫廠と連携していたとは考えられるが、関東軍獣医下士官候補者隊では「防疫」の教育は行っていたものの、動物にたいする細菌攻撃や細菌謀略を実施する教育は行っていないと判断する。なぜなら、①関東軍獣医下士官候補者隊員はソ連の対日参戦の際に日本内地を目指して大急ぎで撤収していないことに加え、敗戦後ソ連に抑留されたもののハバロフスク軍事裁判の被告や証人になった者がいないこと、②後述するように、一九四五年八月一五日に陸軍省軍務局軍事課が細菌戦部隊などにたいする証拠湮滅を指示した「特殊研究処理要領」には、関東軍軍馬防疫廠についての記載があるが、関東軍獣医下士官候補者隊は含まれていないこと、による。特に②は重要であり、陸軍省は、陸軍獣医部のなかで「敵ニ証拠ヲ得ラル、事ヲ不利トスル特殊研究」を行っていた部隊は関東軍軍馬防疫廠だけだったと認識していたことを示している。

五　第五期：一九四五年八月～一九四五年一一月
ソ連の対日参戦から日本敗戦を経て関東軍軍馬防疫廠が内地に帰還するまで

「関東軍戦闘教令」の下達

ここで、少し遡って、戦局の悪化と関東軍の対ソ戦準備についてみておこう。一九四四年一〇月一八日、アメリカ軍がフィリピンのレイテ島に上陸すると、日本軍は従来のルソン島における決戦の方針を覆してレイテ決戦に踏み切った。しかし、日本海軍は一〇月二三日から二五日にかけてのフィリピン沖海戦で壊滅し、日本陸軍もレイテ島攻防戦に敗れて戦力を激しく消耗した結果、一二月になって日本軍はレイテ決戦を断念し、以後のフィリピンでの戦いを持久戦へ転換するとともに、「本土決戦」の準備を開始する。一方、アメリカ軍は、一九四五年二月一日に硫黄島、四月一日に沖縄本島へ上陸し、日本本土に激しい空襲を加えた。こうして、硫黄島は三月二七日に、沖縄は六月二三日に陥落する。また、すでに同盟国のイタリアは一九四三年九月八日に無条件降伏しており、ドイツも一九四五年五月七日に無条件降伏するにいたった。

一方、関東軍は転用された兵団の穴埋めとして在留邦人を根こそぎ動員して部隊を急増したが、装備・訓練ともに劣悪で、まともな戦闘が行える状況にはなく、ソ連との開戦時には、防衛線を段階的に南下させ、「新京」を頂点として朝鮮国境を底辺とする三角地帯において持久戦を行う方針を採用することになる。そして一九四五年六月、関東軍総司令部は「関東軍戦闘教令」を下達したが、ここでは、南北朝時代に後醍醐天皇の忠臣だった楠木正成の精神は「関東軍ノ統率指標タリ」、「総員特攻ハ関東軍ノ訓練指標タリ」、「一人十殺ハ関東軍ノ戦闘指標タリ」などの五項目の戦闘教令指標を示したうえで戦闘準則を規定しているが、うち、「第十三、後方部隊」については「全兵種戦闘部隊」であるとして、「軍ハ全部隊全兵種悉《ことごと》ク戦闘部隊ナリ／補給、衛生等ニ任スル部隊ハ須《すべから》ク後方部隊ノ観念ヲ超脱シテ常ニ戦闘ヲ準備シ命ニ応シ第一線ニ進出突撃ニ参加スヘキモノトス」としている。[55] 関東軍軍馬防疫廠もここに含まれるとみてよいだろう。

ソ連の対日参戦と関東軍軍馬防疫廠

だが、関東軍総司令部はソ連の対日参戦時期の判断については希望的観測に左右され、第一課（作戦課）では、作戦準備が立ち遅れて任務達成が困難な状況も相まって、一九四五年夏季を警戒しつつも、ソ連軍は独ソ戦で損害を受けていることから九月以降、さらには厳冬期が明ける一九四六年春季もあり得ると見ていた。[56] こうして関東軍は作戦準備が整わないまま、急襲的に八月九日のソ連対日参戦を迎えることになるのである。

元関東軍参謀副長・松村知勝元少将は、ハバロフスク軍事裁判開廷前の訊問で、「一九四五年八月九日或《あるい》ハ一〇日、軍事行動開始ニ関連シテ、山田司令官ハ、総《すべ》テノ実験室及《およ》ビ貴重ナ細菌培養設備ヲ絶滅スル事《こと》ニ決シマシタガ、コレハ、之等《これら》ノ科学実験室ガソヴエト軍ノ手ニ落チナイ為《ため》デアリマシタ。私ノ部下草地〔貞吾〕大佐ニヨツテ、上述ノ諸部隊ノ解消及《およ》ビ之等《これら》ノ部隊員ノ京城市（南朝鮮）ヘノ引揚ゲニ関スル命令ガ作成サレ、同日、命令ハ、山田司令官ニヨツテ署名サレ、ソノ遂行ノ為《ため》、第七三一部隊及《およ》ビ第一〇〇各部隊長宛《あて》送ラレマシタ。石井〔軍医〕中将及《およ》ビ若松〔獣医〕少将ハ、軍司令官ノ命令ヲ根拠トシテ、上述諸部隊ノ営舎、設備ソノ他ノ爆破破壊ノ為《ため》、当該地域ノ工兵諸部隊ノ協力ヲ得マシタ」と供述している。[57] さらに松村は、関東軍がソ連軍にたいして細菌兵器を使用しなかった主な原因について、「ソヴイエト軍部隊ノ迅速ナ進撃デアツタト考エテイマス。従《したが》ツテ、関東軍ニヨツテ行ワレタ細菌兵器ノ使用準備ノ積極化ニモ拘《かかわ》ラズ、又《また》関東軍ガ細菌兵器ヲ使用シ得ル状態ニアッタニモ拘ラズ、細菌兵器ガ使用サレナカッタノデス」と供述している[58]。そして、山田乙三元大将は、ハバロフスク軍事裁判において、関東軍防疫給水部と関東軍軍馬防疫廠の解消に関する命令に署名したのは八月九日から一〇日だったと供述し、また、極東ソ連軍の急速な進撃が「第一〇〇部隊ニモ、第七三一部隊ニモ、夫々《それぞれ》ノ業務ヲ続行スル余裕ヲ与エナカッタワケカ？」と検事から問われたのにたいして「ハイ、其《そ》ノ通リデアリマス」と答えている[59]。

関東軍は極東ソ連軍の急襲を受け、その機械化部隊の進撃が迅速だったことから、細菌攻撃を行う時間的余裕はなく、むしろ、細菌戦部隊施設の破壊と撤退を最優先に措置したということになる。だが、実態としては、そもそも関東軍防疫給水部が保有する航空機はごく少数に過ぎなかったことから、極東ソ連軍の大規模な全面攻勢にたいして関東軍防疫給水部と関東軍軍馬防疫廠がそれを使用した細菌攻撃を実施したとしても、戦略的・戦術的に意味がなかったとみるのが妥当であり、しかも、制空権を確保できない状況のなかでは細菌攻撃に向かう途上で撃墜される可能性が高かったと考えられる[60]。

陸軍省による関東軍軍馬防疫廠の証拠湮滅の指示

そして、陸軍中央は、証拠湮滅を関東軍に任せるのではなく、自らその徹底に乗り出していく。大日本帝国の敗戦を告げる玉音放送が正午に流れることになる一九四五年八月一五日の早朝、陸軍省軍務局軍事課は「特殊研究処理要領」を下達したが、そこでは「敵ニ証拠ヲ得ラル、事ヲ不利トスル特殊研究ハ全テ証拠ヲ陰〔湮〕滅スル如《ごと》ク至急処置ス」という方針の下、関東軍については「2、関東軍、七三一部隊及《および》一〇〇部隊ノ件　関東軍藤井参謀電話ニテ連絡処置ス（本川参謀不在）」とし、獣医部関係については「5、獣医関係、関係主任者ヲ招置、直ニ要旨ヲ伝達ス、出江中佐ニ連絡済（内地ハ書類ノミ）一〇時」としている[61]。これは、細菌戦部隊を含む諸々の戦争犯罪について、最終的な責任を負う者は陸軍中央であることを自ら示したものであるといえる。

こうして、関東軍軍馬防疫廠は大急ぎで部隊施設や設備を破壊した後に、南下を開始する。その逃避行については、第二章の小河論文が詳細を論じているので、ここでは割愛する。最後に、部隊長の若松が復員した時期を示しておくと、記録上では、一九四五年一一月三〇日だった（図10）。このことから本稿では、第五期の時期区分の終末を同年一一月としている。

おわりに

以上の検討が示すように、陸軍獣医部と関東軍軍馬防疫廠が推進した動物にたいする細菌攻撃の研究は、戦略的・戦術的に確たる見通しがないまま推進されたものであり、アジア太平洋戦争末期には藁をもすがる思いでその開発に没頭したわけだが、生態系を無視する悪辣な行為がもたらす結果について真剣に検討した様子が見られない。また、軍事的にみても、一九三九年のノモンハン戦争において機械化された極東ソ連軍に大打撃を受けて敗退した経験があるにも関わらず、対ソ戦に備えて動物にたいする細菌攻撃の研究を推進したのは無定見というほかないだろう。関東軍軍馬防疫廠の細菌攻撃能力は小規模限定的であり、仮に機動力の優れた極東ソ連軍にたいして使用しても、その作戦行動にはほとんど影響を与えることはできなかったと考えるのが妥当である。一方で、使用した場合には、その地域の家畜に感染症を引き起こし、地域住民に塗炭の苦しみを与えることになった可能性があったと考えられるが、そうした問題について検証した形跡は認められず、身勝手極まりないというほかない。

このように、陸軍獣医部と関東軍軍馬防疫廠が推進した動物にたいする細菌攻撃の研究は非常に愚かしい行為だった。しかも、関東軍軍馬防疫廠が、動物にたいする細菌攻撃とは全く関係がない、毒物を使用した人体

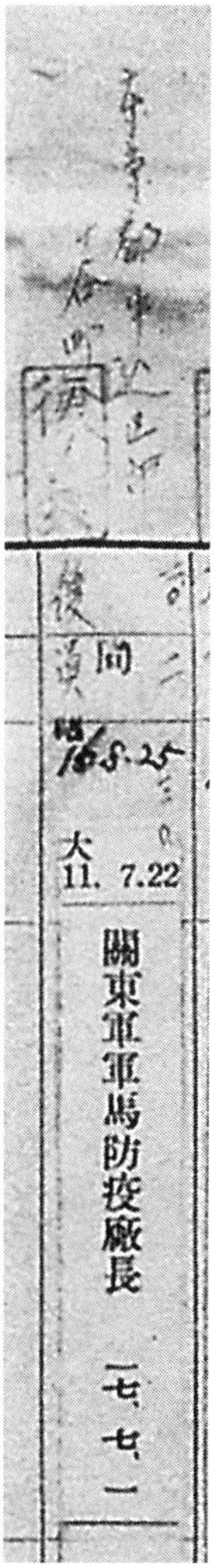

若松の復員年月日部分の拡大

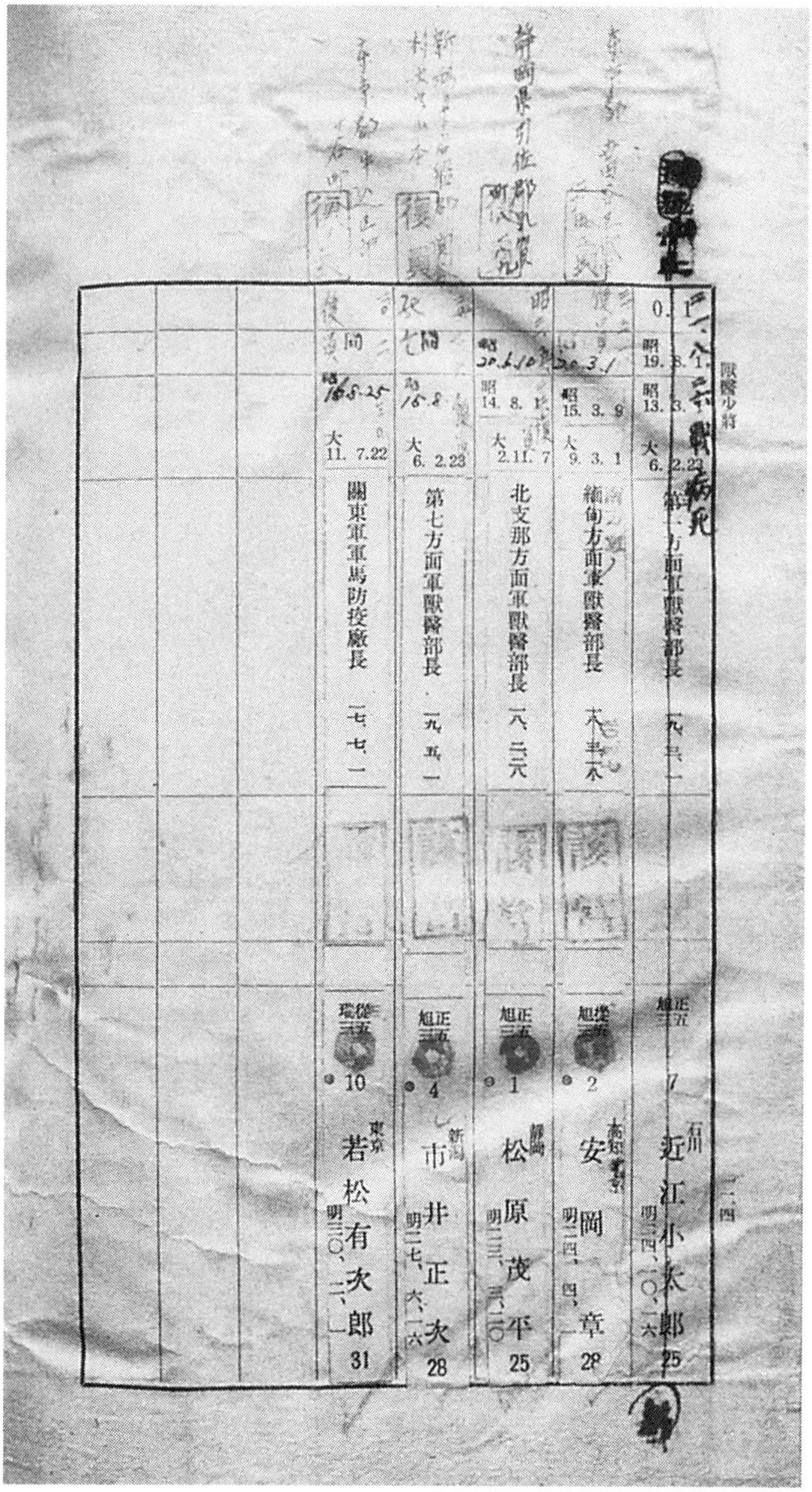

図10　将校名簿における若松有次郎の記載。若松の復員は昭和20年11月30日と手書きで記入されている。
（『将校名簿 現役将官』所収。国立公文書館所蔵）

実験を行い、被検者を殺害したのは異様な戦争犯罪というほかない。

次に、全体像の解明という点についてはまだわからないことが多い。今後の課題としては、実態解明に貢献する新しい資料の発掘が待たれる。なかでも、いわゆるフェル・レポートの各論部分の発見が重要であろう。戦後、日本軍細菌戦部隊について人体実験の実態を含めた調査をおこなったアメリカ軍のノバートH・フェル博士が一九四七年六月二〇日付けでまとめた報告書「日本の細菌戦活動に関する新情報の要約」（フェル・レポート）の総論部分には、「家畜に対する細菌戦研究は平房〔関東軍防疫給水部〕とは全く別の組織が大きな規模で行なっていたことが判明した。現在、そのグループの二〇人の隊員がレポートを書いており、それは八月中には入手可能となろう」と記されている。[62] これは、元関東軍軍馬防疫廠関係者がアメリカ軍に提出するためのレポートを作成していたことを指しており、それは同年八月に完成していたと思われる。現在のところ、フェル・レポートは総論部分しか発見されておらず、各論部分はまだ確認されていない。元関東軍軍馬防疫廠関係者によるレポートはこの各論部分に含まれている可能性があるだろう。それが発掘された場合には、より詳細な実態が判明すると考えられる。

今後、新たな資料の発掘が進み、関東軍軍馬防疫廠による細菌兵器の研究・開発・実験の詳細や人体実験を許した条件とは何だったのかといった論点を含め、実態解明がさらに進むことを期待して本稿を終えることにしたい。

注記

（1）馬疫研究処官制によれば、大陸科学院長の管理に属し、①「病原検索及《および》研究ニ関スル事項」、②「予防及《および》治療方法ノ研究及《および》講習ニ関スル事項」、③「血清及《および》予防液類ノ製造ニ関スル事項」を担当した（大東亜省『満洲家畜防疫必携』一九四四年二月、一三四頁。松野所蔵）。

(2)江田いづみ「関東軍軍馬防疫廠――一〇〇部隊像の再構成」、松村高夫・解学詩・郭洪茂・李力・江田いづみ・江田憲治『戦争と疫病』(本の友社、一九九七年)。
(3)同前。
(4)拙稿「ノモンハン戦争と石井部隊」(『歴史評論』第八〇一号、二〇一七年一月)。
(5)拙稿「関東軍防疫給水部・関東軍軍馬防疫廠における部隊人数の変遷について」(『季刊戦争責任研究』第九一号、二〇一八年一二月)。
(6)西山勝夫編・解説『留守名簿 関東軍軍馬防疫廠』(不二出版、二〇二一年)。
(7)関東軍軍馬防疫廠については、現存する日本軍資料が非常に少ない。特に、陸軍中央との関係でいえば、陸軍省と関東軍の間で交わされた公文書綴のうち、アジア太平洋戦争期のものは日本敗戦時に湮滅されたため、現存していないことが大きな制約になっている(『陸満機密大日記』は一九三三年から一九四〇年まで、『陸満密大日記』は一九三二年から一九四一年までしか現存せず、しかも欠番もある)。現存する陸軍省と出先軍との間で交わされた公文書綴(陸軍省大日記という)は、一九四四年一二月に東京都南多摩郡柚木村柚木(現八王子市)の陸軍省地下倉庫に疎開されたことから日本敗戦時の湮滅を免れ、アメリカ軍に接収された。これらは一九五八年四月に日本政府に返還され、現在、その大半は防衛省防衛研究所戦史研究センター史料室が所蔵しているほか、ごく一部は国立公文書館も所蔵している。本稿では、特にアジア太平洋戦争期については資料上の制約が厳しいなかで執筆していることをあらかじめ断っておきたい。
(8)『混成第一四旅団 作命綴(甲)』所収(JACAR(アジア歴史資料センター)Ref.C14030164100)。原本は防衛省防衛研究所戦史研究センター史料室(以下、防研と略す)所蔵。以下に示す日本軍資料の原本については、特に断らない場合は防研が所蔵している。また、アジア歴史資料センターホームページ掲載資料については、以下、カッコ内にJACARと標記して該当するレファレンスコードを記載する。
(9)『陸軍獣医団報』第三一八号、一九三六年一月。国立国会図書館デジタルコレクション掲載資料。以下に示す『陸軍獣医団報』はすべて同コレクション掲載資料である。
(10)加藤哲郎・小河孝『731部隊と100部隊』(花伝社、二〇二二年)九六～九七頁。
(11)同前九九～一〇〇頁。馬にたいする鼻疽の簡易検査法は、臨床検査のほかに、マレイン診断液を馬の下瞼に滴下し、アレルギー反応が認められるか否かで判定した(一〇〇頁)。

（12）『陸軍獣医団報』第三四七号、一九三八年六月。

（13）陸軍獣医学校長・渡辺満太郎獣医監「満洲国視察所見提出ノ件」一九三三年七月三一日、『満受大日記』一九三三年其一三二分冊の二所収（JACAR Ref.C04011669600）。なお、この所見は部外秘の扱いになっている。

（14）『陸軍獣医団報』第三〇九号、一九三五年四月。

（15）関東軍参謀長板垣征四郎「在満兵備充実ニ対《ママ》スル意見」一九三六年四月二三日、『陸満密綴』一九三六年第一〇号所収（JACAR Ref.C01003179100）。

（16）前掲「ノモンハン戦争と石井部隊」。

（17）「関参一電七五」一九三六年八月六日、『陸満機密大日記』一九三九年第一冊三分冊の一所収（JACAR Ref.C01002736100。この資料はPDFファイルの一四八頁に掲載されている）。

（18）関東軍司令官植田謙吉「編成（編制改正）詳報提出ノ件」一九三七年一月七日、『陸満機密大日記』一九三七年全所収（JACAR Ref.C01002715600）。残念ながら、関東軍馬防疫廠や関東軍防疫部の編成詳報は現存していない。

（19）関東軍司令官植田謙吉「軍用細菌研究業務従事者命課ノ件報告」一九三七年六月二一日、『満受大日記（普）』一九三七年其五一二分冊の二所収（JACAR Ref.C04012537400）。

（20）『陸軍獣医団報』第三四五号、一九三八年四月。

（21）『陸軍獣医団報』第三四六号、一九三八年五月。

（22）三友一男『細菌戦の罪』（泰隆社、一九八七年）二七頁。

（23）前掲「ノモンハン戦争と石井部隊」。

（24）関東軍兵備研究調査委員長「研究報告」一九三九年一一月二七日、『陸満機密大日記』一九四〇年第一冊三分冊の三所収（JACAR Ref.C01002745300）。

（25）ノモンハン事件研究第一委員会委員長「研究報告（通報）」一九四〇年一月一〇日（JACAR Ref.C13010625700）。

（26）同前（JACAR Ref.C13010628400）。

（27）関東軍司令官梅津美治郎「関作命丙第五四一号」一九三九年一二月一一日、『陸満密大日記』一九四〇年第一冊所収（JACAR Ref.C01005948500）。

（28）「関東軍軍馬防疫廠略歴」、厚生省引揚援護局『陸軍北方部隊略歴（その一）』所収（JACAR Ref.C12122425300）。防研所蔵。
(29)『細菌戦用兵器ノ準備及ビ使用ノ廉デ起訴サレタ元日本軍軍人ノ事件ニ関スル公判書類』(外国語図書出版所、一九五〇年)三九二頁。
(30)第一復員省「在満部隊通称号表」一九四五年一〇月一日調(JACAR Ref.C12121108800)、防研所蔵。なお、「在満部隊通称号」の割り当ては全部隊同時に行われたわけではなく、順次行われていったようである。一九四〇年一一月一四日以降、関東軍軍馬防疫廠に「在満部隊通称号」が割り当てられた時期を明らかにすることは今後の課題である。
(31)復員局庶務課「昭和二十八年五月 復員時における主要なる陸軍部隊調査一覧表 草案」一九五三年五月(JACAR Ref.C12121117300)。防研所蔵。
(32)陸軍獣医学校編『軍陣獣医学提要』(獣校教第一八号)一九四一年、一九〇頁。松野所蔵。
(33)松野所蔵。
(34)陸軍獣医学校『陸軍獣医部将校必携(乙)』一九四〇年一〇月改定版の「第七防疫」一頁。松野所蔵。なお、『陸軍獣医部将校必携(乙)』の初版は一九三七年一二月であり、これは一九四〇年一〇月改訂版の刊行に伴い自然消滅とされた。
(35)前掲『軍陣獣医学提要』一八五頁。なお、この資料は一九四二年に改訂版が刊行されているが、引用部分に変更はない。
(36)同前、一八七頁。
(37)前掲『細菌戦用兵器ノ準備及ビ使用ノ廉デ起訴サレタ元日本軍軍人ノ事件ニ関スル公判書類』四一三頁。
(38)「高橋隆篤ノ訊問調書(抄録)」一九四九年一〇月三〇日、同前一四五~一四六頁。なお、ここで高橋は当時の関東軍軍馬防疫廠長を若松有次郎獣医大佐と供述しているが、これは記憶違いであり、正しくは並河才三獣医中佐である。
(39)前掲『細菌戦用兵器ノ準備及ビ使用ノ廉デ起訴サレタ元日本軍軍人ノ事件ニ関スル公判書類』三九五~三九六頁。
(40)前掲『731部隊と100部隊』一五四頁。三河での野外試験の詳細については、同書一五〇~一五四頁参照のこと。
(41)前掲『細菌戦用兵器ノ準備及ビ使用ノ廉デ起訴サレタ元日本軍軍人ノ事件ニ関スル公判書類』三九二~三九三頁。
(42)「平桜全作ノ訊問調書(抄録)」一九四九年一〇月二一日、前掲『細菌戦用兵器ノ準備及ビ使用ノ廉デ起訴サレタ元日本軍軍人ノ事件ニ関スル公判書類』一六一頁。
(43)前掲『細菌戦用兵器ノ準備及ビ使用ノ廉デ起訴サレタ元日本軍軍人ノ事件ニ関スル公判書類』四一九頁。

(44) 同前四一八頁。

(45)「被告高橋隆篤ノ訊問調書」一九四九年一二月六日、同前七二頁。

(46)「被告平桜全作ノ訊問調書(抄録)」一九四九年一二月六日、前掲『細菌戦用兵器ノ準備及ビ使用ノ廉デ起訴サレタ元日本軍軍人ノ事件ニ関スル公判書類』一〇四頁。

(47) 同前一〇五頁。

(48) 同前四二〇頁。

(49) 前掲『731部隊と100部隊』一五九頁〜一六六頁。

(50)「被告高橋隆篤ノ訊問調書(抄録)」一九四九年一二月六日、前掲『細菌戦用兵器ノ準備及ビ使用ノ廉デ起訴サレタ元日本軍軍人ノ事件ニ関スル公判書類』六八頁。

(51)「被告高橋隆篤ノ訊問調書(抄録)」一九四九年一一月二一日、前掲『細菌戦用兵器ノ準備及ビ使用ノ廉デ起訴サレタ元日本軍軍人ノ事件ニ関スル公判書類』一四八〜一四九頁。

(52) 同前一四七頁。なお、高橋はこのとき、「馬匹《ばひつ》ハ、飛行機ニヨリ之《これ》ヲ炭疽ニ感染セシムル予定ニナッテ居《い》マシタ。鼻疽ヲ流行サセルコトハ極《きわ》メテ困難デアリマスカラ、吾々《われわれ》ハ馬匹ヲ炭疽ノミニ感染セシムルコトニ決定シマシタ」とも供述している(一四八頁)。

(53) 留守業務部「(通称号)在満部隊一覧表」には、関東軍軍馬防疫廠本部、同牡丹江支廠、同大連出張所については「徳」を冠した通称号は空欄となっている(JACAR Ref.C14020998700、Ref.C14020998800)。防研所蔵。

(54) 李素楨・田剛・森彪「日本軍五一三部隊における口述証言の調査と研究——『満洲国・新京』の軍政連携細菌戦研究開発体制」、日中口述歴史・文化研究会編『いま語るべき日中戦争——民衆の視点による歴史認識の日中共同研究』(同時代社、二〇二四年)。なお、この論考の冒頭で、「近年、七三一細菌部隊と密接に関係している一〇〇部隊については、ほぼ解明されてきた」とあるのも、松野の認識とは正反対である。関東軍軍馬防疫廠については。資料的な制約から、七三一部隊以上にまだ分からないことが非常に多い。松野が第一章を「陸軍獣医部と関東軍軍馬防疫廠についての基盤的研究」と位置付けているのはそのためである。

(55) 防研所蔵(JACAR Ref.C13010041600)。

(56) 防衛庁防衛研修所戦史室編『関東軍〈2〉』(朝雲新聞社、一九七四年)三三五〜三三六頁。

(57)「証人松村知勝ノ訊問調書」一九四九年一〇月二七日、前掲『細菌戦用兵器ノ準備及ビ使用ノ廉デ起訴サレタ元日本軍軍人ノ事件ニ関スル公判書類』一六七～一六八頁。

(58)「証人松村知勝ノ訊問調書」一九四九年一二月七日、同前一九〇頁。

(59)同前三四六頁。

(60)関東軍の航空部隊の大部分もすでに転用され、一九四五年七月末頃になると、第二航空軍が保有する航空機のうち、作戦に使用できるのは、「満洲国軍」のものを含めても、戦闘機約二五五機、襲撃機・爆撃機約六〇機(九七式重爆撃機一〇機、一〇〇式重爆撃機一〇機、九九式双発軽爆撃機一〇機、九七式軽爆撃機一〇機、九九式襲撃機二〇機)、偵察機約四五機の計約三七〇機に過ぎなかった(防衛庁防衛研修所戦史室編『戦史叢書 満洲方面陸軍航空作戦』朝雲新聞社、一九七二年、五八一～五八三頁。このほかに練習機約三四〇機が存在した)。極東ソ連軍の全面攻勢にたいして、関東軍の航空戦力は中国東北の制空権を確保することもままならない状態にあったことがわかる。

(61)この資料は、太田昌克『七三一免責の系譜―細菌戦部隊と秘蔵のファイル』(日本評論社、二〇〇一年)の巻頭に写真が提示されているほか、書き下し文が一八九頁に示されている。なお、この「特殊研究処理要領」を初めて紹介したのは、森村誠一『続・悪魔の飽食―「関東軍細菌戦部隊」謎の戦後史』(光文社、一九八二年、八五～八六頁)だが、出典が明記されていなかった。

(62)松村高夫『増補版 論争七三一部隊』(晩聲社、一九九七年)、二八五～二八六頁。

第二章　関東軍軍馬防疫廠一〇〇部隊の虚像と実像

小河　孝

第一節　一〇〇部隊の某隊員がメモに遺した細菌戦と人体実験

一　三友一男の自分史『青春如春水』に書かれた人体実験が『細菌戦の罪』から消えた謎

匿名読者から二〇二三年八月に送られてきた資料を分析した結果、三友一男の自分史『青春如春水』（私家版、一九八五年）に書かれた人体実験の記述が、二年後に出版された三友一男『細菌戦の罪』（泰流社、一九八七年）から全文削除されていた。その裏付けとなる資料は、『青春如春水』の目次と七二～七八頁の複写であった。この意外な事実は、これまでずっと疑問に思ってきた『細菌戦の罪』の文脈にある三友の整合性の取れない論理展開の謎を解き明かすきっかけになった。

三友が一〇〇部隊の某隊員に宛てた手紙の内容

三友が『細菌戦の罪』を出版した翌年の一九八八年六月頃、某隊員に宛てた手紙と思われるメモが、匿名読者の第一信に含まれていた。メモは手紙の後半部分と思われた。そこには、「一部内容を改定の上、泰流社から『細菌戦の罪』として上梓いたしましたので、……」と、出版の経緯が簡単に書かれていた。

さらに、『細菌戦の罪』から人体実験の節がそっくり削除された事実を匂わすように、「私はこれらの本でマ私は昭和６０年に「青春如春水」という自分史を１００部程自費出版し、関係者に限定配付して読んでいただきました。この冊子を目にした予備士官学校の同期生のたっての勧めで、一部内容を改定の上、泰流社から「細菌戦の罪」として上梓致しましたので、或いはこの本はご覧頂いているかもしれません。私はこれらの本でマスコミで語られているのとは違った１００部隊の真の姿を知って貰いたかったのですが、どうやら私の目的は果たせなかった様です。山口さんの推薦で「細菌戦の罪」の抄録は獣医部会報誌「紫陽」７２～７４号にも掲載されておりますが、本日「青春如春水」の残部が手元に在りますのでこれをお送り致します。お別れした以後の私の様子、特に私の目から見た極東裁判の裏話やモスクワでの抑留状況等ご想像下さい。その上で、私の手元にお持ちでない写真や資料なども在りますので、梅雨が明ける頃にでも改めてそれらを持参し、余人を交えないで往時の積もる話しをしたいと思っております。

先ずは取り急ぎ御礼まで

早々

写真1　三友一男が某隊員に宛てた手紙と思われるメモ（後半部分の複写）

「私は昭和60年に「青春如春水」という自分史を１００部程自費出版し、関係者に限定配付して読んでいただきました。この冊子を目にした予備士官学校の同期生のたっての勧めで、一部内容を改定の上、泰流社から「細菌戦の罪」として上梓致しましたので、或いはこの本はご覧頂いているかもしれません。私はこれらの本でマスコミで語られているのとは違った１００部隊の真の姿を知って貰いたかったのですが、どうやら私の目的は果たせなかった様です。山口さんの推薦で「細菌戦の罪」の抄録は獣医部会報誌「紫陽」72～74号にも掲載されておりますが、本日「青春如春水」の残部が手元に在りますのでこれをお送り致します。お別れした以後の私の様子、特に私の目から見た極東裁判の裏話やモスクワでの抑留状況等ご想像下さい。その上で、私の手元にお持ちでない写真や資料なども在りますので、梅雨が明ける頃にでも改めてそれらを持参し、余人を交えないで往時の積もる話しをしたいと思っております。

先ずは取り急ぎ御礼まで

早々」

スコミで語られているのとは違った100部隊の真の姿を知って貰いたかったのですが、どうやら私の目的は果たせなかった様です」と、謎めいた胸の内を明らかにしていた。

手紙に書かれていた「一〇〇部隊の真の姿」や「私の目的は果たせなかった」とは何を意味しているのか、この文章からだけではわからなかった。しかし、『細菌戦の罪』が出版された後に書いた某隊員宛の手紙であったことから、出版後に心の底に何かが沈殿していた感情を、一〇〇部隊で親しかった某隊員にぶちまけたい三友の気持ちだけは伝わってきた。

加えて手紙には「山口〔本治〕さんの推薦で『細菌戦の罪』の抄録は獣医部会報誌『紫陽』七二〜七四号にも掲載されております」と、一〇〇部隊の上官であった山口本治・獣医少佐の関与を示唆する記述が最後に書かれていた。

『細菌戦の罪』の冒頭にある佐藤清の解説

「人体実験の節がなぜ削除されたか」の背景をより広く探るため、『細菌戦の罪』の冒頭に書かれた佐藤清の解説を改めて調べてみた。石頭会（関東軍石頭予備士官学校十三期生会）の同期生であった佐藤が八頁にわたる長文の解説を寄稿していた。そこには『細菌戦の罪』の出版に至るまでの経緯が記されていた。佐藤は、三友の『青春如春水』を読み終えた後に、次のような感想を述べていた。

「これだけの貴重な記録を一〇〇冊だけの限定出版にしておくのは、まことに惜しいことに思えて、戦友の木屋隆安、今井真澄両君に相談し、泰流社から出版してもらうようにした」と、『細菌戦の罪』の出版に尽力した経緯が書かれていた。

それに続く文脈で「当時の事情から推測してみると、三友は、地区の政治講習会を終え、アクチーブ（共産主義扇動者）として、各収容所をオルグしていたから、一〇〇部隊の事情調査について、ソ連側のシナリオどおりに証言をすすめられ、彼は素直にそれに従ったのではないかと思われるふしがある」、「勝者が敗者を裁く軍事裁判は、検察側のシナリオどおりに進められることは東京裁判でもあきらかなとおり、ソ連側にとっては部隊の隊員であればだれでもよく、同じ証言をみちびきだしたに違いない。その意味で、洗脳されていた三友は格好の証言者であったのであろう。これはあくまでも推測である」と、三友がソ連で、ハバロフスク軍事裁判の被告として果たした役割について、分析をしていた。

さらに「本来ならば証言にいたるまでの経緯をもっと詳細に記録されるべきなのであろう。けれども細菌戦に関係した人達もまだ多数生存しておられると聞くし、迷惑になる人も少なくないと思われるので、これ以上の詮索はしないことにした」と、佐藤は、三友の気持ちを代弁するかのようなことも書いていた。

前項で書いたように、『細菌戦の罪』は『青春如春水』にあった人体実験の記述が既に削除されており、佐藤が編集にどのように関与したかはまったくわからず、この文章も削除の経緯には一切触れていなかった。しかし、人体実験が、そのまま『細菌戦の罪』に記載されることに、佐藤もまた一定の懸念を持っていたことは明らかであった。

人体実験の削除をどうしても納得できない三友のわだかまり

いっぽうで、三友が人体実験の削除を素直に受け入れたのか、あるいは受け入れざるを得なかったのかを探ってみた。三友は『細菌戦の罪』にある人体実験の前節に該当する「細菌戦資料室」の文脈のなかに、『青春如春水』の文脈にこれまで無かった新たな文章を次のように加筆していた。

「一まずこれで私が関係してきた一〇〇部隊の業務についてこれで筆を擱きたいと思う。勿論、余人ならいざ知らず、私が一〇〇部隊について書く以上、人体実験について触れないということは、必ずしも表現は適切でないかもしれないが、竜を描いて眼を点じないことになるであろうが、私はこれ以上この問題について公の

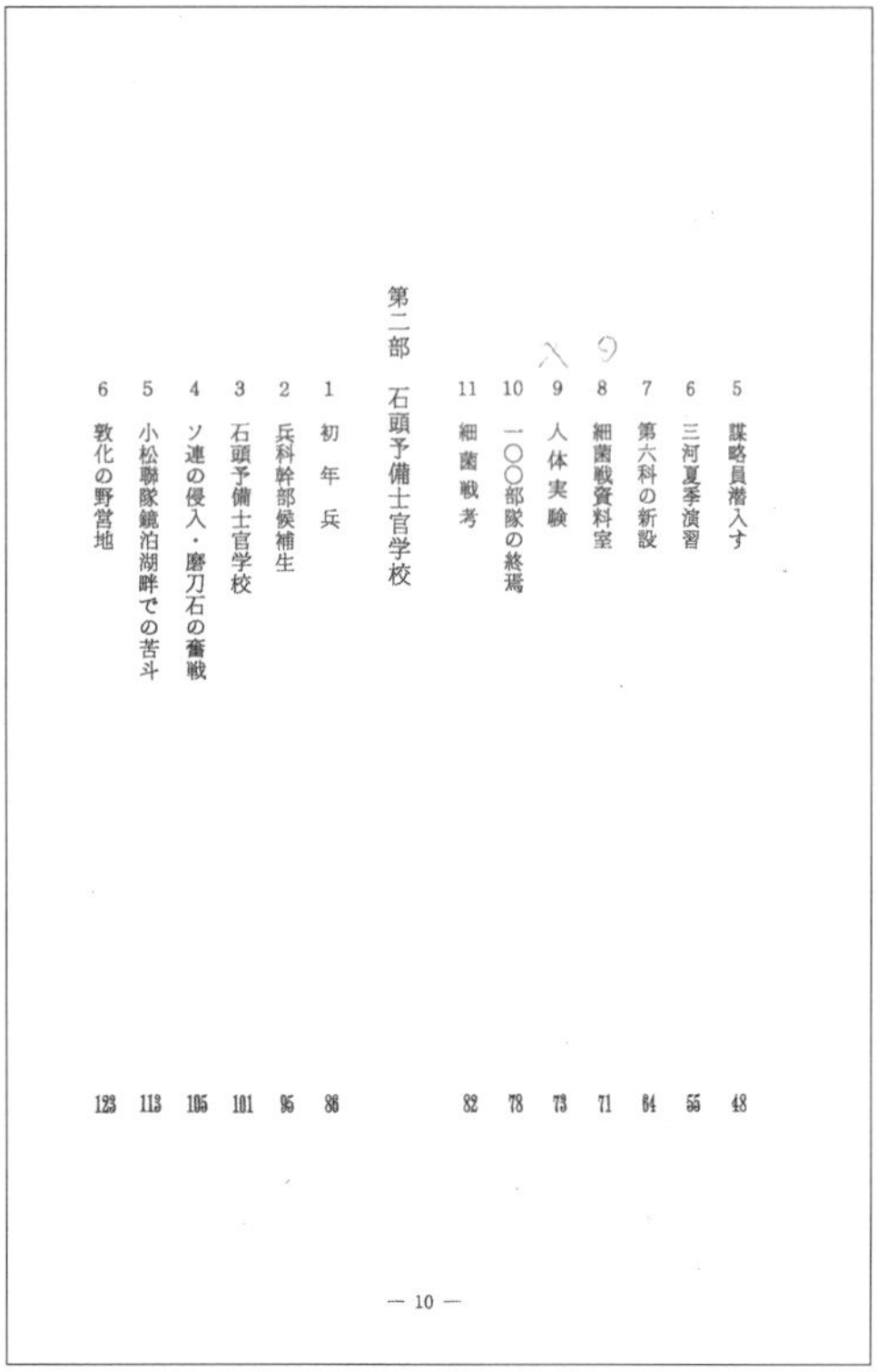

— 10 —

写真2 三友一男の自分史『青春如春水』の目次

場で発表するつもりはない」と記述し、あたかも人体実験の削除を強要されたかのような悔しさがにじむ想いを吐露していた。

続けて三友は、ハバロフスク軍事裁判における高橋隆篤・獣医中将の予審尋問の陳述、「何か新しい実験が始まる場合、陸軍省の命令が必須である」（『細菌戦の罪』七八頁）と、高橋の一連の供述も引用し、「つまりこの実験は、一〇〇部隊の正式な業務として、所定の手続きを経て行われたものでなかったのである。こうしたことも、私が敢て筆を執りたくない理由の一つともなっている」と、ここでは一〇〇部隊の事情がよくわからない読者が理解に苦しむような表現で補足説明を加えていた。

これまで一〇〇部隊の研究で、人体実験疑惑について最も重要な基礎資料は、『ハバロフスク裁判公判記録』にある三友の証言内容と『細菌戦の罪』の記述とされてきた。筆者が『細菌戦の罪』を初めて読んだとき、三友の文章表現が一〇〇部隊の人体実験に関連する部分になるといずれも歯切れが悪く、奥歯にものが詰まったような言いかたに終始しているのはなぜか、ずっと疑問を感じてきた。

これらの疑問を解明するため、加藤哲郎・小河孝の共著『731部隊と100部隊』（花伝社、二〇二二年）で、紀野猛と西村武および町田時男と安藤敬太郎らのGHQ／LS（法務部）の尋問記録を分析してきた[1]。その過程で、一〇〇部隊で人体実験が行われていたことを示唆する傍証は見つけることができた。しかし傍証の積み重ねだけでは真相にはたどり着けず、筆者はこの閉塞状況をどうしても納得がいかなかった。

当時、総務部の調査科や企画科には、中野学校出身の将校が配属になっていた。井田技師が私の入営に際して、

「君を中野学校へ入れようと思っているから、見習士官になったら必ず連絡するように。」

と何度も念を押していたが、これは、細菌学を身につけた私を、将来諜報、謀略面で働かせようと考えていたからであろう。あの時私を資料室へ連れて行った意図も、案外その辺にあったのではないかと、現在そんな風にも考えている。

9 人体実験

前の項で、一〇〇部隊で人体実験をやるようになった経緯について想像してみたものの、正直言って、何故こうした実験をやらなければならなかったかについては、今もって納得いかないでいる。これまで行なってきたいろいろな実験については、それぞれに必然性があって説明できるが、人体実験についてはそれが考えられないからである。人間を対象にした実験は、七三一部隊という軍医部の研究機関で行なわれていることを、六科の業務を通して当時私も知っていた。人体実験を行うには、機密の保持という点からしても、それなりの設備を必要とするのに、一〇〇部隊にはそうしたものは無かった。事もあろうに、衛兵所の裏の営

— 73 —

写真3　三友一男『青春如春水』73-78頁の人体実験

倉でそんな実験をやるということは、人通りの多い一番目につき易い場所でやるということに他ならない。案の定、参加者以外には知られてはならない実験が、多くの部外者に漏れ、ハバロフスクの裁判でも、六科以外の者からさえ、そのことに就いて証言されるという結果になった。

この実験が行なわれていなかったら、一〇〇部隊というものの印象、評価は、もっと別なものになっていた筈である。一〇〇部隊で人体実験をやることが何処で計画されたのか知る術はないが、それを一〇〇部隊に持ち込んできたのは外ならぬ井田技師であった。高橋中将はハバロフスク裁判の予審訊問で、一〇〇部隊で人体実験が行なわれていた事を知っていたかという質問に対し、

「私は一九四九年十一月二十四日の訊問において、私の為に朗読された証人達の供述によってその事実を知りました。」と答え、裁判でも、

「何にか新たな実験が始まる場合、陸軍省の命令が必須でありました。実験は陸軍省の命令によってのみ行なうことができたのでありますが、この様な命令はありませんでした。この決裁を関東軍司令部で得たとしても、この決裁は獣医部長であった私から出たものではなく、関東軍司令官から出たものであります。しかし関東軍司令官宛のこの様な申請もありませんでした。私は今、他の被告の訊問で各種の実験について耳にしましたが、当時私はこれを知りませんでした。」

と陳述している。つまりこの実験は、正式の手続きによって行われたものではなかったのである。

この実験の予備的な行動は昭和十九年の春頃から始まっていた。長い間中支・北支の各地へ出張していた井田技師が、久し振りで実験室へ姿を現し、数種類の、包装の綺麗な外国製煙草を鞄からとり出した。井田技師にしては珍らしくお土産をくれるのかと思ったら、その煙草に加工させるためであった。煙草の包装を慎重に剝し、中の紙巻莨一本一本の中心に、ヘロインやバルビタールといった麻薬を詰める作業であった。手が加えられたことが悟られないよう、ゴム手袋をはめ、細いピンセットで用心深く三分の二ばかり刻み莨を抜き出し、中心の三分の一に麻薬を混ぜて戻し、その後から残り三分の一をもう一度詰め直して、元通りに封印をするのである。

出来上ったものを実験室に置いたまま昼食に行ったら、留守中に、井田技師を尋ねてやってきた調査科の某将校が、珍らしい煙草を見つけて吸いかけ、大騒ぎになった程、それは上手にでき上っていた。その時、「気狂い茄子」と呼ばれている朝鮮朝顔の浸出液も作り、何本かアンプルに詰めた。これらのものが、何処でどう使用されたのか知らないが、井田技師はそれを持って又姿を消した。

二～三度こうした事が行われ、やがて八月になって、突然井田技師から小型拳銃を渡され、「背広に着替えて、松井技手と孟家屯の駅に行くよう」に言われた。駅で待っていると、指定された列車で、私服の憲兵に護送されたロシア人が二名降りてきた。一人は恰服のいい、眼鏡をかけ、顎髭を伸ばした四十～五十才の男で、もう一人は背の高い痩せた若者であった。私達は二人をトラックで部隊に護送し、衛兵所の裏手の営倉に収容した。憲兵隊から、別に二名の下士官が派遣され、仮眠室で交替で彼等の監視についた。

彼らがどの様な罪を犯し、何処から連れて来られたのか、誰れからも何んの説明もなかったが、一〇〇部隊に連行されてからも引続き憲兵から訊問が行われていたので、その問答から、スパイ行為によって逮捕された者であることが想像できた。後日状況視察に来た憲兵将校の説明によれば、「彼等は或る事情によって、公に処刑にすることも、かといって釈放することもできない者」ということであった。こうした者が、「特移扱」という特別な処理によって七三一部隊へ送られて行った様子を、私はハバロフスクの裁判で始めて知ることが出来た。

「公に処刑することや、かと言って釈放もできない者」がどのようにして生まれたのか、裁判に提出された証拠書類の中、牡丹江特務機関の保管文書として押収された、『秘密戦勤務の参考』という書類の附録、『俘虜の訊問要領』を次に抜粋してみよう。

総　則

第一、本訊問は情報収集の目的を以って行う場合を述ぶるものにして、犯罪取調べのための訊問は含まず。

第二、投降者、逃亡兵、逮捕せる敵間諜、不正越境者……(略)……の訊問に就ては、特異なる事項の他俘虜の訊問法を準用す。

第一篇　俘虜の調査（通　則）

第六十二、拷問は、状況によりこれを用いるを有利とすることありといへども、弊害を伴うこと少なからざるを以って、これを用いるべきや否やを検討すると共に、その方法は爾後に遺憾なきを要す。

第六十三、拷問は、肉体に苦痛を与へつつ、真実の陳述以外に苦痛を除去するの方法なき如く、これを持続せしむるものなり。（次項略）

第六十五、拷問実施の手段は、実施容易にして残忍感なく、苦痛の持続性大にして、傷害痕跡を残さざるに着意すべし。

第六十六、若し誤りて傷害を与へたるが如き場合にありては、大局より考察し、邦家のため有利なる如く、責任を以って断乎処置すべきものとす。（傍点筆者）

営倉は二部屋だったので、一度に二～三名の収容が限度であったが、八月から九月にかけて更に五～六名の中国人とロシア人が送られてきた。彼らが到着すると、先ず体温、脈搏等を測って健康状態をチェックし、其の後井田技師の指示に従って、ヘロイン・モルヒネ・バルビタール・朝鮮朝顔等を、味噌汁・牛乳・

粥・煙草等に混入して投与し、体温、脈搏、呼吸などがどの様に変化し、又、麻酔や幻覚などの症状がどのように起るかを観察した。

これらの実験が行われた者の中、粥に一gのヘロインを混入して与えた中国人は十五～十六時間後に死亡し、朝鮮朝顔の浸出液を味噌汁に混入して与えた中国人は、数回の実験で衰弱したので、青酸カリを注射して死亡させた。又三名は一連の実験後、監視に来ていた水野憲兵伍長によって射殺された。

私が十月に入営する頃にも、二～三名の者が営倉に居って、尚実験は継続されていた。

10　一〇〇部隊の終焉

戦局の進展に伴なって、一〇〇部隊から召集されて行く者も増えていった。私は昭和十八年の暮腸チフスに罹り、新京第二陸軍病院に入院していたが、三月に退院し、その二ケ月後に行なわれた徴兵検査で甲種合格になった。それまでは、入営前に休暇をとって帰省することができたが、昭和十九年には、関釜連絡船が敵潜水艦に攻撃されるようになってきたので、入営者の帰国が禁止されてしまった。

私が一〇〇部隊を去った翌年新兵器の増産命令があり、廠内の大巾な人事異動や人員の補充が行なわれたが、どのような形で新兵器の開発や増産が行われたのかは私は知らない。私が聞いた、ソ連参戦から終戦ま

『青春如春水』にある人体実験の記述内容を読み解く

『青春如春水』にある人体実験の記述は、目次を参照すると七三―七八頁に該当していた。

三友は、七三頁の「人体実験」の冒頭で、「何故こうした実験をやらなければならなかったについては、今もって納得がいかないでいる」と、上官（井田技師）の命令に従わざるを得なかった技術雇員の立場であっても、人体実験に率直な疑問を投げかけていた。

その理由を考察すると「人間を対象にした実験は、七三一部隊で行われていることを六科の業務を通し当時私も知っていた」「事もあろうに、〔一〇〇部隊の〕衛兵所の裏手の営倉でそんな実験をやるということは……（中略）……ハバロフスクの裁判でも多くの部外者に漏れ……（中略）……証言されるという結果になった」と、人体実験の背景にある問題点を指摘していた。

しかし、三友が書いた内容を検証すると、「人体実験は医の倫理に反する」ことなどは、三友の脳裏にはまったくなく、人体実験の実施方法が場所を含めておかしいと語っていたに過ぎなかった。また、一〇〇部隊で紀野猛や西村武による人体実験疑惑の告発に繋がる「噂」が、一〇〇部隊全体に広がっていた状況も背景にあったと、思われた。

次に「一〇〇部隊で人体実験をやることが何処で計画されたか知る術はないが、それを一〇〇部隊に持ち込んできたのは外ならぬ井田技師であった」と、三友はここで人体実験が井田清・技師の関与で始まった考え方を強調していた。続いて、それを裏付けるように井田の具体的な行動指示の内容が詳細に記述されていた。

「八月になって、突然井田技師から小型拳銃を渡され、『背広に着替えて、松井技手と孟家屯の駅に行くよう』に言われた」「駅で待っていると、指定された列車で、私服の憲兵に護送されたロシア人が二名降りてきた……私達は二人をトラックで部隊に護送し、衛兵所の裏手の営倉に収容した」「こうした者が、『特移扱』という特別な処理によって七三一部隊に送られて行った様子を、私はハバロフスクの裁判で始めて知ることができた」と述べていた。

三友はこの記述内容を補強する形で、裁判に提出された証拠書類『秘密戦勤務の参考』の「俘虜の尋問要領」を文脈のなかに抜粋・引用していた。最後に少し長くなるが、三友が書いたその後の展開を要約して示したい（七五―七八頁）。

「営倉は二部屋だったので、一度に二―三名の収容が限度であったが、八月から九月にかけて更に五―六名の中国人とロシア人が送られてきた。彼らが到着すると、先ず体温、脈拍等を図って健康状態をチェックし、其の後井田技師の指示に従って、ヘロイン・モルヒネ・バルビタール・朝鮮朝顔[2]等を、味噌汁・牛乳・粥・煙草等に混入して投与し、体温、脈拍、呼吸などがどの様に変化し、又、麻酔や幻覚などの症状がどのように起こるかを観察した」。

「これらの実験が行われた者の中、粥に一gのヘロインを混入して与えた中国人は十五～十六時間後に死亡し、朝鮮朝顔の滲出液を味噌汁に混入して与えた中国人は、数回の実験で衰弱したので、青酸カリを注射して死亡させた。又三名は一連の実験後、監視にきていた水野憲兵伍長によって射殺された」と、人体実験の顛末が書かれていた。

一連の記述内容は、ハバロフスク軍事裁判の尋問における三友の証言記録[3]とほぼ同様と考えられた。また共著で取り上げたようにGHQ／LS（法務部）による紀野猛と西村武および町田時男と安藤敬太郎の尋問記録のなかに断片的に現れる一〇〇部隊における人体実験の噂を示唆した証言[4]や「三友一男が、紀野猛に自分の『殺人』行為の口止めをした事実」（紀野猛の再尋問[5]、一九四七年三月十一日、「山口本治ファイル」整理番号9.27）らを照合すると、三友の記述は整合性があると考えられた。

結論——人体実験が削除された謎の考察

一〇〇部隊による人体実験はハバロフスク軍事裁判の公判記録（一九五〇年）の出版によって極めて限定された状況であるが、戦後の日本国内ですでに公にされていた。そして、戦後四十年を経過した段階で、三友一男の自分史『青春如春水』のなかに、一〇〇部隊における人体実験の経緯を全面的に暴露した記述が再び現れた。

『細菌戦の罪』の出版に何らかの関与があったと思われる山口本治は、戦後四十年を過ぎた時期に、人体実験が再び明らかにされるような事態は、とくに三友がハバロフスク裁判の被告〔当事者〕だけに、一〇〇部隊の人体実験の真相が徐々に拡散していくことに懸念を持ち、その影響力は看過できないと考えていたように思われた。筆者は結論として、人体実験がこのような経緯で『細菌戦の罪』から全文削除されたと推論した。

追記

二〇二四年五月の連休中に「匿名読者」から、花伝社に第三信が送られてきた。その中に、三友一男の「満州第一〇〇部隊『細菌戦の罪』抄録」（『紫陽』第七二号、一九八八年三月三一日）の複写資料が含まれていた。

その内容を紹介すると、記事の冒頭に山口本治による「この記述が終戦以来兎角暗い秘密のベールに包まれた第百部隊の実際の理解に役立てば幸いであると思料し、敢て紫陽誌上に、抄録であるが、掲載を願った次第である」と、三友の紹介〔推薦？〕文が書かれていた。山口による三友の紹介文を読めば、筆者による一連の推測は裏付けられていたと思われた。

昭和63年3月31日　紫　陽　第72号 ⒁

たのであるが、此のような変状はない。依て廠員を臨床、病理、細菌の各班に別けて一斉に検査を実施したが、生体では尚牛疫の疑は見出せなかった。偶々ピロプラズマがあるというので各期の血液検査をやったが、之は陰性であった。

臨床的には体温の上昇、下痢、白血球核左旋を認めた。そこで中毒を疑った。南方には中毒が多い。マライ地方の有毒植物も研究した。当時迄には牛疫の発生記録は此の地方には無いという。

次に接種試験を犢について行った。毒血5～10ccを皮下又は静脈内注射したところ、40度以上に体温上昇し、元気消失、眼結膜充血落涙あり、8－9日目に口内爛斑を発し、発咳、膿様鼻漏を出し、10日にして明らかに、牛疫症状を発した。しかし、一般の病牛の方は明瞭な症状を現わさずに斃死が続く。依て沪過性病毒の種々なるものと類症鑑別をしたが心当りは無い。殊に斃死率の多いところから、単なる胃腸カタルや熱射病でもない。牛舎に居るものが発病斃死し、死亡率高く、既に20数頭が斃れた。

2月5日に初めて口粘膜、歯根粘膜に明瞭な爛斑を生じたものを見出した。その斃死したものに消化器粘膜のジフテリー症状、第四胃潰瘍等を見るに至って牛疫と診定した。

かくして、此の牛群は全部殺処分し坑を掘って埋葬した。しかし、この間40数頭を斃した。

本症は感染力強く、既に2～3頭発生した時にはその牛群全部が侵されている。又保毒牛の摘発不能、他症との鑑別困難である等が本症の蔓延を助長するのであると思う。又、小動物感染試験が不可能なことも病名決定に困難するわけで、これは犢を使うことが最も良いと思う。（昭和19年2月8日家畜衛生協会報告第2号より）

以上

満州第一〇〇部隊『細菌戦の罪』抄録

元満州第一〇〇部隊軍属
兵科甲種幹部候補生　三友一男

紹介

芳名永く後の世に唄い継がれる白虎隊の少年戦士は寧ろ幸いである。前大戦に酬われぬままに夫々の若き情熱を国の命運に賭した少年軍属の存在は、「聴けわだつみの声」と共に散華した学徒兵達と同様、哀れである。

筆者三友一男君は、その所属一〇〇部隊の故に、戦後ソ連軍事裁判に付され、長期間抑留され、又終戦時には予備士官学校在校中の候補生の儘、対ソ軍防衛戦で鏡泊湖付近へ出動する等、この間青春十六年間の体験を、先頃「細菌戦の罪」と題して刊行された。

関東軍の流離終焉は松村知勝氏以降数種の著作があるが、三友君の手記はこれらと比較して遜色がないどころか、満州第百部隊の内情を記述したものとしては、陸軍獣医部に在籍した者にとっては、より身近かな共感を呼ぶものと感ぜられた。この記述が終戦以来兎角暗い秘密のベールに包まれた第百部隊の実際の理解に役立てば幸いであると思料し、敢て紫陽誌上に、抄録ではあるが、掲載を願った次第である。諸兄の御参考となれば幸いであります。

元関東軍軍馬防疫廠廠員
陸軍獣医少佐　山口本治

著者自序　細菌戦の罪について

私は昭和十六年四月から十九年十月まで、三年半程技術員として一〇〇部隊に勤務致しました。そして、そのことが禍して、昭和二十四年暮、慮らずも、抑留先のハバロフスク市で、関東軍司令官山田乙三大将、獣医部長高橋隆篤中将等と共に戦犯裁判を受けました。

この裁判については、モスクワ外国語図書出版所が「細菌戦用兵器の準備及び使用の廉で起訴された元日本軍軍人の事件に関する公判記録」として出版され、これを原典として何冊かの著書がわが国で出版されていることは御存知の通りです。

写真4　三友一男「満州第一〇〇部隊『細菌戦の罪』」抄録（『紫陽』第72号、1988年）

『細菌戦の罪』の「あとがき」に改めて注目

前節で人体実験の削除はどのような経緯で行われていたかを考察したが、さらに謎の背景をより幅広い視点で考察するため、改めて『細菌戦の罪』を読み直した。三友が新たに書き加えた文章はこれまで触れてきたが、「あとがき」の部分にも奇妙な記述があることに初めて気がついた。以下、「あとがき」にある三友の思考内容の過程をさまざまな角度から試行錯誤を繰り返し考察を試みた。筆者の論考の収束が完璧とは言えない部分もあるが、あえて本稿をまとめてみた。

三友は「あとがき」の二六四頁の最終行から二六五頁で、「……一〇〇部隊史を書こうとか、ハバロフスク裁判の是非を世に問うことを目的にしたものではない。この本を書くに当たって敢えて私は取材をしなかった。それは既に述べたように、私が書こうとしていることが、関係者にとっては最も触れられたくない、永遠に語られることなく秘匿されて欲しい部分を含んでいるからである。従って私の責任において、己の記憶と、自分の手許にある資料のみを頼りにして、事実をそのまま書くことに努めたが、そこには限界があったことは歪めない。」と、一〇〇部隊で行われた細菌戦や人体実験を含む記述に「自分の手許にある資料」以外の資料が使われたことを匂わすような、持って回った表現で『細菌戦の罪』をまとめた経緯を語っていた。

この文脈から、三友が『青春如春水』を下敷きにして『細菌戦の罪』をまとめた時に、外部からの資料を入手した可能性もありうることが考えられた。その場合、人体実験だけに限らないが「秘密にしてほしい」という内容について、資料提供の相手から何らかの示唆を受けた可能性も否定できないと推察した。さらに、関連資料の受け入れは、場合によっては三友の意思に反して押し付けられた場合もあったようなニュアンスもそこから感じられた。

三友のこだわり――「基礎研究は細菌戦とは無縁」を無理に挿入

「あとがき」の内容に関連するような事例は、これまで拙著『満州における軍馬の鼻疽と関東軍』と共著『731部隊と100部隊』でも取り上げてきたが、ここでその内容を再度検討してみたい。

三友は『細菌戦の罪』で、一〇〇部隊の任務は「関東軍における軍馬の防疫対策とくに鼻疽研究に重点が置かれていた」ことを強調していた。事実、一九三〇年代の「満州」は、馬（軍馬）に感染の恐れがある鼻疽が常在していた。満州事変によって、鼻疽[6]のない日本から陸軍師団と共に「満州」に運ばれた軍馬は、鼻疽のワクチン接種による予防手段がないために、常に感染の危険がつきまとう鼻疽に曝されていた。

鼻疽の防疫対策の確立は、関東軍にとって軍馬防疫廠設立の重要課題の一つになっていた。拙著『満州における軍馬の鼻疽と関東軍』は、鼻疽の研究と防疫対策の重要性を分析し、三友の視点に一定の理解を示していた。

続いて三友は、『細菌戦の罪』の文脈（三二―四〇頁）のなかに「昭和十九年度　陸軍技術研究会獣医部会発表事項[7]（以下、「獣医部会発表事項」）なる資料を突然持ち出し、一〇〇部隊における基礎研究の課題と担当者の一覧表を挿入していた。そこには鼻疽の防疫対策につながる基礎的な研究課題と同時に、幅広い研究課題も含まれていた。このとき三友は、課題一覧の提示ばかりでなく、本文中で次のような説明を加えていた。

「これだけの研究は片手間仕事でできるようなものでないことは誰がみてもあきらかで、この資料によって『一〇〇部隊は細菌戦に専念していた』と言われていたことが、如実に事実を知らない、虚構のものであるか理解していただけたと思う」と結論を述べていた。そして「〔一〇〇部隊の任務は〕決して巷間でいわれているような、細菌戦の準備などではなかったのである」とまで断言をした。要するに三友は、「一〇〇部隊は軍馬の防疫対策のために基礎研究だけに専念していた」と言わんばかりの積極的な理由と根拠を彼なりの持論で提示したことになる。

三友がこのような筋道が立たない不自然な記述を、なぜ本文中で突然始めたのか？　拙著でこれまで背景を含めさまざまな視点から考察してきたが、三友による論理展開に納得できるような筋道は見いだせなかった。続いて共著は、「獣医部会発表事項」にある基礎研究は細菌戦に直接結びつく課題がないとしても、軍事費を使う研究は軍事研究そのものである。

そして一〇〇部隊が研究成果を活用する場合、基礎研究であろうと日常的にデータを積み重ねる業務であろうと、軍事研究そのものであることに変わりはないと指摘した。そして軍事研究であることが明白にもかかわらず「基礎研究は細菌戦と無縁だ」と強弁する三友の論理展開は詭弁と反論した。しかし、これらの考察は、この時点における筆者の思考の限界を示していたように思えてきた。

「獣医部会発表事項」挿入の狙いはなにか

それならば三友の手持ち資料に「獣医部会発表事項」がなぜあったのだろうか？　詳しい経緯はわからないが、次のような推察は成り立つ。

繰り返しになるが、三友が戦後四十年を契機にまとめた自分史『青春如春水』が、偶然のきっかけで一〇〇部隊の上級幹部らの手元に届いた可能性が考えられた。山口本治らがその内容を論議する俎上で、『青春如春水』にあった三友の人体実験の「愚直な」記述が、戦後の半世紀を前にして世の中に拡散・浸透していく可能性を懸念したように思われた。

その結果、『細菌戦の罪』からハバロフスク軍事裁判にまつわる人体実験の記述の削除だけでなく、あえて「一〇〇部隊は軍馬の防疫、とくに鼻疽対策を中心に基礎研究に専念していた」ことを、この機会に積極的に提示するように三友に示唆したかもしれなかった。

「獣医部会発表事項」の抄録は陸軍獣医団報にすでに掲載されていた。三友が、それを無理やりに挿入した

『細菌戦の罪』の文脈を読めば、「詭弁を弄して強弁している」三友の奮闘もあながち理解できないわけでもなかった。

これまでに挙げたような試行錯誤による考察をまとめた結果、「獣医部会発表事項」にある基礎研究の課題は、軍事研究として一〇〇部隊の細菌戦謀略の研究・実験を秘匿するために、「隠れ蓑」として逆の意味で積極的に使われた可能性も考えられた。

さらに突き詰めると、試行錯誤の考察であるが、某隊員がメモで明らかにした「第二部第六科の研究と実験」（改めて別稿で考察）が、一〇〇部隊における本来の細菌戦謀略に関わる通常の業務を現しているようにみえてきた。そのため「獣医部会発表事項」の研究課題は、視点と角度を変えてより包括的に眺めておかねばならないと、今回認識できるようになった。

「獣医部会発表事項」とメモ「第二部第六科の研究と実験」の比較

「獣医部会発表事項」の課題一覧とメモ「第二部第六科の研究と実験」の内容を比較・検討した。「獣医部会発表事項」にある課題一覧は、一瞥すると重点は鼻疽の基礎研究に置かれていた。別稿で改めて詳細に解析するが、メモ「第二部第六科の研究と実験」の記述内容は、主に研究と実験に関する一般論が主体であった。結論を言えば「獣医部会発表事項」にある研究課題とメモ「第二部第六科の研究と実験」内容は、全くかみあっていなかった。

いっぽう共著ですでに解析したが、『細菌戦の罪』にある「謀略員潜入す」（五四―六〇頁）にある三友の文章は、「井田清・技師が野外から採取してきた材料を用いて、三友が炭疽菌の分離とそれを用いて強毒株を作出する実験にのめり込む姿」[8]が詳細に描かれていた。こちらはメモ「第二部第六科の研究と実験」の記述と重ね合わせて考えると、炭疽菌の強毒株の作出実験にのめり込む三友の姿は、「獣医部会発表事項」の課題一覧と直接かみ合わなくても、第二部第六科の日常業務に関連する実験により近いのでないかと思えてきた。

「枯草菌(9)と炭疽菌の関係」の重大性を考える

一九六〇年代後半、国立予防研究所の細菌研究部長であった和気朗は、著書『生物化学兵器』（中公新書、一九六六年）で、「炭疽菌と枯草菌は毒力のあるなし以外ではきわめて類似しているため、枯草菌で得られた研究成果は、炭疽菌に容易に応用できる(10)」という事実を紹介していた。

この事実に注目したところ、「獣医部会発表事項」の研究課題の一つに、山口藤蔵・三友一男「炭疽菌・枯草菌の簡易迅速鑑別法に就いて」が挙げられていた。この研究課題は、表題どおりに考えれば、両細菌の迅速鑑別の必要性は一般的に理解ができる。

しかしそこから一歩踏み込んで考察すると、和気が指摘した内容は、仮に一〇〇部隊において一九四四年の研究水準では困難であるとしても、一九六〇年代の研究水準で考察するとしたら、この課題は極めて危険を孕む研究に発展する可能性もありうるようにも考えられた。

「細菌戦考」の内容の検討

三友一男『細菌戦の罪』にある「細菌戦考」の内容は、拙著や共著でこれまでまったく触れてこなかった。今回改めて書かれていた内容に注目し、解析を行った。

三友は「細菌戦考」で細菌戦について「日本軍で研究されていた細菌戦とは、いったいどの程度のものだったのであろうか。ここで一寸降りかえってみたいと思う」と書き始め、「かって私達は、何人かの技術員が集まって、細菌兵器の効果という問題について論議したことがあった。その時の決論《ママ》〔結論〕としては、自分達が研究しているような細菌兵器では、世間で言われている程大きな効果は期待できないだろうというものであった。今日になって考えてみても、それは当を得たものであったと思っている」と書かれていた。

三友たち技術員がその時に論議した内容について考察すると、先に紹介した和気朗の著書を引用したと思われる箇所が随所に認められた。例えば「和気朗は前記著書の中で日本軍の開発していた細菌兵器を『古典的細菌兵器』と言っているが、こうした今日の生物兵器開発の展開を考えると、かってのそれは、正に古典的なものになってしまっている」と記述していた。

三友たち技術員が戦後四十年を経過した時点で、一〇〇部隊の細菌戦謀略について彼らなりのまとめと総括をしているようにも感じられた。もし彼らが一〇〇部隊の細菌戦について考えるならば、第一に避けて通ることができない特殊研究として行われた人体実験で、「マルタ」と称したロシア人や中国人を実験材料に供した後に殺害してきたことをどのように認識していたのであろうかを考えた。

「細菌戦考」の文脈には人体実験についての言及はまったく認められなかった。ここでの論議は、一〇〇部隊の細菌戦についてうわべの技術論を語っていたに過ぎないと思われた。

まとめ

前節で述べたように、三友一男が『青春如春水』で暴露した人体実験の記述が、『細菌戦の罪』の文脈から全文削除されたばかりでなく、削除を素直に受け入ることのできない三友の新たな文章の加筆も確認できた。そこには改めて佐藤清や山口本治など複数の関係者が絡んでいた可能性も示唆された。その結果、これまで『細菌戦の罪』の内容は、解明されるべき課題が未だ多く残っていたと同時に、非常に巧妙な改竄も含まれていた。『細菌戦の罪』は、まさに「虚像と実像の合成物」〔キメラ〕のような著述に仕上がっていたと、改めて認識することができた。

三　某隊員のメモ「第二部第六科の研究と実験」の批判的検討

某隊員は、「第2部第6科の研究と実験（概略）（当実験室・当グループによる研究の一部分）」として最初に「細菌・ビールス等についての多くの研究が行われ、その研究から、更に研究課題が生まれ、それぞれの実験が伴われた。下記は、当時　科外厳秘とされた研究一例（本文、元隊員H・N氏、補修）」と書き始めた。メモの作成に元隊員からの補修〔アドバイスか〕を受けたことを明記していた。H・N氏とは誰かはまったくわからなかった。

全体構成は1～6に分かれ、1～3は総論部分、4～6が各論として具体的な事実が記載されていた。4は特殊研究と称する人体実験、5は例1から例6までそれぞれ具体的な試験内容が書かれていた。最後の6は第二部第六科の実態で、研究への取り組みの様子が書かれていた。

第六科の研究目的は、本当に「新種の細菌を生み出すこと」なのか？

1の分析――第六科の研究目的に「新種の細菌を生み出すこと」と明確に書かれていた。しかし、文脈を読んだ印象は、病原性（毒力）の強い変異株作出についての解説のように思われた。つまり病原細菌を原材料に、細菌戦に応用できる毒力の強い変異株をさまざまな手法と試薬などを組み合わせて作出する一般論であり、原株から病原性の異なる変異株を作出することに過ぎなかった。これは、新種の細菌を生み出すことではない。

ここには細菌戦に必要な病原細菌を使ってどのような変異株を作出したか、毒力判定はどの実験動物を使いどのような実験したかなどの具体的事例はまったく記述がなかった。このような文脈からは、一〇〇部隊の細菌戦がどのように準備されていたかなどはまったく推測することはできなかった。

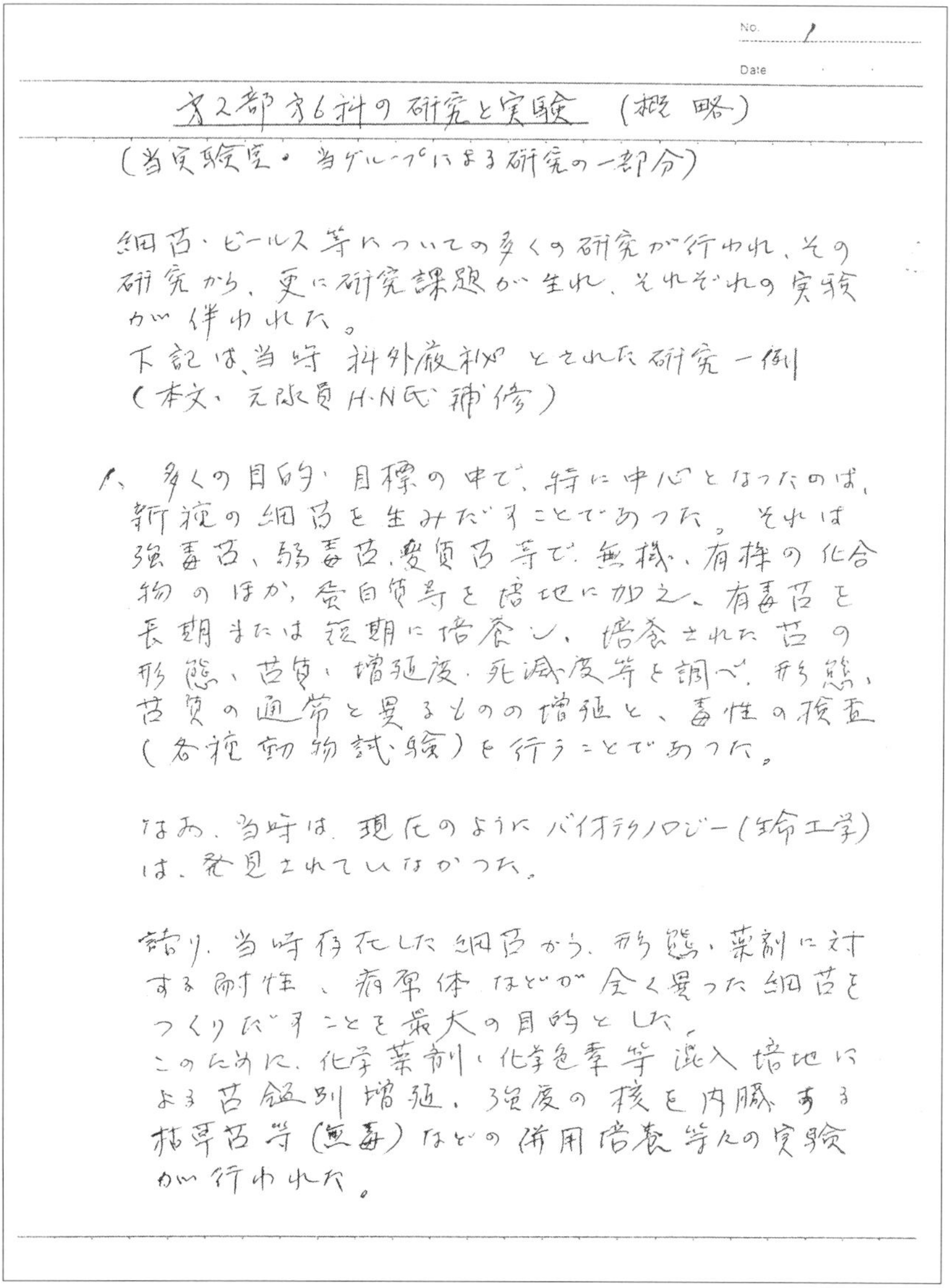
No. 1
Date

第2部第6科の研究と実験　(概略)

(当実験室・当グループによる研究の一部分)

細菌・ビールス等についての多くの研究が行われ、その研究から、更に研究課題が生れ、それぞれの実験が伴われた。
下記は、当時 科外厳秘 とされた研究一例
(本文、元隊員H・N氏補修)

1、多くの目的・目標の中で、特に中心となったのは、新種の細菌を生みだすことであった。それは強毒菌、弱毒菌、変質菌等で、無機・有機の化合物のほか、蛋白質等を培地に加え、有毒菌を長期または短期に培養し、培養された菌の形態、菌質、増殖度、死滅度等を調べ、形態、菌質の通常と異るものの増殖と、毒性の検査(各種動物試験)を行うことであった。

なお、当時は、現在のようにバイオテクノロジー(生命工学)は、発見されていなかった。

詰り、当時存在した細菌から、形態・薬剤に対する耐性、病原体などが全く異った細菌をつくりだすことを最大の目的とした。
このために、化学薬剤・化学色素等混入培地による菌種別増殖、強度の核を内臓する枯草菌等(無毒)などの併用培養等々の実験が行われた。

写真５　某隊員のメモ「第２部第６科の研究と実験」(概略) No.1 〜 No.6

毒力の強い変異株を作出する具体例

そこで筆者が過去に研究していた変異株作出の手法を簡単に紹介して、読者が具体的なイメージが浮かぶこ とを考えた。一九八〇年代までごく一般的なウイルス学の研究は、先端技術分野(バイオテクノロジーなど) の技術をあまり取り入れなくても、発想や視点を少し変えれば強毒や弱毒の変異ウイルスを容易に作出できる 状況にあった。

筆者は、一九七〇年代の終わりから一九八〇年代始めに、「トリインフルエンザウイルスの病原性(毒力)発 現機能の解析」の研究課題で、毒力発現機能の一端を解明する研究を行っていた。材料に用いたトリインフル エンザウイルスは、ニワトリをすべて殺す株とまったく殺さない株、すなわち強毒と無毒の二つの株を、しか も抗原性が同じ表現型のH7N1亜型を用いた。

研究材料作成の実験は、二つのウイルス株を一〇日齢発育鶏卵に同時接種した。その結果、発育鶏卵内にお けるウイルス増殖過程で両ウイルスの八本のRNA遺伝子分節がランダムに組み替えられ、自然界に存在しな いような新しいウイルス株を多数作出することができた。ウイルス分離の条件を変えることで様々な変異株を 取り出して実験に用いた。ウイルスが実験室から外部に漏出しないように厳重な管理をしていた。それらの変 異株を組織培養細胞、発育鶏卵、ニワトリ雛に実験感染させ、各種ウイルス株の毒力発現パターンの違いを調 べる研究・実験を行った経験であった。

少々短絡的な思考になるが、このとき、もし毒力の強いウイルス株を選択し、その毒力発現のメカニズムや 強毒株作出を「興味本位」でさらに追及していくならば、その先はどうなっていくか? 研究は簡単にできる ことでないが、今でも考えると若干背筋が寒くなる気持ちにもなる。バイオハザード対策を完備した現在の実験環境に 当時の農林水産省の研究機関はつくば移転直後であった。また研究(実験)について、とくに研究目的についての論議や倫理 比較して決して完ぺきとは言えなかった。

No. 2

Date

2、その他細菌、ビールス、糸状菌、リケッチヤ、単細胞動物等の微生物体の性状両検査を行い、特に毒性の強い、鼻疽菌、炭疽菌、ブルセラ菌、ボトリヌス菌、リケッチヤ、狂犬病ビールス等の毒性増強試験も行われた。

3　一般に謂われている細菌謀略（細菌増殖は容易であり、塩分、糖質、有機物質の培体に菌を混入する場合、24時間で数億）に対応するため攻撃方法の研究により、防御方法を究明。

(1)　強毒菌、ビールス等の感染防止、防疫治療方法。診断の迅速化、大量散布される場合を想定し、大量生産可能の菌、ビールスの種別確認、及び感染の場合の治療薬剤の研究。

(2)　感染昆虫（蚊、蚤等）感染小動物（鼠等）による細菌戦術は、散布される範囲の限定と、感染物体内の菌の死滅や目的地へ到達までの、感染動物の生存の疑問があり、実行されても、部分的で、効果ないとみられ研究除外。

(3)　砲弾に詰め込むことは、爆発地点が一ケ所のみで、菌の砲弾内保管箇所も殆んどなく、炸裂による菌の死滅は、確実であり、砲弾使用も研究除外。

規定も不十分であった。このような状況でヒトと自然環境に対するバイオハザードの危険を伴う実験はそれなりに問題があったように今でも感じている。

仮にこのような研究課題が軍事研究の体制下で実施されるのであれば、研究目的・内容の討論や研究発表の機会はなくなり、機密にされ、その成果が生物兵器開発に結びついていくことは容易に考えられる。しかし、この研究は経常研究費の範囲内で実施した。この研究によって得られたトリインフルエンザウイルスの毒力発現パターンの新しい知見は研究論文にまとめ、国際的なウイルス学雑誌に投稿することができた。そして筆者の学位論文に繋がり、その成果は当時のインフルエンザウイルスの研究者たちと共有できたと考えている。

1の文脈の最後に「枯草菌等（無毒）などの併用培養等々の実験が行われた」と記載があった。この併用培養は何の目的で、またどのような実験を行ったか、筆者はよくわからなかった。一九四四年の段階で第六科の研究者が炭疽菌と枯草菌の関連性と違いの重要性についてどこまで認識できていたかは、この記述だけではわからず、かなり悩ましい問題に思われた。

その理由は、前節ですでに指摘したが、和気朗が「炭疽菌と枯草菌は毒力のあるなし以外ではきわめて類似しているため、枯草菌で得られた成果は、炭疽菌に容易に応用できる」ことであった。繰り返しになるが一九四〇年代水準の実験は不可能としても、場合によっては、研究成果の進展具合によって極めて危険な方向に発展する可能性がまったくないと決めつけることは出来ないように思われた。具体的な内容が記述されていないので、これ以上の考察は不可能であった。

細菌の性状解析は研究の基本

2の解析——ここでは、各種病原体の毒力を増強するため最初に微生物体の性状検査を強調していた。これは特別のことでなく、基礎的で一般的な実験手法に過ぎない。三友も『細菌戦の罪』のなかで、「野外から分

94

離した炭疽菌の性状を最初に確認、次に実験動物のモルモットを用いて感染継代をくりかえし、毒力の強い菌株を選択していく手法」を語っていた。野外から分離した微生物について、詳しい性状解析は次の実験プロセスに進むための必要な出発点である。

ただし、ここに記載された病原体について、第六科で細菌戦の対象にした研究・実験が、一九四四年の段階ですべて実施されていたのか？　かなり疑問が残る。なぜなら「獣医部会発表事項」の研究課題の中にまったく取り上げられてないボツリヌス菌、リケッチャ[11]、狂犬病ウイルスなどがここに記載されていた。しかし、軍事機密であるからより重要な研究・実験課題は秘匿されていたと言われればそれまでのことになるが、筆者には軍馬を対象とする一〇〇部隊でこのような病原体を研究・実験する必要性と力量は一九四四年段階ではなかったように考えられた。その根拠は前節でも取り上げた『細菌戦の罪』にある「細菌戦考」節の内容を読み解くと、一〇〇部隊の技術員が集まり、そこで語り合った内容（現代の細菌戦に使える研究対象の病原微生物）をそのまま羅列したと、考えすぎかもしれないが思われた。

攻撃は最大の防御となる

3の解析――ここにある文章も、前項と同様のニュアンスが感じられた。細菌戦による相手の攻撃に対抗する手段として、「こちら側からの攻撃方法を研究した上で、相手側からの防御方法を研究する」論理構成は、一〇〇部隊は、七三一部隊と異なり、ペスト蚤（PX）[13]のようなベクター（感染媒介生物）の実用化試験や細菌爆弾の開発研究は実施しなかったと書かれていた。その軍拡競争の論理そのものである。（2）と（3）は、一〇〇部隊は、七三一部隊と異なり、ペスト蚤（PX）

しかし、（4）の内容を考えると、これまで一〇〇部隊は野外演習（実験）で牧草地帯や河川に病原細菌（炭疽菌と鼻疽菌）を消毒実験と称して散布する夏季と冬季の野外で毎年実施してきたことは厳然たる事実での通りかもしれないと思われた。

あった。この事実を無視してここで一般論を記述したことは、メモ「第二部第六科の研究と実験」のタイトルからしてまったく理解ができなかった。

野外実験の内容は、『細菌戦の罪』に書かれていた通りであり、また炭疽菌と鼻疽菌を用いた野外散布実験の詳細な評価は、拙著と共著ですでに記述したのでここでは繰り返さない。

細菌戦に必要な細菌の大量培養が欠落

1〜3の記述のなかで細菌戦を想定した場合、ある重要な前提条件に触れられていなかった。つまり、細菌戦の研究と実験材料に用いる細菌やウイルスなどの病原体を効率的に大量培養することがまったく書かれていなかった。5の地下室実験の説明のなかに、関連する実験設備（遠心機など）は若干触れているが、そこでもどのような細菌を用いて大量培養したような記述は一切なかった。

『細菌戦の罪』で、一〇〇部隊における鼻疽菌の生産能力実験[14]についてすでに三友が書いていたので、鼻疽菌の生産方式と生産量は理解できていた。また炭疽菌の培養は『細菌戦の罪』にも記載がないが、細菌培養ができる基本的なガラス器材（フラスコやシャーレ）と設備（滅菌設備やふ卵器など）が実験室に備わっていれば、大量培養は極めて容易である。ただし、両細菌とも実験室内感染（バイオハザード）の危険性が大きく、日常的に厳重な安全対策が必要であった。

フクシン[15]散布は予備実験だけか

（註）に、安達（アンダー）実験場で「フクシンン溶液を航空機による散布を実施」と記載されていた。その内容は、航空機から散布されたフクシンの液体が霧状になり、どのように拡散し、攻撃対象動物の体表に付着・分布するかを目視できる重要な実験と思われた。牛疫[16]ウイルスの散布実験に関連する基礎実験のように考

えた。これまで一〇〇部隊における低空からの牛疫ウイルスの空中散布実験は、すでに久葉昇の手記と町田時男の一問一答の記録から安達実験場で実施が裏付けられていた。さらにフクシンを使った空中散布実験が、安達（アンダー）実験場で七三一部隊を含め、他の病原体を対象にどのように行われていたか、を推察することも可能であった。しかしこれだけの情報では詳しい内容は判らず、コメントができなかった。

特殊研究は人体実験と「マルタ」処分に繋がった

4の分析――朝鮮アサガオを用いた特殊研究の目的、動物実験と人体実験の具体的内容と仕組みが、ここに整然と記述されていた。その中で、「人体実験は動物との比較で、経口感染（動物の肉等を食べた場合）。ただし、あくまでも人を殺傷させることを目的としたものでなく、動物よりの感染の場合の毒性度と治療方法の研究」と、書かれていた。

某隊員は、ここで「人体実験は動物との比較実験で、ヒトの殺傷が目的でない」と言い訳をしているように思われた。しかし結果的には「マルタ」の処分と称して容易に人命が奪われる実験になっていた。また「毒性度と治療方法の研究」と繰り返しても、人体実験であることに相違がなかった。

さらに、（註）①「ハバロフスク公判に謂われるように殺人目的ではなく、実験者の立場から一言。なおこれは毒性細菌・強毒薬剤以外の薬物研究の命令によるもの」と書かれた記述は、実際に人体実験に携わった者だけが口にする「上官の命令に従わざるを得なかった」と、事実を裏付ける内容にすぎなかった。

この一連の記述とハバロフスク軍事裁判の記録や三友の自分史『青春如春水』に書かれていた人体実験の内容と経緯を比較・検証すると、例えば三友は、実験の目的と内容などを十分理解しないままに、ただ上官（井田らの）命令に従って、人体実験を任務の一つとしてこなしていたように思えた。某隊員もまた三友と同様の立場に置かれていたように思われた。一〇〇部隊における人体実験の実態が徐々にわかってくるにつれて、な

No. 3

Date ・ ・

(4) 通常には、菌の培体を広範囲の収耳地等に散布するか、湖沼河川に混入することが効果的といわれている。感染により、経皮感染、経口感染、呼吸器感染等があるが、これらを有効にするため、地上散布または上空よりの「菌培体の噴霧並びにこの霧の長時間上空滞留」が最適とされ、これらの防御方法も研究課題であった。

(註) アンダー(守章)野外試験場にて、生菌を混入しない マクレン溶液を航空機による散布を完結、飛散区域、地区範囲別流度試験、撃落動物(牛)の体表附着及び内臓内の着色剤の混入度等が行われた。

(参) 最近は、細菌の感染に、分子生物学の進歩で昆虫学の媒介でなく、直接的方法の「エロゾール」等が用いられ、感染を最後までコントロールできるようになってきた。

No. 4
Date

4　特殊研究
　朝鮮アサガオ（野生対象）
　アルカロイド中のオスケアミ... の毒性及検査
　○粉末状物
　○液状物
　収... 地等に散布または、飼糧・水溜地
　などに混入、散布する場合
　（目的）
　動物の反応・毒による症状及び致死度
　（実験）
　動物実験ー各小動物対象
　　人体実験ー動物との比較
　　　　　　経口感染（動物肉等を食べた場合）
　　　　　ただし、あくまで人を殺傷させる
　　　　　ことを目的としたものではなく、動物
　　　　　よりの感染の場合の毒性及
　　　　　治療方法の研究
　（注）①ハバロフスク公判に謳われるように、
　　　殺人目的ではなく　　　　　実験者の
　　　立場から一言。なお、これは毒性細菌・強毒薬剤
　　　以外の薬物研究の命令によるもの。
　　②S19.8以降　新京憲兵隊・化学担当者と
　　　共同研究、生体実験等について打合せ
　　　直接担当者　伊藤少尉・山田曹長
　　　　　　　　　水野軍曹（それぞれ化学技術者）

　　　（憲兵隊々長　　近藤大佐）

No. 5
Date

5　地下室実験
5,1,9,10 項より 地下実験室（実験室・遠心分離室、培養室・資材室、呂抗保管室 等々）は 多くの 実験、製造 に 使用された。

（例 1）
細呂大量生産の合理的の設備、機材・保管、尼除防止 などの 試験研究

（例 2）
細呂・ビールス寺の耐寒、耐暑、耐熱 または 真空試験

（例 3）
細呂散布による 長時間霧状、または、煙状の菌体 及び 液状培養呂の土壌浸透度 試験

（例 4）
毒ガス撒布筒（シンガポール号等保管）を解体し、細呂混入方法研究、無毒性呂による 地上実験

（例 5）
細呂、ビールス等の落下の場合の 容器破砕度試験

（例 6）
未年占領嶼島の春天、佐奪天 の襲圧対抗として
（日本年切区採用）イレニトル その他 等剤混合液と
写肉片のアンプル 詰製造（ポケットに入れる 3本入ケース）
トラック輸送したが、戦況不利・船輸送困難のため
全品返送をされる。（沖縄球減・S20,6,23 以前）
なお、この製造期間中、ガス中毒入院者・火による
員傷布 などでる（総員約20名）

（その他省略）

郵便はがき

料金受取人払郵便

神田局
承認

1163

差出有効期間
2025年10月
31日まで

101-8791

507

東京都千代田区西神田
2-5-11出版輸送ビル2F

㈱花伝社 行

お名前《ふりがな》

お電話

ご住所（〒　　　　　　　）
（送り先）

◎新しい読者をご紹介ください。

お名前《ふりがな》

お電話

ご住所（〒　　　　　　　）
（送り先）

愛読者カード

このたびは小社の本をお買い上げ頂き、ありがとうございます。今後の企画の参考とさせて頂きますのでお手数ですが、ご記入の上お送り下さい。

書名

本書についてのご感想をお聞かせ下さい。また、今後の出版物についてのご意見などを、お寄せ下さい。

◎購読注文書◎

ご注文日　　年　　月　　日

書　　名	冊　数

代金は本の発送の際、振替用紙を同封いたしますのでそちらにてお支払いください。
なおご注文は TEL03-3263-3813 FAX03-3239-8272
また、花伝社オンラインショップ https://kadensha.thebase.in/
でも受け付けております。（送料無料）

No. 6

Date

6　才2部才6科の実態

互の実験者の研究は、また実験内容は、判らないと言うものの、同じ科内では、何等かの連繋があり類似した実験が、それぞれに行われていた。

また、研究内容で不明なことは、お互に討議して、解決することもあって、大略は判っていた。

しかし、他の人の行ったことを今もって、外部に言うことは、差し控えなければならない。

研究、実験に当った人の人の名前は尚更に遠慮。それぞれの人が自分で発言する以外に方法は、ないと思われる。

詰るところ、今日に至って才2部才6科の全実態を解明することは、極めて困難のようである。

んとも言えない戦慄を覚えた。
「人体実験」を含む特殊研究は、新京憲兵隊の化学担当部門との共同実験であるとし、註②で担当者の氏名、その他を具体的に記載していた。しかし、それをさらに裏付ける公式の史料は、現在まで見つかっていない。

多様な業務を行った地下室実験の内実

5の分析――地下室の実験設備の概要とそこで行われていた一〇〇部隊の実験が説明されていた。(例4)の毒ガス散布筒を用いた細菌混入方法研究と、(例6)に書かれていた敵の軍用犬(番犬と偵察犬)対策は、一〇〇部隊がこのような実験まで実施していたのかと正直なところ驚きを感じえなかった。

とくに軍用犬対策の内容の記述は、一〇〇部隊が既に実用化されていた対象薬物などを含む装備一式を作製し、実戦で使える資材の供給を日常業務で行っていたことになる。軍用犬対策の具体的内容は、山田朗編『陸軍登戸研究所〈秘密戦〉の世界』[17](二〇一二年)に、「エ」号剤という軍用犬用薬剤の開発に成功した経緯と一九四〇年に「満州」で実用化試験が実施されていたことが記載されており、裏付けられていた。

また最後に、製造過程でガス中毒や火傷の負傷者(約二〇名)が出たことが記載されていたが、これ等について具体的な資料がないのでこれ以上の解析は不可能であった。

結論――第二部第六科の実態をまとめる

6の分析――最後に、互いの人間関係を含めた第六科の様子を「実験内容は、判らないと言うものの、同じ科内では、何等かの連携があり類似した実験が、それぞれに行われていた」「研究内容で不明なことは、お互いに討議して、解決することもあって、大略は判っていた」と記載していた。この記述から、一〇〇部隊は、七三一部隊と異なり、定期的に六科で人体実験を含む症例検討や研究会などを開くことはなかったように思われた。

そして「他の人の行ったことを今もって、外部に言うことは、差し控えねばならない」「それぞれが自分で発言する以外に、方法はないと思われる」と、某隊員は述べており、七三一部隊の少年隊員と同様に戦後四十年を経過しても実直に秘密を守るために苦悩している姿を想像することができた。

このメモは、一〇〇部隊の第二部第六科の研究と実験の実態を抽象的な部分と具体的な部分を書き分けていた。そして特殊研究（人体実験が中心）は、もっとも詳細に記述されていただけでなく、某隊員自らが直接関与した研究と実験であることも明らかにしていた。人体実験の記述は某隊員によるまさに「遺言」と考えて間違いないと思われた。

それならば、この手記の記述がいつ頃にまとめられたのか？　若干の推理をまじえると以下のように考えられた。
①　戦後四〇年を経過した頃に、三友一男の『青春如春水』（私家版、一九八五年）が発刊された機会に、一〇〇部隊の技術員が集まって部隊の「古典的な細菌戦」について語り合った内容がこの手記の下敷きになっているように思われた。さらに、某隊員は、人体実験についてのコメントのなかで、「第百部隊終戦始末記と後日譚」（『紫陽』第七五号、一九九〇年一月）にある山口の記述を「不遜の推理」と断罪していたことから、一九九〇年の始め頃にメモが書かれた可能性も否定できなかった。
②　メモに書かれた六科の研究と実験の実態は、特殊研究（人体実験を含む）と地下実験室の実験を除いて、内容がいずれも具体的でなく、一般論を語っているに過ぎなかった。しかも、さらに疑いの念をもつならば以下のような考察も可能と考えた。内容のタイトルを考えたとき、もしかしたらこの手記は原資料でなく、大半がアドバイスを受けたH・N氏による記述かもしれないと考えることもできた。

例えば、文脈のなかで、「なお、当時は、現在のようなバイオテクノロジー（生命工学）は、発見されていなかった」「最近は、細菌の感染に、分子生物学の進歩で昆虫等の媒介でなく、直接的方法の『エロゾール』等が用いられ、感染を最後でコントロールできるようになってきた」などの丁寧な「解説」の存在がたいへん気になった。

③　この点が、一九八〇年代から九〇年代にかけて某隊員が解説をすることがはたして可能であったか否かが疑問として感じられた。率直に言えば一般論の講釈でなく第二部六科の具体的な取り組み内容の「暴露」をここで期待していただけに、筆者の言い過ぎかもしれないが、疑念を持たざるをえなかった。

　しかし、某隊員は具体的な人体実験の内容を伏せたままでは、第二部第六科の研究と実験をいかに語ろうとしても、自分自身に納得できなかったと思われた。その熟慮した結果の反映が、「某隊員からの遺言を託されており、機会があれば世の中にそれを発表してほしい」という匿名読者の手紙の文言の表現に反映していたようにも考えられた。

四　某隊員がメモに遺した人体実験の顛末

人体実験と「マルタ」処分は組織ぐるみ

　某隊員は、メモ「第2部第6科の研究と実験」の最後にある人体実験を記載したメモの冒頭で「第100部隊における『マルタ』処分についての記述にI〔井田〕技師のみ全責任をかぶせるのは違う」と指摘していた。その後に「ただ、実験体について供試不能となった場合、処分したのは事実」と、「マルタ」の処分が実際に行われていた事実そのものをはっきりと認めていた。さらに「これ等の実験、又は処置については、関東軍司令部は勿論、部隊長・部長は諒承であり、一方実験体を送付してきた新京憲兵隊（謀略・化学担当者）でも承知してのことでした」と、書かれていた。このことから、某隊員、井田清と三友一男だけでなく、関東軍司令部、一〇〇部隊の部隊長・若松有次郎、保坂安太郎と山口本治の両部長、新京憲兵隊（謀略・化学担当者）による組織的な関与は明白であった。

続いて「指導者、専門学者、専門技術者、技術者、助手等が一体となり、研究、実験、実験材対処を行う方法がとられていた」と、人体実験は一部の者による実験でなく、組織としての総合的な研究体制のもとで実施されていたことを指摘していた。これは、一〇〇部隊の「獣医部会発表事項」の研究課題からまったく推測できない極秘研究（実験）であることが窺われた。これまで、三友の「ハバロフスク裁判の尋問記録」だけが唯一の史料で、それを裏付ける内容でもあった。

さらに「マルタ処分は、関東軍司令部、隊長、部長等諒承、一方、関東軍司令部と新京憲兵隊長の間においても連携があり、憲兵隊本部も充分承知しておりました」と、実験の計画立案、具体的な進め方、実験材料（「マルタ」を含む）の準備、実験の具体的な進め方ばかりでなく、最後に実験に供試した「マルタ」処分までの流れがそれぞれの組織毎に確立しており、連絡体制も整っていたことが記載されていた。

実験の目的は「第2部第6科の研究と実験のとおりです」と書かれていた。その該当部分を参照すると、特殊研究の（註）①は、「実験者の立場から一言」として「薬物研究の命令によるもの」と記されていた。②は、S.19.8〔一九四四年八月〕以降　新京憲兵隊、化学担当者と共同研究、生体実験等についても打ち合わせ、直接担当者　伊藤少尉、山田曹長、水野軍曹（それぞれ化学専攻者）、（憲兵隊々長　近藤大佐）と、担当者の具体的氏名をあげ、共同謀議で実施したことが明記されていた。

「なお、実験体は新京憲兵隊から送られ研究に用いるように、とのことでして、実施したのです」「送られてきたのは、悪辣なピストン牒者や、中国厦門開業医で、その他も殆どが牒者とのことでした」と追記されていた。「マルタ」として一〇〇部隊の人体実験の犠牲となったこれらの人たちについて、今後、史・資料などによる詳しい発掘調査が必要である。

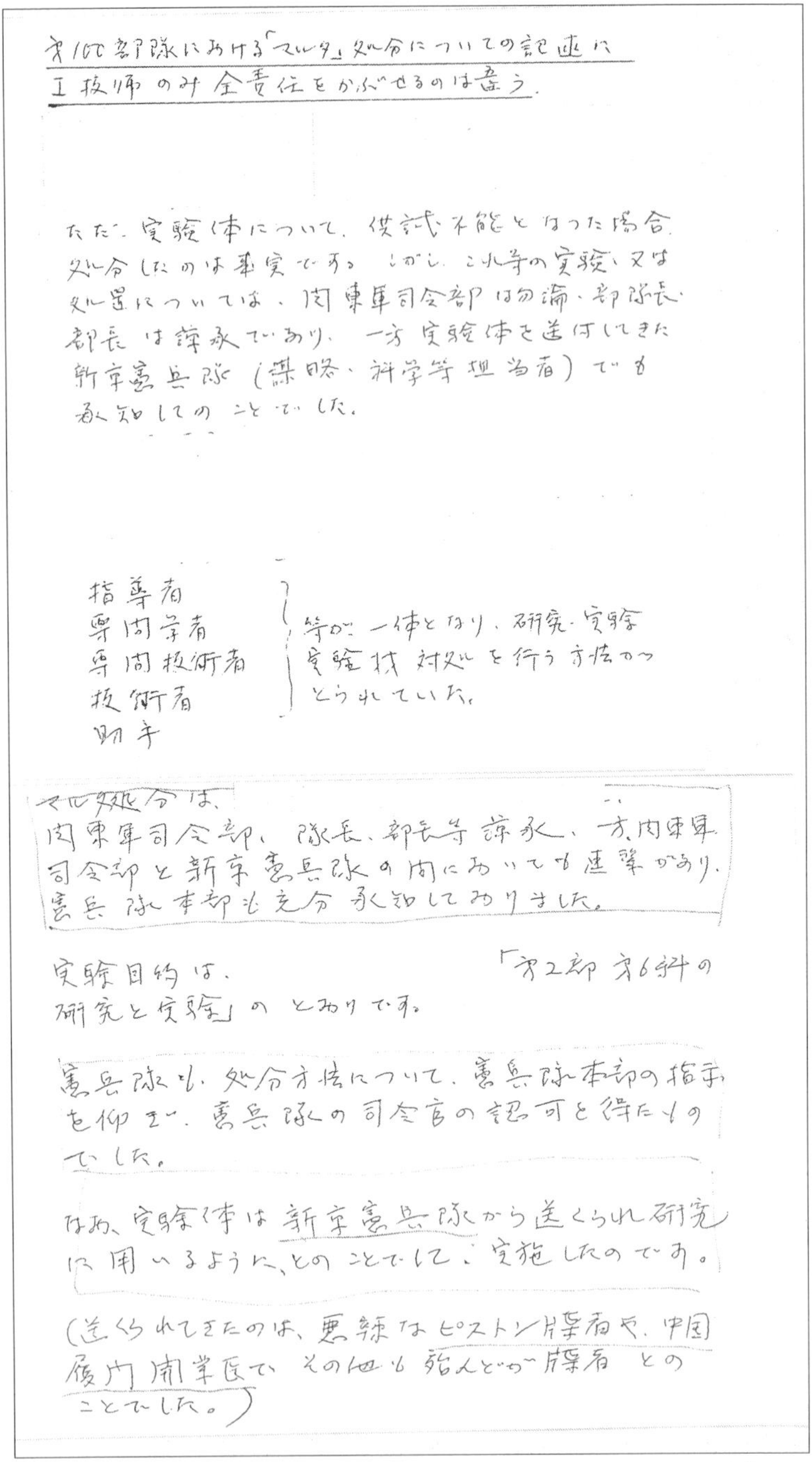
第100部隊における「マルタ」処分についての記述に
I技師のみ全責任をかぶせるのは違う。

ただ、実験体について、供試不能となった場合
処分したのは事実です。しかし、これ等の実験、又は
処置については、関東軍司令部は勿論、部隊長、
部長は諒承であり、一方実験体を送付してきた
新京憲兵隊（諜略、科学等担当者）でも
承知してのことでした。

指導者
専門学者
専門技術者
技術者
助手
等が一体となり、研究・実験
実験材対処を行う方法がとられていた。

マル処分は、
関東軍司令部、隊長、部長等諒承、又関東軍
司令部と新京憲兵隊の間においても連絡があり、
憲兵隊本部も充分承知しておりました。

実験目的は、「第2部第6科の
研究と実験」のとおりです。

憲兵隊も、処分方法について、憲兵隊本部の指示
を仰ぎ、憲兵隊の司令官の認可を得たものでした。

なお、実験体は新京憲兵隊から送くられ研究
に用いるように、とのことにて、実施したのです。

（送くられてきたのは、悪辣なピストン諜者や、中国
厦門開業医でその他も殆んどが諜者とのことでした。）

写真6　某隊員のメモ「第100部隊における『マルタ』処分についての記述に
I技師のみ全責任をかぶせるのは違う」

本来、特務機関は情報収集、同処理、憲兵隊は今日の警察のような役割を行う機関のはずですが、諜者等の関係については、両機関で合議することもあったようです。本来諜者の処置については、特別な場合を除き、憲兵隊の業務の一環とされていたようです。

巷間に公表されている推測は、不確の推理ともとられます。

陸軍特務機関ハイラル支部（支部長 天野勇大佐）や関東軍憲兵隊司令部へも用務出向き、特に、ハイラル特機には、私と同期（学友）の　　　、大尉（現、　　　　　）とは数回会っていたが、第100部隊とマルタとの関係を聞いた憶えは、ありませんでした。

ハバロフスク公判
証拠書類
写し集より

S、19、3 第100部隊長より、ハイラル特務機関長あてに、部隊別動隊をよろしく頼むと文章依頼したことは確かです。

しかし、新京における所謂マルタ処分の件については、同機関は関与していなかったはずです。
（731部隊でのマルタについては関係があった）

これまで一〇〇部隊で人体実験が行われた事実を間接的に補強する証言は、共著にある三田正夫の自筆供述書[18]が唯一の資料で、新京憲兵隊が中国の人たちを一〇〇部隊に送り込んでいた事実そのものだけが裏付けられていた。

山口本治の「不遜の推理」の背景を考える

メモは最後に、「紫陽に公表されている推測は不遜の推理ともとられます」と、山口本治『第百部隊終戦始末記と後日譚』（『紫陽』第七五号、一九九〇年一月八日発行）にある文章をきびしく糾弾していた。この指摘は山口本治の文章を読まない限り成立しえない。したがって、メモは少なくとも一九九〇年一月（戦後四五年）以降に書かれたと推定することができた。さらに山口の「不遜の推理」は、「マルタ」処分の経緯のどこの部分を指摘しているか、具体的にわからなかった。しかし、別稿で山口本治に対するGHQの「峻烈な取り調べ」の経緯を詳しく解析する過程で、山口の「不遜の推理」の具体的な内容も浮かび上がってくると考えられることから、そこで改めて考察することにした。

まとめ

某隊員がメモに書いた人体実験に関する内容をまとめると、これらは、人体実験に直接関与した当事者本人でない限り語れない具体的な証言（遺言とも言える）から構成され、内容の重さが感じられた。

また、これまでの資料から一〇〇部隊における人体実験に関与した人物として、三友一男・技術雇員、松井経孝・技師、井田清・技師の名前が、三友一男の自分史『青春如春水』の人体実験部分に登場していた。さらに、ハバロフスク軍事裁判（一九四九年十二月九日から三〇日）の三友一男の陳述（『細菌戦用兵器ノ準備及ビ仕様ノ廉デ起訴サレタ元日本軍人ノ件ニ関スル後半書類』（モスクワ・外国語出版所、一九五〇年）、一〇九頁には、「松井經孝ノ指導ノ下ニ、……」と、松井経孝の氏名が具体的に示されていた。この他の資料等で名前が出ている関係者も数名いる可能性もあり、今後の精査が必要と思われた。

しかし、「マルタ」処分という記述に象徴されるように、某隊員や三友一男、山口本治が書いた文章からは、人体実験の対象となったロシアや中国の犠牲者たちを「マルタ」と蔑視する表現があっても、謝罪につながるような文言などは全く確認できなかった。

さらに、関東軍傘下の一〇〇部隊（若松有次郎・獣医少将、保坂安太郎・獣医中佐、山口本治・獣医少佐、井田清・技師らの幹部たち）と新京憲兵隊との組織間の共同謀議で人体実験を実行したことが明白になっていたことから、彼らの戦争責任も引き続き明らかにする必要があった。

いずれにせよ、一〇〇部隊の特殊研究と称する人体実験の具体的内容がここで明らかになった事実はたいへん重い。そして一〇〇部隊で人体実験の犠牲（「マルタ」処分）者になったロシアや中国の人たちの無念な気持ちに報いるために、関東軍と一〇〇部隊の戦争犯罪のさらなる全容解明へ向けて、これが最初の一歩になることを願い、引き続き真相解明に努めていきたい。

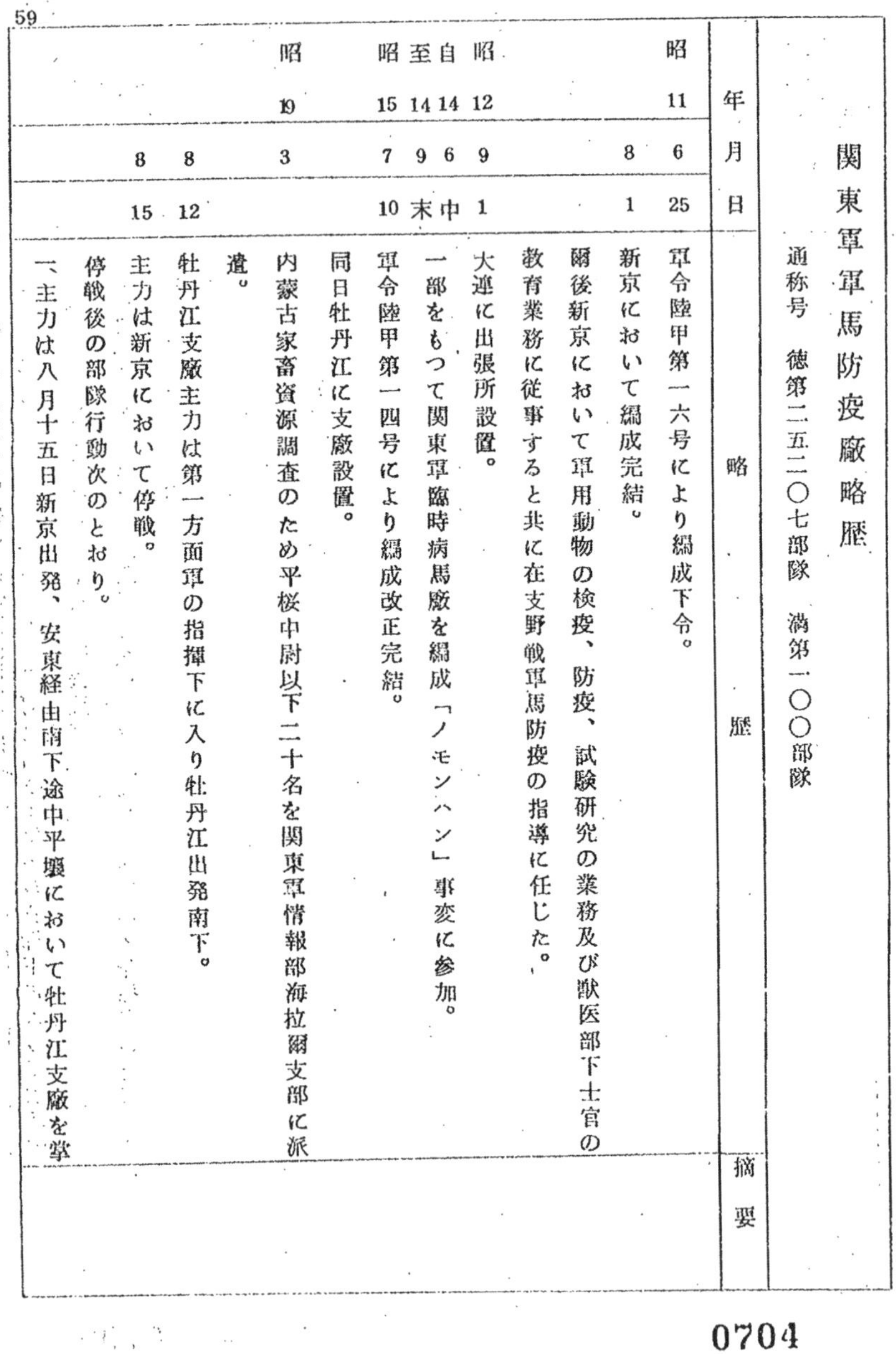
59

関東軍軍馬防疫廠略歴

通称号　徳第二五二〇七部隊　満第一〇〇部隊

年	月	日	略歴
昭11	6	25	軍令陸甲第一六号により編成下令。
	8	1	新京において編成完結。
			爾後新京において軍用動物の検疫、防疫、試験研究の業務及び獣医部下士官の教育業務に従事すると共に在支野戦軍馬防疫の指導に任じた。
昭12	9	1	大連に出張所設置。
自昭14 至14	6 9	中 末	一部をもつて関東軍臨時病馬廠を編成「ノモンハン」事変に参加。
昭15	7	10	軍令陸甲第一四号により編成改正完結。
			同日牡丹江に支廠設置。
昭19	3		内蒙古家畜資源調査のため平桜中尉以下二十名を関東軍情報部海拉爾支部に派遣。
	8	12	牡丹江支廠主力は第一方面軍の指揮下に入り牡丹江出発南下。
	8	15	主力は新京において停戦。
			停戦後の部隊行動次のとおり。
			一、主力は八月十五日新京出発、安東経由南下途中平壌において牡丹江支廠を掌

摘要

0704

写真７　関東軍軍馬防疫廠略歴（アジア歴史資料センター、C12122501200）

掘し更に南下八月二十一日京城着、同日より朝鮮軍の指揮下に入り軍属は解散、軍人は各部隊に夫々配属され復員。

一、大連出張所及び海拉爾派遣隊は復帰困難となり所在地高級指揮官の指揮下に入り行動を共にした。

部隊長

獣医少将　若松有次郎

0705

第二節　一〇〇部隊の敗走と北朝鮮・定州に留め置かれた家族の悲劇

一　一〇〇部隊敗走に関連する資料の探求

一九四五年八月九日ソ連軍の満州侵攻が始まり、八月十五日の敗戦による一〇〇部隊敗走に関連する資料は、これまで国立公文書館アジア歴史資料センターにある公式記録「関東軍軍馬防疫廠略歴」（C11122501200）と三友一男『細菌戦の罪』（泰流社、一九八七年）に書かれた「一〇〇部隊の終焉」の二つであった。

今回、匿名読者から送られてきた山口本治「百部隊終戦始末記と後日譚」（『紫陽』第七五号、一九九〇年）と「某隊員〔消去の跡の空白〕の帰国時のメモ（抄）」の二つが、一〇〇部隊敗走に関連する資料として新たに加わり計四点となった。四点の資料は、一〇〇部隊が敗戦日の前後に新京もしくは孟家屯から脱出、安東で鴨緑江を渡り、北朝鮮の平壌を経て京城（ソウル）に到着したことが記載されていた。しかし、公式記録には、一〇〇部隊の一般隊員の家族が北朝鮮・定州に留め置かれた事実の記載はなかった。今回、公式記録を除く、三つの資料を詳細に比較・検討することで、一〇〇部隊の敗走と北朝鮮・定州に留め置かれた家族の悲劇の解明を行なった。

「一〇〇部隊の終焉」の内容は、三友が石頭予備士官学校に入隊するために一〇〇部隊を一九四四年十月に離れ、一九四五年八月十五日前後に一〇〇部隊の破壊現場にいなかった。そのため記述内容は小川儀作、平桜全作や町田時男から聞いた話が根底にあり、正確性が欠ける傾向があった。

また、山口本治の「百部隊終戦始末記と後日譚」の記述は、全般的に意図的な創作＝改竄や隠ぺい工作があるような印象を受けた。とくに事象がいつ起きたかはっきりしない事例が多かった。したがってこの二つの資料は、記述内容を引用する場合、事象の裏付けは他の関連資料と照合し、充分に検討して取り扱った。「某隊員の帰国時のメモ」は、新京から京城へそして釜山を経由、日本に戻った当事者自身の記録で、行動日程も具体的に書かれており信頼できる内容と考えられた。

三点の資料によれば一〇〇部隊は、ソ連の満州侵攻と敗戦時に三班に分かれて新京駅や孟家屯から敗走した。三班の合流をめざす計画が当初から平壌もしくは京城にあったか否かはわからなかった。また一般隊員の家族を主体とする約五百名の班は、突然北朝鮮の定州に留め置かれ、ソ連占領下の北朝鮮に抑留されてしまった。

匿名読者の第二信は、定州に留め置かれた家族の在留者名簿の一部と帰国隊員の有志が一九四五年十二月に結成した定州の家族救済活動「第一〇〇部隊家族援護会」に関する文書が含まれていた。とくに家族救済活動の連絡文書は、定州の悲惨な状況を解明するうえで貴重な記述が残されていた。

蘇った『幾星霜』――野本泰子の記録

匿名読者から送付された一〇〇部隊関連の資料は、一〇〇部隊の従来の研究の領域を拡げる意味で刺激を受けた。私たちは一〇〇部隊の調査科にごく短い期間だけ所属した野本貞夫・獣医大尉が、没後一周忌に泰子夫人と出版した『幾星霜』（私家版、一九九六年）の複写を所持していた。

そこにある泰子夫人の追悼文「亡くなってしまったあなたに」は、敗戦によって一〇〇部隊と共に新京を脱出し、北朝鮮の定州で一般隊員の家族と共同生活を余儀なくされた体験談が克明に記録されていた。その記録を読んだ際、書かれていた内容の悲惨さと重大さにたいへんな衝撃を受けた。しかし、定州に留め置かれた事実に関して、三友一男『細菌戦の罪』にある簡単な記述以外に裏付けになる資料がこれまでまったくなかった。したがって、手記の内容の重大さは理解できたが、すぐに一〇〇部隊敗走を含めた真相解明に結びつけることはできなかった。

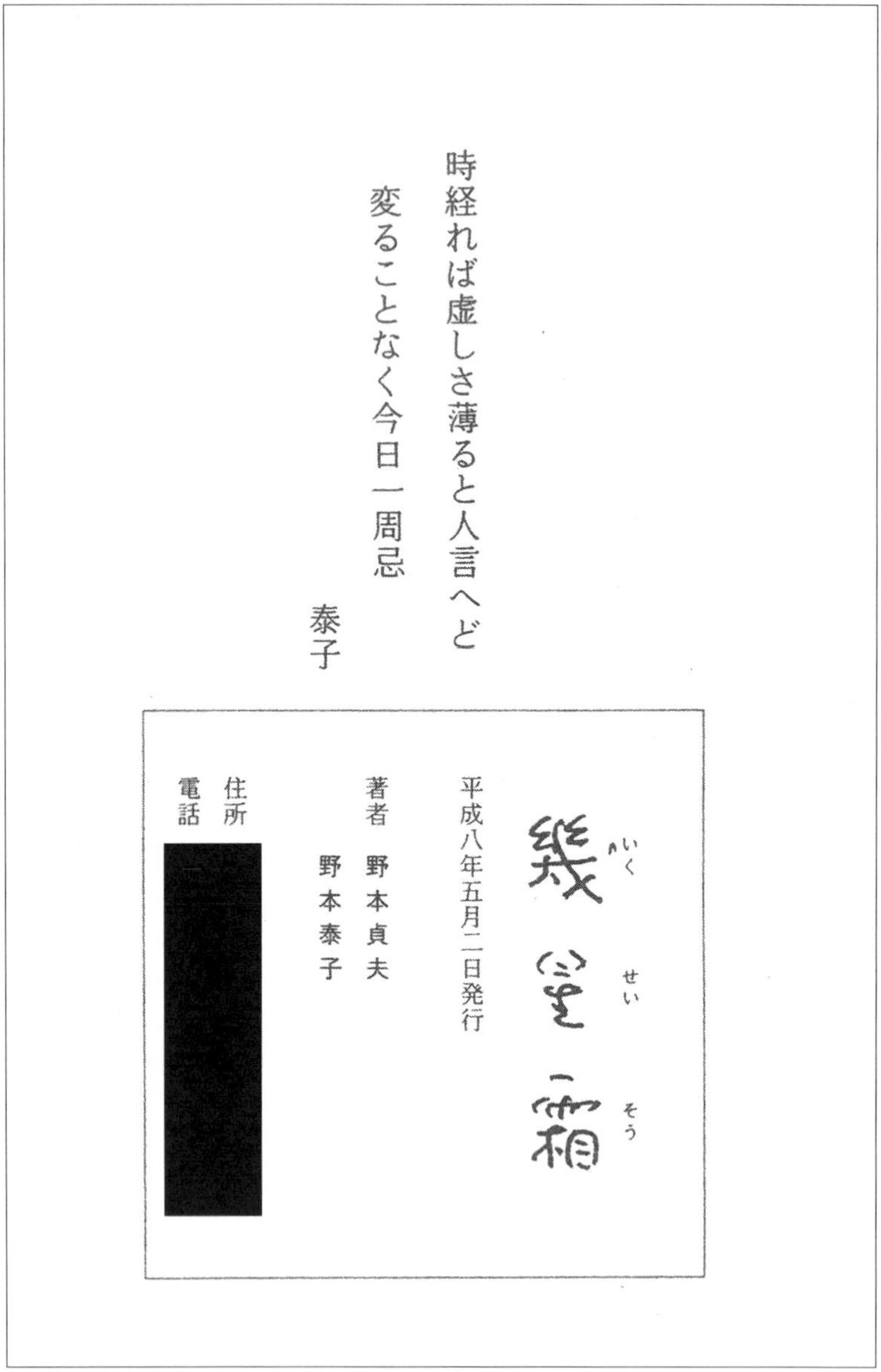

時経れば虚しさ薄ると人言へど
変ることなく今日一周忌

泰子

幾《いく》星《せい》霜《そう》

平成八年五月二日発行

著者　野本貞夫
　　　野本泰子

住所
電話
[redacted]

写真８　野本貞夫・野本泰子『幾星霜』（私家版、1996 年）の奥付

今回、匿名読者から送られた第二信の資料を分析する過程で、敗戦時の一〇〇部隊敗走の実態がおおよそ明らかになった。そして『幾星霜』にあった野本泰子による定州残留の記録と今回集めた関連資料の分析から、定州に留め置かれた一般隊員家族の悲劇が、一〇〇部隊敗走の真相解明と一緒に分析することで、「満州難民」の悲劇の一つとしてまとめることが可能となった。

「満洲難民」と敗戦時の北朝鮮資料の探索

『幾星霜』に続いて、資料探索の過程で、新たな公的資料などの存在が明らかになった。

① 終戦後、国外から帰還した軍人・軍属が上陸地において原則として自ら提出した記録の公的資料「身上申告書　関東軍軍馬防疫廠1440」（Rf code: 平26厚08388100、一九四七年作成）が、西山勝夫・滋賀医科大学名誉教授から入手することができた。そこには北朝鮮の定州に留め置かれた後、一九四六年に三十八度線を越え、米軍占領下の南朝鮮へ脱出した一〇〇部隊の軍属十名が日本の港で復員時に自主申告した「行動概用記録」が残されていた。これは、定州に留め置かれた家族の脱出日が特定できる貴重な史料となった。

② 井上卓弥『満洲難民　北朝鮮・三八度線に阻まれた命』（幻冬舎文庫、二〇二〇年）は、一〇〇部隊の家族と同様、定州に隣接する郭山に留め置かれた「満州国」経済部の家族たちの記録で、定州の一〇〇部隊の家族と同様の悲惨な実態が記録されていた。

③ 森田芳夫・長田かな子編『朝鮮終戦の記録　資料編の第一巻と第三巻』（巌南堂書店、一九八〇年）は、「満州難民」の実態が終戦時の記録で具体的に裏付けた貴重な資料であった。

「一〇〇部隊の敗走と定州に留め置かれた家族の悲劇」は、これら史料・資料を活用し、某隊員のメモを参考して解析を行った。

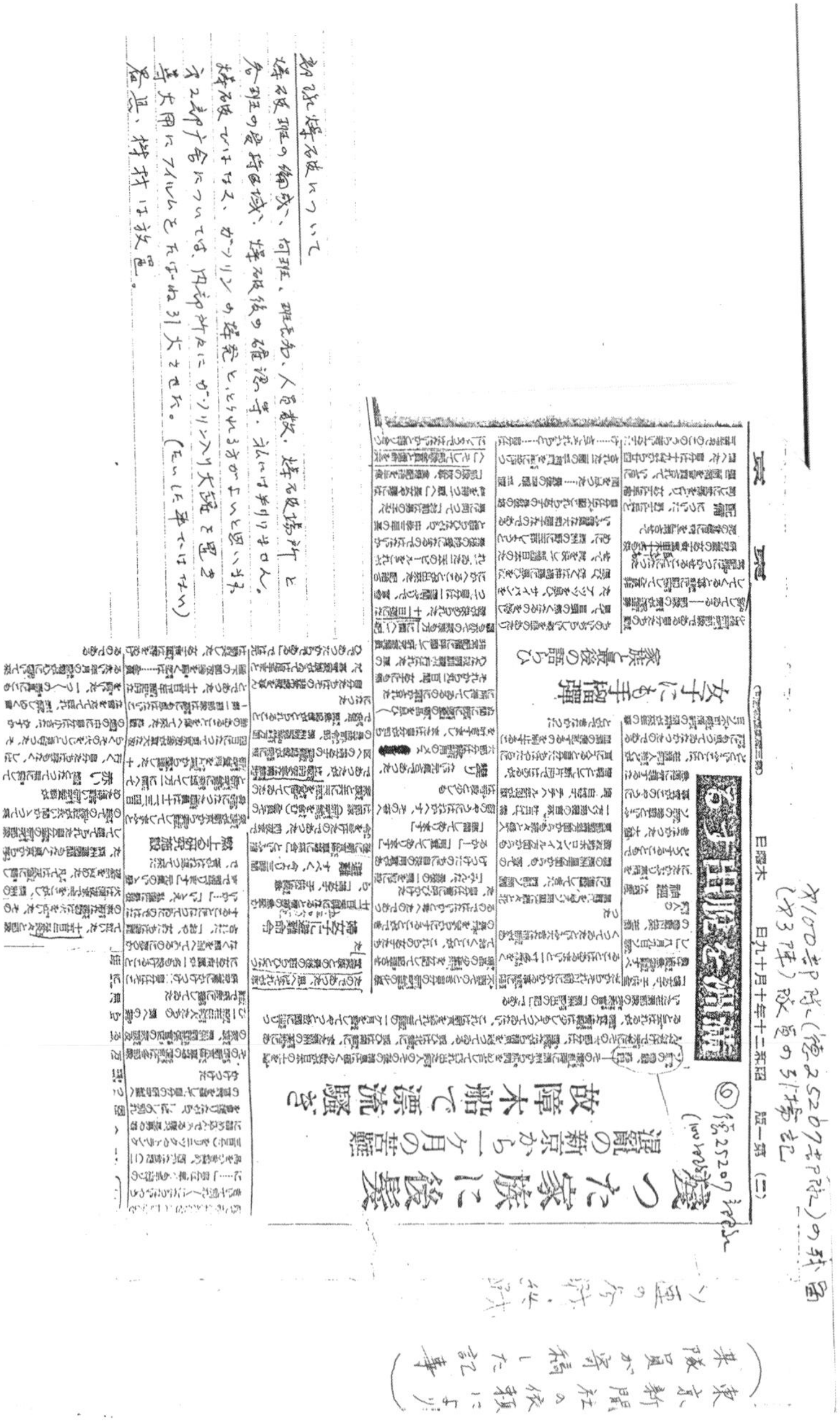

写真10　100部隊破壊時の様子と脱出を伝えた東京新聞（1945年10月19日）の記事と某隊員のメモ「部隊爆破について」

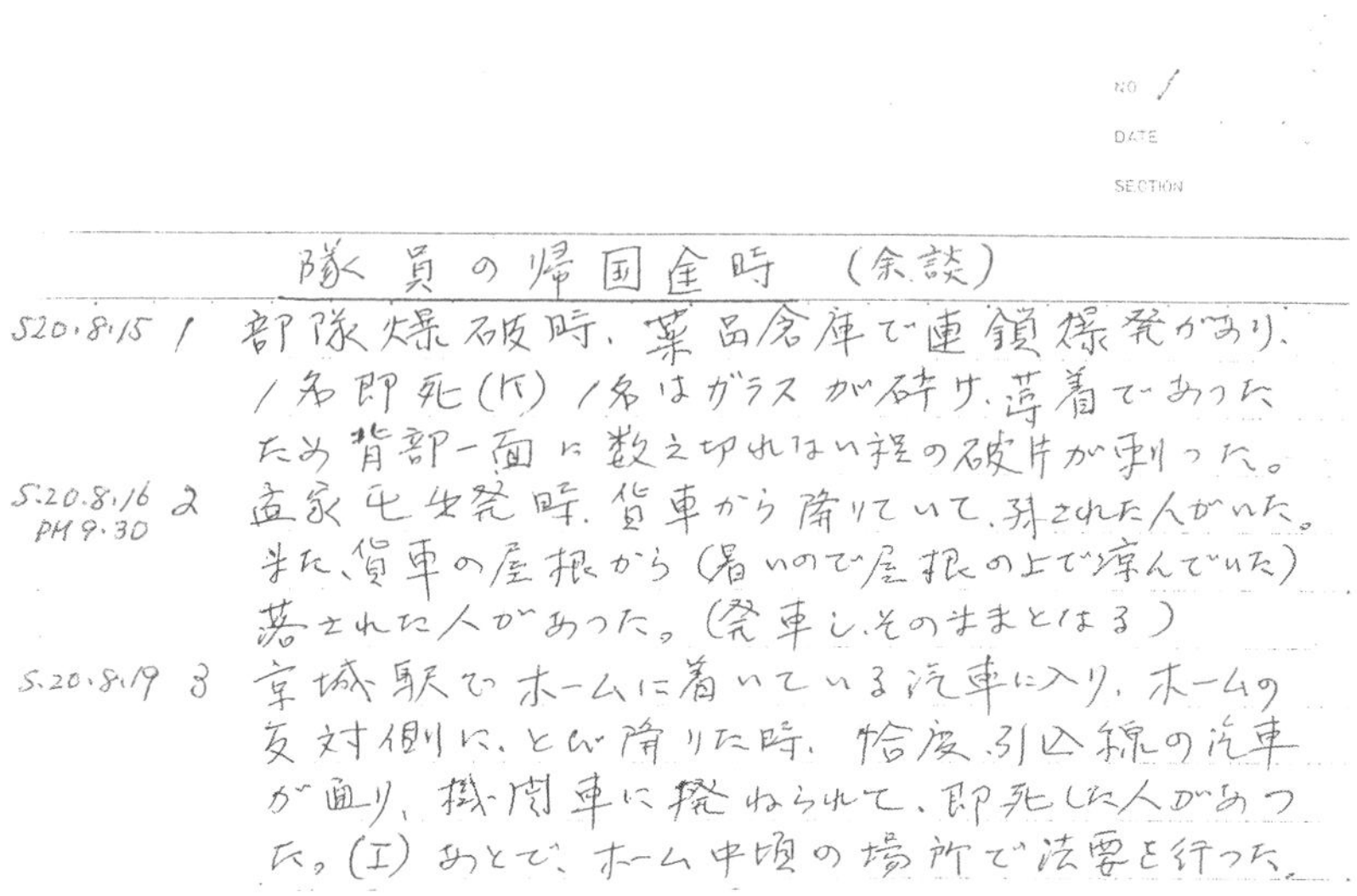
NO 1
DATE
SECTION

隊員の帰国途時（余談）

S20.8.15 1 部隊爆破時、薬品倉庫で連鎖爆発があり、1名即死(K) 1名はガラスが砕け、薄着であったため背部一面に数え切れない程の破片が刺った。

S.20.8.16 PM9.30 2 孟家屯出発時、貨車から降りていて、残された人がいた。また、貨車の屋根から（暑いので屋根の上で涼んでいた）落された人があった。（発車し、そのままとなる）

S.20.8.19 3 京城駅でホームに着いている汽車に入り、ホームの反対側に、とび降りた時、恰度引込線の汽車が通り、機関車に撥ねられて、即死した人があった。(I) あとで、ホーム中頃の場所で法要を行った。

写真 11　100 部隊破壊時と京城到着時の様子を記載した某隊員のメモ「隊員の帰国途時（余談）」

写真 12　破壊されたあとの 100 部隊
出典：森正孝編著『中国の大地は忘れない』社会評論社、1988、92 頁

二　一〇〇部隊の破壊と三班に分かれた敗走記録の解析

一〇〇部隊における爆破の実態

関東軍軍馬防疫廠（一〇〇部隊）破壊の記録は匿名読者から送られた昭和二十年十月十九日付の東京新聞が報道した記事に含まれていた。記事の複写にメモが添付されていた。某隊員はそのメモで自分が取材を受けた記事の内容について「〔破壊は〕爆破ではなく、ガソリンの爆発と、とられる方が良いと思います。第２部庁舎については、内部ところどころにガソリン入り大罐を置き導火用にフィルムをたばね引火させた。（たいした事ではない）機具、機材は放置」と、一〇〇部隊は、爆破でなくガソリンの爆発による破壊であることを補足していた。

また「隊員の帰国途時（余談）」のなかで、爆破作業中に事故による犠牲者が出た事実や出発時に取り残された隊員や京城到着時に機関車に轢かれた隊員がいたことも併せて記していた。

一〇〇部隊の破壊は、工兵大隊が出動して研究本館などの建物を徹底的に爆破して人体実験などの証拠隠滅を図った七三一部隊と比較すると、かなり不十分な対応と思われた。破壊を免れた建物と跡地の一部は、戦後、長春第一自動車製造工場に使われていた。現在は、工場跡地が再開発され高級マンションに生まれ変わっている。一〇〇部隊を象徴する焼却炉の煙突がモニュメントとして、隣接した場所に記念に残されている。

三班に分かれた一〇〇部隊敗走の順番を分析

匿名読者から送られた「某隊員〔空白は消去の跡〕の帰国時のメモ（抄）」を基本に、メモ「〔第２陣〕隊員家族の引揚げと結末」、「一般隊員の引揚（余談）」と山口本治の『第百部隊終戦始末記と後日譚』（『紫陽』第七五号一九九〇年）の内容をつき合わせて一〇〇部隊敗走の順番を詳しく分析し、筆者の視点でまとめた。

「〈第2陣〉隊員家族の引き揚げと結末」と「一般隊員家族の引き揚げ〈余談〉」のメモによれば、

① 第2陣（一般隊員家族の婦女子約五百名からなる班）は、八月十二日早朝五時半、新京駅を着の身着のままで出発した。しかし、八月十四日に北朝鮮の定州に留め置かれ、その結果翌年まで定州に抑留されてしまった。なぜ定州に留め置かれることになったか、直接の理由ははっきりしなかった。

第2陣の定州在留の様相と北朝鮮から脱出の記録は、『幾星霜』にある野本泰子の手記をもとに別稿で詳しく記述したい。

② 第1陣の上級将校と家族の班は、「……軍命により南下中と言ったために〔定州を〕通過できたが、〔第2陣の〕隊員家族組は、男子もいたが、上層部の指導者が加わっていなかった」と記されていた。

これらの状況を間接的に裏付ける記録が「身上申告書　関東軍軍馬防疫廠」から見つけることができた。若林進（十五歳）、登勇夫（十七歳）、横山澄夫（十八歳）などの少年を含む一〇〇部隊の雇員や業務手の十名が家族班に属していたことが確認できた。しかし、班の指導的役割を担うはずの将校・下士官に該当するような氏名は身上申告書から確認できなかった。

③ 第3陣は、「某隊員の帰国時のメモ（抄）」によれば、「八月一六日午後九時半に孟家屯を出発、一八日奉天、一九日に定州を通過、八月二〇日に京城に到着」と記されていた。

八月十九日に定州を通過する時どのような動きがあったか、『細菌戦の罪』にある「一〇〇部隊の終焉」を参照すると、「一行は途中で、定州に家族が居ることを知り自分たちの列車に収容して行こうとしたが、家族側の引率責任者と話がつかず、やむなく家族を残したまま南下を続けた。十九日の午後平壌に到着し、ここでも連絡員を定州に派遣してみたが成功せず、結局夕方になって京城の龍山駅に到着した」と、書かれていた。保坂安太郎以下、七百人が定州を通過するときの状況をほぼ間違いなく伝えていたと思われた。

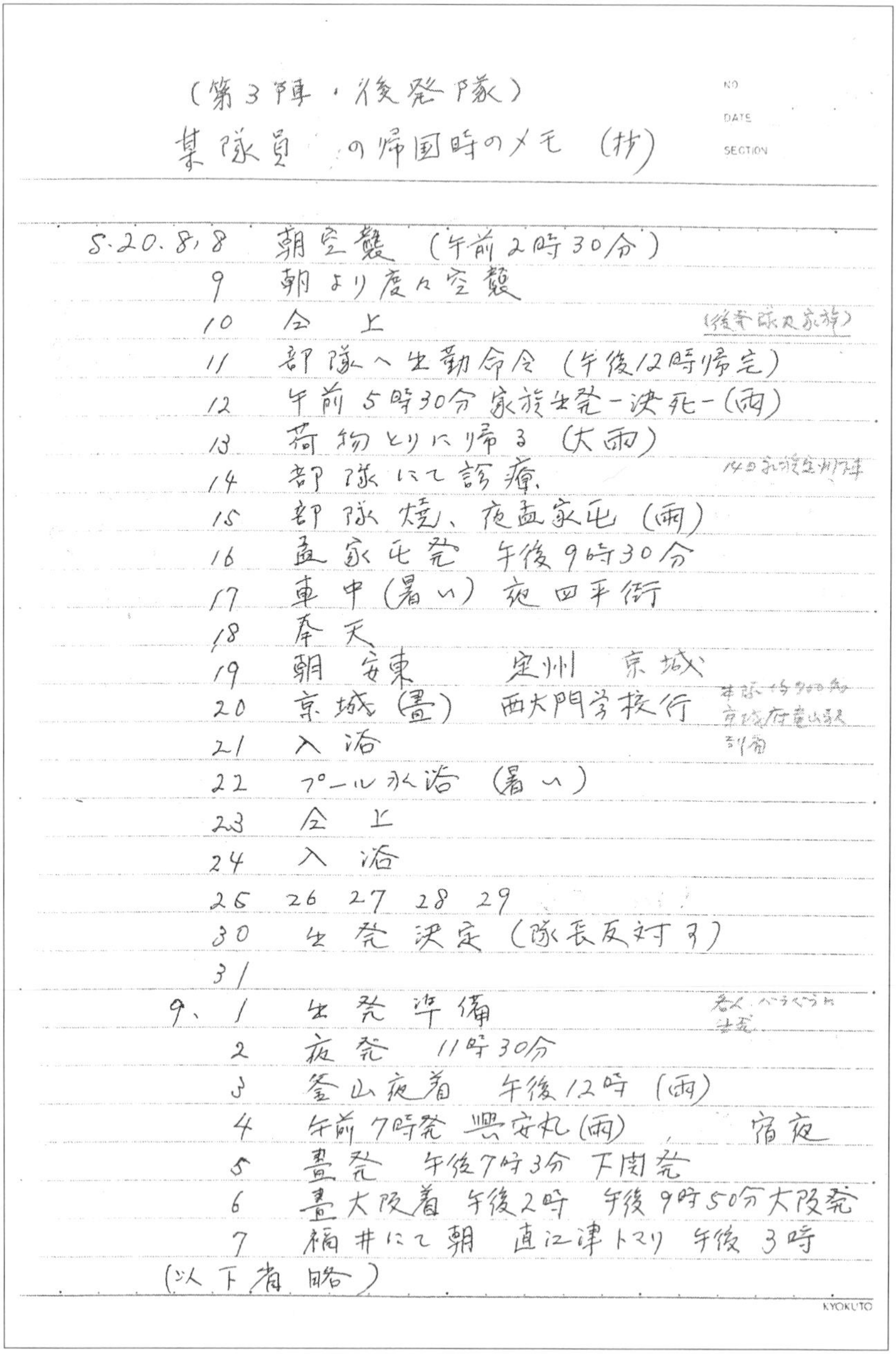

（第３陣・後発隊）
某隊員　の帰国時のメモ（抄）

NO
DATE
SECTION

S.20.8.8　朝空襲（午前2時30分）
9　朝より度々空襲
10　仝上　(後発隊及家族)
11　部隊へ出勤命令（午後12時帰宅）
12　午前5時30分家族出発ー決死ー（雨）
13　荷物とりに帰る（大雨）
14　部隊にて診療
15　部隊焼、夜画家屯（雨）
16　画家屯発　午後9時30分
17　車中（暑い）夜四平街
18　奉天
19　朝　安東　定州　京城
20　京城（昼）　西大門学校行
21　入浴
22　プール水浴（暑い）
23　仝上
24　入浴
25　26　27　28　29
30　出発決定（隊長反対ヲ）
31
9、1　出発準備
2　夜発　11時30分
3　釜山夜着　午後12時（雨）
4　午前7時発　興安丸（雨）　宿夜
5　昼発　午後7時3分　下関発
6　昼大阪着　午後2時　午後9時50分大阪発
7　福井にて朝　直江津トマリ　午後3時
（以下省略）

KYOKUTO

写真13 「(第３陣・後発隊) 某隊員の帰国時のメモ (抄)」

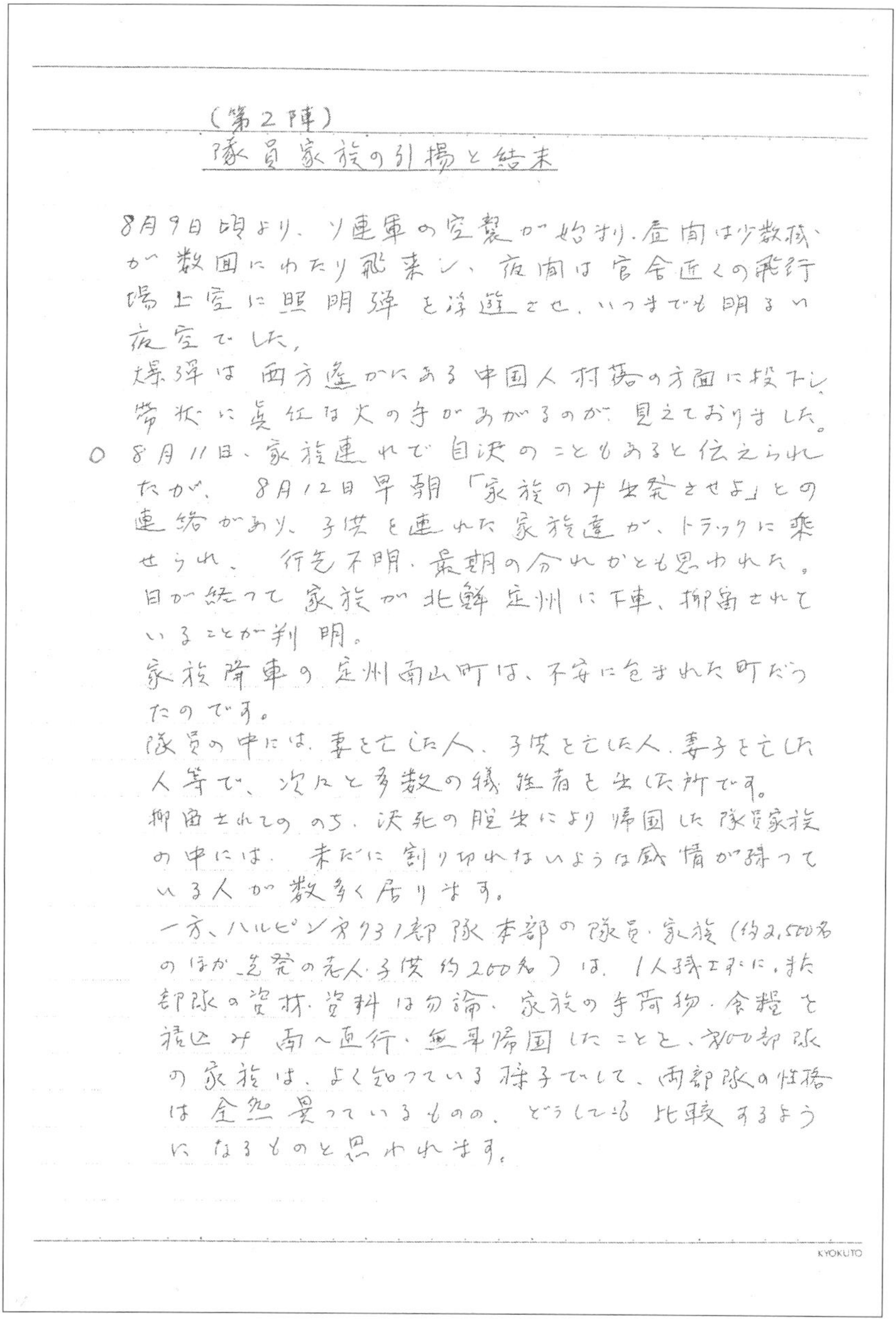

（第２陣）
隊員家族の引揚と結末

8月9日頃より、ソ連軍の空襲が始まり、昼間は少数機が数回にわたり飛来し、夜間は官舎近くの飛行場上空に照明弾を浮遊させ、いつまでも明るい夜空でした。

爆弾は西方遙かにある中国人村落の方面に投下し、帯状に真紅な火の手があがるのが見えておりました。
○ 8月11日、家族連れで自決のこともあると伝えられたが、8月12日早朝「家族のみ出発させよ」との連絡があり、子供を連れた家族達が、トラックに乗せられ、行先不明、最期の別れかとも思われた。
日が経って家族が北鮮定州に下車、抑留されていることが判明。

家族降車の定州南山町は、不安に包まれた町だったのです。

隊員の中には、妻を亡くした人、子供を亡くした人、妻子を亡くした人等で、次々と多数の犠牲者を出した所です。

抑留されてのち、決死の脱出により帰国した隊員家族の中には、未だに割り切れないような感情が残っている人が数多く居ります。

一方、ハルピン第731部隊本部の隊員・家族（約2,500名のほか先発の老人・子供約200名）は、1人残さずに、また部隊の資材・資料は勿論、家族の手荷物・食糧を積込み南へ直行・無事帰国したことと、第100部隊の家族は、よく知っている様子でして、両部隊の性格は全然異っているものの、どうしても比較するようになるものと思われます。

KYOKUTO

写真14　メモ「（第２陣）隊員家族の引揚と結末」

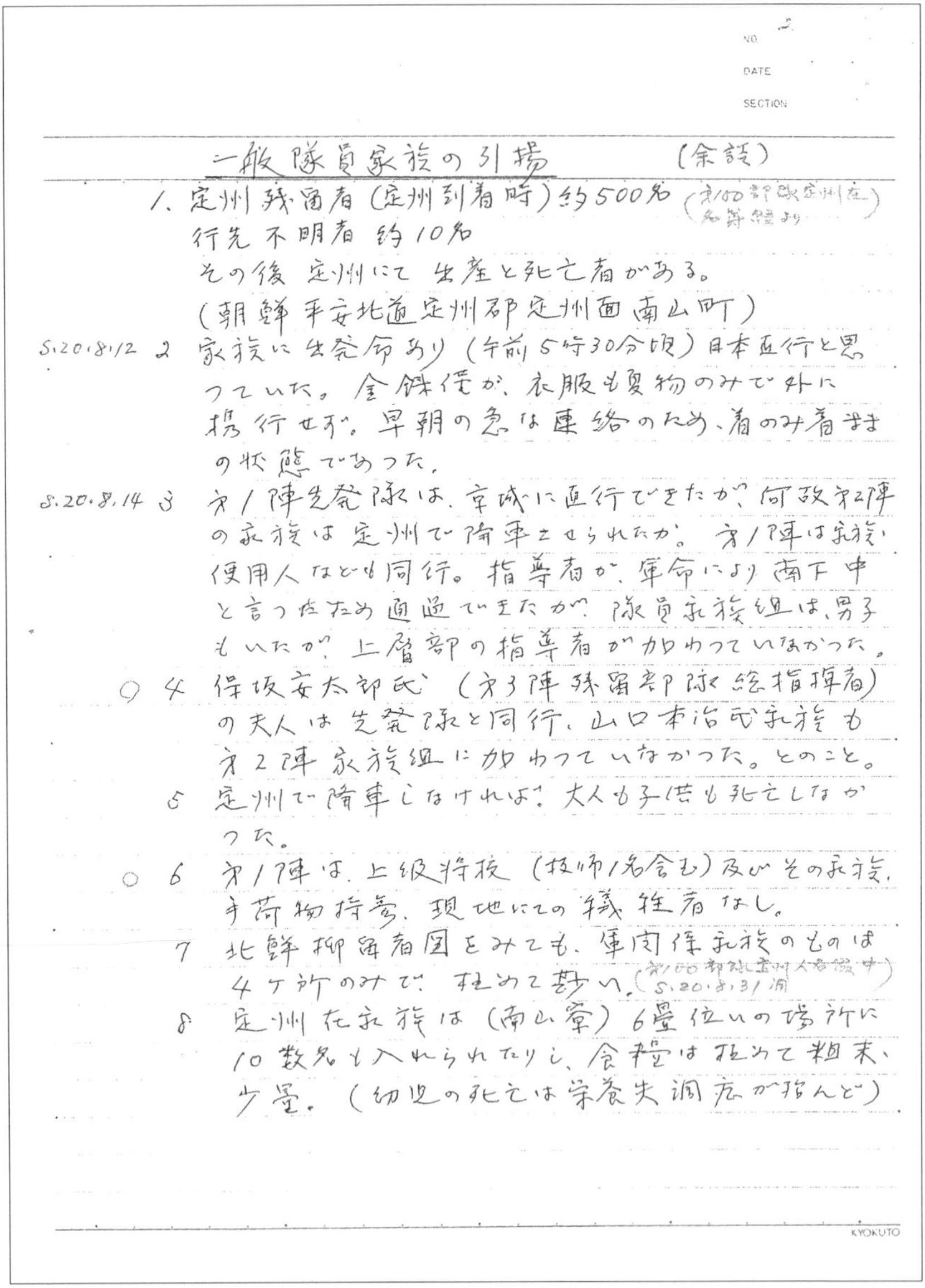
NO. 2
DATE
SECTION

一般隊員家族の引揚　（余談）

1、定州残留者（定州到着時）約500名　（第100部隊定州在名簿控より）
行先不明者　約10名
その後　定州にて　出産と死亡者がある。
（朝鮮平安北道定州郡定州面南山町）

S.20.8.12　2　家族に出発命あり（午前5時30分頃）日本直行と思っていた。全鉄道が、衣服も身物のみで外に携行せず。早朝の急な連絡のため、着のみ着まま の状態であった。

S.20.8.14　3　第1陣先発隊は、京城に直行できたが、何故第2陣の家族は定州で降車させられたか。第1陣は家族・使用人なども同行。指導者が、軍命により南下中と言ったため通過できたが、隊員家族組は、男子もいたが、上層部の指導者が加わっていなかった。

○　4　保坂安太郎氏（第3陣残留部隊総指揮者）の夫人は先発隊と同行、山口本治氏家族も第2陣家族組に加わっていなかった。とのこと。

5　定州で降車しなければ、大人も子供も死亡しなかった。

○　6　第1陣は上級将校（技師1名含む）及びその家族、手荷物持参、現地にての犠牲者なし。

7　北鮮抑留者図をみても、軍関係家族のものは4ヶ所のみで　極めて少い。（第100部隊定州人名簿より　S.20.8.31 調）

8　定州在家族は（南山寮）6畳位いの場所に10数名も入れられたりし、食糧は極めて粗末、少量。（幼児の死亡は栄養失調症が殆んど）

KYOKUTO

写真15　メモ「一般隊員家族の引揚（余談）」

平成２年１月８日　　紫　陽　　第７５号 (6)

第百部隊終戦始末記と後日譚

元関東軍軍馬防疫廠廠員
陸軍獣医少佐　山　口　本　治

（はじめに）

関東軍軍馬防疫廠（通称号　満州第一〇〇部隊）の前大戦に於ける終焉については、曩に黄木寿之君（紫陽第六九号）、三友一男君（紫陽第七二号、七三号）の手記が本誌に掲載されているので何を今更という感じが無きにしも非ずであるが、黄木君のは作命により百部隊の後発隊が満州から撤退に当って、その先遣将校としての手記であり、三友君のそれは彼の知友からの伝聞によるもので、必ずしも全部が正鵠を得たものではなく当時の百部隊先発隊と後発隊との関係等は実相とは多少趣の相違する部分も見受けられる。従ってこの先発隊の先任将校であった筆者とすれば何時の日か機を見て自らの体験の真相を闡明ならしめたいとの思いがあった所、老来頓に身体の衰えを感じ、且一方に於て昔日の戦友がポツリポツリと鬼籍に入られるのを観て、一日も早く発表して置かねばとの焦燥の念に駆られ、秀筆を苛する仕儀と相成った次第を諒とせられたい。敗戦からは既に半世紀近くの歳月が経過して、行動の正確な日時については一部忘却の彼方にあるものもあるが、行動の内容については今も猶夢に見る程歴然としているので、この手記の信憑性に就ては毫も疑念はないものと確信している。

（一）ソ聯軍の満州国内侵攻と満州撤退

昭和二〇年八月九日ソ連軍は「日ソ不可侵条約」を弊履の如く抛げ打って主力は満州方面（満州国境西北端）から、戦車軍団を以て、一部は東部国境方面から満州国内に侵攻して来た。又空からは数機の編隊を以て満州国内主要鉄道の爆撃を実施した。

この時百部隊の若松部隊長は山下総務課長を帯同して海拉爾方面に出張中で、それは内蒙古で任務遂行中の百部隊別班（班長平櫻中尉以下約拾名）との今後の作戦行動に関する所要の内意下達の為であった。

新京の百部隊本部では部隊長不在とは云え事態は急を要するとの判断の下に留守部隊長保坂中佐と協議の上部隊の爾後の行動に関する作戦命令を受領すべく山口少佐は関東軍司令部へ急行した。関東軍司令部参謀部第四課（後方作戦担当）に入って見て先づ吃驚したのは、予ねて顔見知りの神谷少佐参謀他参謀将校は一人も席に居ないのである。所在の准尉に参謀の在所を尋ねても「知りません」の一点張り、止むなく獣医部へ直行した。幸に高橋閣下以下在室されていたので、「後刻参謀には諒解を得るから」との好意ある御配慮のもとに「百部隊長は速かに第三方面軍（在奉天）の隷下に帰属し後命を俟つべし」（要旨）との作命を受領し、直ちに部隊に取て返し保坂中佐と協議の上、山口は単身奉天へ急行し、方面軍の諒解を得べく汽車行とは相成った。

奉天に着くや第三方面軍軍司令部に直行したが、方面軍の参謀には誰一人面識がないので不敢取獣医部に行き和田保大佐に関東軍作命を見せて今後の行動の区処をお願いした。所が驚いた事に大佐は山口の説明を聞くか聞かぬ間に「そんな勝手な事があるか。普段は何の連絡もないくせに斯る事態になったから面倒を見ろとは何たる事だ。俺は知らんぞ」と取りつく島もない。和田大佐とは東京の陸獣校その他で度々お目にかかり、山口の事は御存知の筈だが。これでは到底見込なしと独断し、直ちに奉天の停車場司令部に行き新京行の汽車を聞いたが一本もない。但し、夕刻になったら機関車を新京に帰すので、宜しかったらそれにという事なので、早速その機関車の石炭庫の上で仮眠を取った。深夜十二時過ぎに漸く出発。途中も数箇所の駅で一－二時間宛の待機をし（南下列車を通過さすため）百部隊近くの蒙家屯駅に着いたのは朝の六時過ぎであった。機関士に厚く礼を述べて部隊に向ってトボトボと歩くが仲々進まず七時頃

写真16　山口本治『第百部隊終戦始末記と後日譚』（『紫陽』第75号、1990年）

漸く営門に入った。此処で部隊内に同居している関東軍獣医部下士官候補者隊の隊長五十嵐少佐（山口と陸獣乙学同期）にバッタリと出会った。彼も事態善処の為に早朝出動をしてきたのであるが、「山口さん。一体その顔はどうしたんだ。真黒だぞ」「機関車の上で一晩煙に巻かれていたんだ。」とのヤリトリがあって、部隊本部で週番士官に、「部隊長閣下は帰られたか？」尋ねるが、「未だです」とのこと、困ったが、「俺はこれから保坂中佐に会って関東軍司令部へ行き、作命の変更を頼むから」と早速部隊のサイドカーに乗り途中保坂中佐宅へ寄り、朝食中の中佐に「実は第三方面軍の態度は斯々。山口はこれから獣医部へ行き作命の変更を願うので、若しその間に若松閣下が帰隊されたらよろしく。」と述べて獣医部へ行き池田高級部員に会い作命の変更を願った。部員は高橋閣下と電話連絡の後、参謀部とも協議の上「百部隊長は所要の要員、機材を携行し北鮮江界に到り後命を待つべし」との新作命を貰った。免角する間に高橋閣下も出動されたので直ちに部長室に伺候「新作命を頂きました。若松部隊長の御意向を承った後行動を開始しますが、或は是で高橋閣下とはお別れする事になるかも知れませぬ。御武運の長久をお祈りします」と涙声で御挨拶申上ぐるや、閣下は机の抽出からウイスキーの瓶を取り出され、二つのグラスに注いで「山口。お前も身体を大事にな」と申されて乾盃をさせて頂いた。心なしか閣下の両眼も紅潮していた様であった。

かくて正午近くなって部隊に取って帰したが部隊長は未だ帰隊して居られず、翌十二日漸く帰隊された。海拉爾からの汽車が途中で空爆を受け、列車から退避を繰り返し、汽車を乗り換えて漸く新京に帰着したとの事であった。直ちに江界行要員の人選と機材の準備に取り掛かり、新京出発は夜十時と定めて、各人所要の準備を命じた。

これより先十日に関東防衛軍は、在新京諸部隊の軍人軍属の家族を一括集団護送し、朝鮮の然るべき都市に集結させる為の防衛軍命令を発令した。この為百部隊の殆どの家族もこの命令に従った。

十二日の朝久し振りに官舎に帰って見ると妻と三才の娘、生后半歳の幼児が寝ていた。「集団疎開に加わらなかったのか？」「妾は承知の通り産後の肥立ちが悪くトテも二人の子供を背負っては行けないので最後は服毒しようと決めていたのです」「そうか。未だ早いからその青酸カリは俺が預かる。これからすぐ新京駅行の部隊のバスが来る。出発の用意をせよ。」急ぎ着換えと子供用の粉ミルクと乾パンを荷作りして出発した。それから新京駅貨物ホームで出発準備を完了したのは夜半過ぎであった。事態は一種の緊急退避で、停車場司令部も部隊長以下三拾数名の先発部隊要員も、何分初めての経験である上に、新京駅内外の混雑は文字通り戦争騒ぎでテンヤワンヤの状態であった。この中で拾数人の家族の姿があったが、部隊長夫人を認めたので御挨拶をすると「宅が海拉爾へ出張中なので留守を預かる妻が勝手な行動をとる訳にも参らず、防衛軍の疎開にも入らなかった。山口さん。大変でしょうがよろしく」と云われたのには返す言葉もなく「山口の赤ん坊も同行しますので当方こそ宜敷く」と答えただけであった。

東の空が白みかける頃混成貨車団は出発したのであるが、途中幾度となく長時間の停車を繰り返し、安東に到着したのは八月十四日の朝であった。この間真夏の有蓋若しくは無蓋貨車行は、いくら北方満州とは申せ、昼間の灼熱は堪え難い。病身の家内は、ミルクが無くなり、やむなく乾パンを水に砕いてドロドロにして嫌がる赤ん坊の口に持って行く有様で、その苦労は一と通りでなかったが、幸いにも若松夫人初め他の方々の親身の御介護があって助かった旨、後日になって聞き感謝申し上げた次第だった。

黄木君の手記（紫陽第六九号）によると、この間百部隊後発隊は関東軍作命により保坂中佐以下全員死力を尽して施設の爆破、焼却を完了し、八月十三日新京を出発し北鮮平壌へ向けて南下したとの事である。

安東で一日空費して鴨緑江渡河の便を待って、十五日朝漸く新義州に到着した。この間後方から満州第七三一部隊の客車と貨車の十数輛が吾々を追い越して先行して行ったが、その輸送指揮官は安達の演習場で旧知の碇軍

④　最後に、若松有次郎隊長や山口本治獣医少佐など上級将校と家族を含む五十人はどのように記録されていたかを分析した。匿名読者は第二信に含まれている資料3で「大別して3陣に分かれて部隊は出発した」と以下のように解説をしていた。

第1陣　先発隊　山口本治少佐、部隊長、上級将校家族を含め約50名
第2陣　部隊家族　N曹長責任者　一般隊員の婦人子供　約500名
第3陣　後発隊　保坂安太郎中佐総指揮　神原昭夫大尉が指揮引率
一般隊員　約700名

しかし、この解説は、各隊がいつ出発したかを判断できる具体的な日時の記載がどこにもなく、内容を裏付ける資料が判然としなかった。

もしかしたら、山口の「第百部隊終戦始末記と後日譚」に、部隊脱出のことが書かれていると思われた。これまでコメントしたように、山口が書く文章は時間的経緯を含む具体的な行動記述をなるべく隠ぺいしようとする意図が強く感じられた。上級幹部とその家族五十人は新京をいつ出発したか、山口の文章を一瞥したが、具体的な日時はどこにも書かれていなかった。

しかし、『紫陽』第七五号の（7）の中段の中央から左へ文脈を詳細に辿っていくと、以下のように経緯が書かれていた。

「〔山口が〕十二日の朝久し振りに官舎に帰って見ると妻と三才の娘、生后半歳の幼児が寝ていた。……『これからすぐ新京行きの部隊のバスが来る。出発の用意をせよ』……それから新京駅貨物ホームで出発準備を完了したのは夜半過ぎであった」「東の空が白みかける頃混成貨車団は出発したのであるが、途中幾度となく長

時間の停車を繰り返し、安東到着したのは八月十四日の朝であった」との記述から、部隊幹部の五十人は八月十三日早朝に出発、新京から脱出したことは間違いないと確認ができた。

この分析からわかった点は、先発したいわゆる「第1陣」は、部隊幹部とその家族ではなく、八月十二日に出発した一般隊員の家族五百名の「第2陣」であった。これは、後でくわしく述べるが一般隊員の家族が北朝鮮・定州に留め置かれた原因の一つに繋がる重大な問題を孕んでいた。

さらに、山口の記述を辿ると「安東で一日空費して鴨緑江渡河の便を待って、十五日朝漸く新義州に到着した。この間後方から満州七三一部隊の客車と貨車の十数輌が吾々追い越して先行して行ったが、その輸送指揮官は安達の演習場で旧知の碇〔常重〕軍医中佐なので、線路上から車上の彼にお互いの健闘を祈る挨拶を交わした」と、一〇〇部隊の山口と七三一部隊の碇軍医の間に親密な関係があった事実が判明した。

そして山口は、新義州駅周辺の朝鮮の人々の解放された喜びのマンセイ、マンセイの叫び声と雰囲気から日本の敗戦を知ることになった。さらに文脈を辿ると、月日は不明だが「平壌に辿りついた」「斯て吾々江界先発隊は翌日京城に到着。如何なる状況の変化が起こるやもしれないので、部隊の貨物列車は駅の待避線に引き入れたまま朝鮮軍司令部に急行した」と書かれていた。

五十人の班は部隊幹部の家族だけ

この班はどのような家族で構成されていたのか？　山口の記述からは、若松有次郎・部隊長と山口本治の家族が含まれていた。メモ「一般家族の引き揚げ〔余談〕」の記述は、「技師一名とその家族、保坂安太郎夫人の他に使用人が含まれていた」と書かれていた。メモにはまた「定州で降車しなければ、大人も子供も死亡しなかった」「第1陣は、上級将校（技師1名含む）及び家族、手荷物持参、現地にての犠牲者なし」などと、若松や山口に対する一般隊員の憤懣と悔しい心情が、具体的に吐露されていた。

それればかりでなく、このメモの記述を分析すると、某隊員は、五十名の部隊幹部の班については、脱出時の第1陣と認識していたようであった。仮に第1陣と認識したならば、いつ出発したかがメモに書かれていてもよいはずである。もし、五十名の部隊幹部の班を、漠然と第1陣のように認識していたならば、某隊員は重大な事実誤認をしていたことになる。

いっぽう山口は、「第百部隊終戦始末記と後日譚」で、部隊の多数の家族が留め置かれた状況について、「八月十四日北鮮定州で、他の在満部隊家族と共に駐留する事になったと言う事である。『三友君手記による』」と、ここでも不確かな三友の記述を引用するだけで、定州に一般隊員の家族が留め置かれた事実を曖昧な文章表現によって誤魔化していた。

しかも、八月十三日に新京を出発した若松・山口の幹部家族ら五十名の班は平壌に向かう途中で、当然であるが一日前に出発した一般隊員の家族五百名が留め置かれた定州を経由しなければならず（本書一三九頁にある北朝鮮の地図を参照）、その際に一般隊員の家族班が重大な事態になっていることをまったく関知しなかったとは到底思えなかった。

山口は、「第百部隊終戦始末記と後日譚」を書き残すときに、このような事実を隠ぺいするために、幹部と家族五十名の班を「第1陣」と偽り、出発日を秘匿する策を弄していたのかもしれなかった。自分たちの家族さえよければ、部隊の他の家族がどうなろうとも無視する態度は本当に許しがたい。山口本治は、一〇〇部隊長の若松有次郎と共に部隊幹部として指導責任を問われる重大な過誤を犯していた。

三　一〇〇部隊の京城での再集結と内紛

京城の合流は第1陣（二班）と第3陣（三班）のみ

山口本治『第百部隊終戦始末記と後日譚』には、新京と孟家屯をそれぞれ脱出した一〇〇部隊の先発隊と後発隊が京城・龍山駅の退避線上で合流、両隊が再び統合された後に「技師、女子軍属と家族らを一団に編成して釜山に送りだした」と、記述していた。しかし、詳しい内容の記述は避けていた。

また、某隊員のメモによれば、合流したのは、定州に留め置かれた一般隊員の家族以外の人達だけであった。若松有次郎や山口本治の家族らの京城出発は八月二十日で、おそらく順調に日本に帰国できたと思われた。

この時、一〇〇部隊長の若松有次郎と副官の保坂安太郎は朝鮮軍司令部に預かりとなり、山口本治・獣医少佐以下の将校、技師、下士官、技手らは京城・西大門小学校に暫定駐留することになったと記録されていた。

定州で留め置かれた一般家族の救援活動

山口は、「この間定州に家族を留め置かれた隊員は、井田清・技師〔野本泰子の手記によれば井田技師の夫人は定州に留め置かれていた〕を先頭に、部隊長共々軍司令部、朝鮮総督府外交部等に交渉し、家族の京城招致を画策、懇請したが、在定州関東防衛軍責任者との間に諒解が得られず、後日多大の犠牲者を出すに至った」と書いていた。

この文章からは、山口の認識の甘さ〔いい加減さ〕だけが確認できたが、隊長の若松が一〇〇部隊の責任者としてどのような行動をしていたのかは、全くわからなかった。しかし、定州に家族を留め置かれた隊員たちは、家族救出のために必死の思いで行動していた事実だけはこの文脈から確認できた。

いっぽう野本泰子の手記には、「京城駐留の部隊から連絡員が二度にわたり派遣された」と、記載されており、京城駐留時に一般隊員の家族救出の行動があったことを裏付けていた。また「身上申告書　関東軍軍馬防疫廠」のなかにも、豊城秀壽・獣医少尉が「八月二四日に業務連絡のため定州に向かったが、三十八度線が遮断されたために引き返した」との記録も残されていた。

一〇〇部隊で起きた内紛の徴候

某隊員のメモに「京城駅にて先発隊将校と後発隊将校の大口論があった」と記されていた。残念ながら、これだけでは何についての論争か内容がまったくわからなかった。高級幹部を除く一般隊員の多数は家族を定州に留め置かれていた状況を推察すると、一部幹部の指揮内容は日本の敗戦による混乱があったとしても組織としての体をなしておらず、この口論は「定州に留め置かれた家族」の問題をめぐる対応策の相違による応酬と思われた。ところが、京城駐留部隊でこの口論と異なる事件が起きたことが、山口の『第百部隊終戦始末記と後日譚』に書かれていた。少し長くなるがそれを引用してみたい。

「然し二、三日を過ぎるころから『一体何時迄こんな集団生活を強制されるのだ。敗戦後の内地の状況はどうなんだ』との不安の念が誰の胸にも生じて来た。こんな時二つの事件が発生した。その一はN〔西村武〕という陸軍技手が新京以来部隊が携行してきたワクチン製造用の物資の中から砂糖等を持ち出しては小学校周辺の朝鮮人に密売しているとの情報があり、調べてみると相違ないので所属長の松山〔資郎〕中尉から『直ちに止めなければ、部隊から放逐して内地に帰れなくする』と申し渡した。更に二つ目はK〔紀野猛〕という陸軍技手が週番士官の佐々木〔文存〕中尉の点呼の際全員の面前で『そんな情報は新聞にも出ている。もっと適切な事を知らせてくれ。さもなければもう点呼などに出ないぞ』と脅迫的言辞を弄したと言う」事件であった。

山口はこの事態に「これ以上残留が長引くと士気の退廃は元より不測の事態も生ずる」と考えたようだが、その後部隊内部でこの事件がどのように展開したか、その後の経緯はなにも書かれてなかった。

ＧＨＱの尋問記録にあった「西村武の一件」[19]とは

京城駐留時に起きた西村武の一件は共著で記載したように、ＧＨＱによる山口本治の最初の尋問報告（一九四六年六月二八日）のなかに記録されており、それが意外な形で事実が確認できた。山口はこの時の尋問で

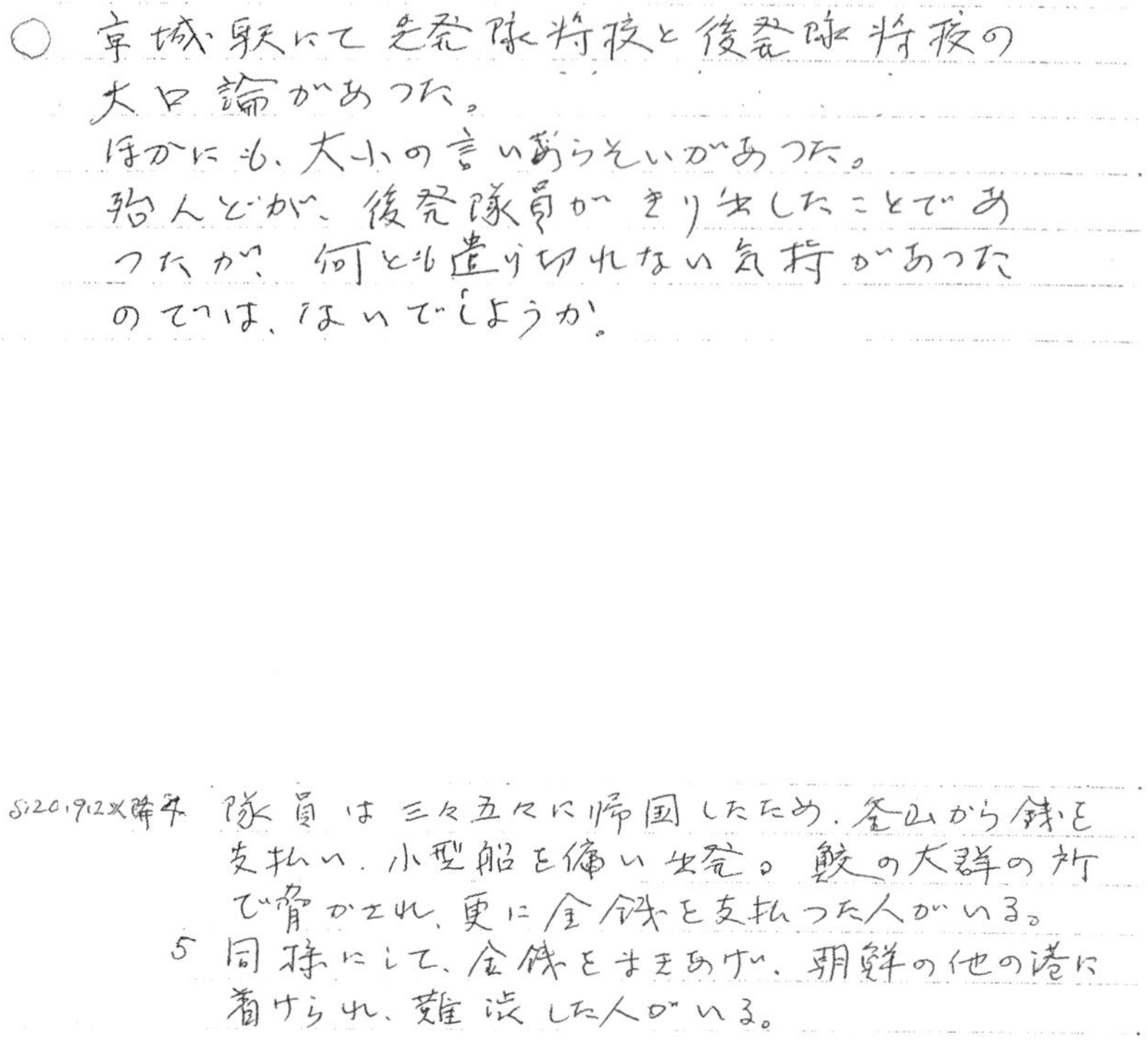
○ 京城駅にて先発隊将校と後発隊将校の大口論があった。
ほかにも、大小の言いあらそいがあった。

殆んどが、後発隊員がきり出したことであったが、何とも遣り切れない気持があったのではないでしょうか。

S.20.9.12以降 隊員は三々五々に帰国したため、釜山から銭を支払い、小型船を傭い出発。鮫の大群の所で脅かされ、更に金銭を支払った人がいる。
5 同様にして、金銭をまきあげ、朝鮮の他の港に着けられ、難渋した人がいる。

写真17　某隊員が京城出発時と朝鮮から帰国時の様子を記したメモ

「西村を知っているか?」と問われたとき、西村について「軍属で気分屋」「われわれは口論になることがあった。西村は数本のブドウ糖の瓶と食糧を盗み、上官の私は彼を叱責した」と報告書に書かれていた。山口の回答は、いつどこでの出来事かまったくわからない返答であった。

筆者は、尋問記録を最初に読んだ時、軍隊内でこのようなやり取りが何を意味するか理解に苦しむ出来事であり、なぜ一〇〇部隊であったのか疑問に思っていた。これは敗戦後の京城駐留時の内紛による西村の一件であったことがようやく理解できた。同時に、GHQが山口に対して西村を尋ねた理由は何か他のことを聞き出すための伏線でもあるように思えてきた。

共著に書いたように、山口に対する最初の尋問が行われる以前に、紀野が一〇〇部隊の幹部四名（若松有次郎、山下四郎、保坂安太郎、山口本治）を一九四六年二月十日付の手紙で「連合軍捕虜を人間モルットとして使用」と、一〇〇部隊の人体実験疑惑を告発していたからである。[20] GHQ法務部が一〇〇部隊の幹部による「人体実験」疑惑と連合軍捕虜の関連について本格的な調査を始めた時期に該当すると思われた。

以上のことから、この紀野と西村の事件は、部隊内の内紛を単なるエピソード程度に軽く捉えるような問題でなく、一〇〇部隊の幹部告発に発展する予兆かもしれないと思われた。事実、山口自身もこの問題について「この二つの事件が……後日彼等のGHQへの密告と言う事件になろうとは、神ならぬ身の知る由もなかった」と認識していた。

京城で一〇〇部隊の解散と日本への帰還

山口の『第百部隊終戦始末記と後日譚』と某隊員の帰国までのメモを参照して、一〇〇部隊の終焉をまとめてみた。山口は西村と紀野の事件の後、「これ以上駐留が長引くと士気の退廃は元より不測の事態も生ずる感なしとしない。可及的速かに内地へ帰還するに如かず。との意見具申を行った」と仰々しく記し、数日して軍の命令が「残留部隊中軍馬の診療可能の将校以外は某日（日時忘却）現在地を出発内地へ帰還すべし」となった。そして山口は京城より仁川を経由、野砲連隊と共に米軍のＬＳＴに乗船、佐世保へ帰還した経緯を記していたが、月日は相変わらず不明で九月の中旬頃内地に帰国したと思われた。

いっぽう某隊員は、帰国時のメモに八月三〇日「出発決定（隊長反対す）」と記していた。若松が、山口ら野砲連隊の軍馬の診療に携わる将校と無関係にある一般隊員の出発になぜ反対したのか、さらにどのような「内紛」があったのか、あるいは定州に家族を残したままの隊員が多数存在していたため、それが関係しているかもしれないが真相はまったくわからない。そして某隊員は九月一日に出発準備をし、「各人バラバラに出発」とメモ書きされていた。それを裏付ける4と5の事例は「三々五々に帰国したため、ひどい目にあった」との内容であった。九月二日夜十一時半の夜行列車で釜山に向かい、九月四日午前七時発の興安丸に乗船した。日本のどこの港に入港したかは記されていないが、おそらく下関と思われる。そして下関を出発して九月七日に直江津に到着したまでが記されていた。

四　北朝鮮・定州に留め置かれた家族の悲劇――「満州難民」

「満州難民」とはなにか

「満州難民」というあまり聞きなれない言葉をここで取り上げた理由を最初に述べてみたい。一〇〇部隊が新京からの敗走の途中で、北朝鮮・定州に一〇〇部隊の一般隊員の家族五百名が留め置かれた背景を分析するため、敗戦時の北朝鮮に関連する資料を探索した。最初に、戦後史の闇に光を当てたノンフィクションである井上卓也『満州難民　北朝鮮・三八度線に阻まれた命』（幻冬舎文庫、二〇二〇年）を探し当てた。本のキャプションは「一九四五年八月、ソ連軍の侵攻から逃れるため、満州から多くの日本人が北朝鮮に避難した。飢え、寒さ、伝染病、本土終戦の日から始まった地獄の難民生活で人々は次々と命を落とす。国はなぜ彼らを棄てたのか。世界史の中でも稀に見る悲惨な難民だった彼らの存在は、なぜ黙殺されたのか?」と、衝撃的な実態を紹介していた。

さらに本の終章「日本人難民―戦後史の闇」にある「朝鮮終戦時の記録より[21]」には、「北朝鮮の日本の居留民は約二四万六千人、『満州』から朝鮮北部に逃れた人たちは約五万九千人」と記されていた。同様に「終戦とともにはじまった悲劇[22]」は、「八月十五日の日本の敗戦以降は、その後の調査で約七万人を加えて日本人四十万人が留め置かれ、旧厚生省によればわずか一年程の間に一割弱の約三万四千が死亡した。しかも犠牲者のほとんどが子供と女性たちで、翌四六年にかけての越冬期に集中していた」と、驚くべき実態が書かれていた。これらの事実はまさに「満州難民」の悲劇と形容するにふさわしい情況と考え、最初に取り上げた。

敗戦直後の北朝鮮・定州の厳しい状況

『朝鮮終戦の記録　資料編第三巻』にある関連資料から高橋六郎(定州日本人世話会長)が記した「終戦後の定州[23]」からいくつかの挿話を抜き出し、これから辿る野本泰子の手記にある背景描写を理解する一助として引用した。高橋六郎は「定州日本人世話会は、独立万歳のデモ行進の長い列が続く雰囲気のなかで八月十六日に発足、十八日頃から各官庁の責任者(郡守、検事、判事、警察署長ら)が拘束され新義州刑務所に送られた。そして官舎や財産の没収が始まり、貯金通帳や債券類・時計・ラジオ・電話・蓄音機・金銀製品はことごとく没収された。やがて居留民の集団生活の開始と共に九月半ばから各家庭で家財道具や衣類等が、さらに集団生活の場でも持ち物検査による保安隊による接収があった。……十一月頃にソ連軍から『生活の為の労働が許されるようになった』」と、日本による朝鮮の植民地支配が敗戦とともに一挙に崩壊していく様子を時系列で記されていた。

しかし高橋六郎の記録は、野本泰子の手記や井上卓也『満州難民』のなかで詳細に記されていたような、越冬時の集団生活における飢餓状態や蚤や虱による劣悪な衛生環境のもとで幼児や女性が亡くなる事実があったにもかかわらず、それらにまったく触れることがなかった単なる事務的な記録であった。しかし、別の定州日本人世話会記録にあった原立夫氏の手帳には、「九月、疎開民より婦女子十七名、ソ連接待に徴発。十月中旬、居留民より接待婦徴発、交代せしめられる」と、ソ連軍による性暴力の実態が記録されていた。さらに同様の記録が、匿名読者の第二信の資料にあった。三十八度線の閉鎖によって北朝鮮・定州に家族を留め置かれたまま日本に戻らざるをえなかった一〇〇部隊帰国隊員の有志たちが、日本で発行した「第一〇〇部隊家族援護会」文書（昭和二十年十二月十二日付）のなかに「ソ連軍による慰安婦強要」とだけが記述されていた。

野本泰子の定州残留と三十八度線突破の記録[24]を辿る

野本泰子が一九四五年八月十二日、新京駅を朝八時半にひとりで無蓋貨車に乗車した経緯とその後の展開を最初に記したい。

一九四三年十月、野本貞夫・獣医大尉と十八歳で結婚した泰子は、「東京の生活も五ヶ月で終わって、中野学校を卒業されたあなたは、昭和十九年の三月に、宿舎の都合で、一人で、新京の関東軍司令部に赴任してゆかれました。そして、同じ年の十二月に、やはり新京の第一〇〇部隊に転属。それから、八ヵ月後の、昭和二十年八月六日。あなたは、又、一人で、奉天の新編成部隊に転属していかれたのでした」と、束の間の新婚生活は敗戦直前に野本貞夫の関東軍第一特別警備隊・獣医部長の転属によって無残にも突然終わってしまった。

野本泰子は、加藤哲郎教授の第三章「情報戦としての一〇〇部隊研究」で取り上げている辺見じゅん原作『収容所から来た遺書』と日本映画「ラーゲリから愛を込めて」の中に登場した陸軍中野学校出身で、一〇〇部隊の獣医大尉であった野本貞夫の夫人である。

このようにして新京をひとりで脱出した野本泰子は、八月十四日に北朝鮮・定州に到着、翌年まで定州残留を余儀なくされた。同時に一〇〇部隊の一般隊員の家族も、定州に残留させられ、幼児などに多数の犠牲者を出すことになった。

そして翌年の六月と八月、定州の残留家族は数班に分かれて北朝鮮から三十八度線を突破、米軍の保護下で仁川、もしくは釜山を経由して博多に到着し、日本に戻ることができた。以下、野本泰子（以下、泰子と略称）の記録の要旨を、時系列で紹介する。

◇**八月十四日、定州着**　一〇〇部隊の一般隊員の家族五百名の班は定州に到着、列車から降ろされた家族たちは数か所に分散、泰子は小学校に分宿した。八月十五日の敗戦前後はとくに変わった様子もなく、「部隊の方々のお陰で私達は、一日二回、おにぎりの配給を頂いて飢えることなく……」と毎日を過ごしていた。しかし、ある日「持ちものはすべて教室に置いて、……すぐに、外に出ているように」と連絡があり「刃物や衣料品や、貴金属、毛布など」が各人の所持品から抜き取られ「一同、ただ黙ってそれを見て居た」と敗戦直後の様子が書かれていた。

◇**八月二十二日、連絡員到着**　京城から一〇〇部隊の軍属数名が連絡員として派遣されてきた。家族は手紙やお金を受け取り、夫たちの無事が確認されたと一人ぼっちの泰子は淡々と記録していた。また、八月二十五日になると平壌の先にある三十八度線が閉鎖のために、連絡員は京城に戻れず定州に引き返したとも書かれていた。

◇**南山寮**　八月も終わりに近くなり、分散していた家族は南山寮（朝鮮鉄道の日本人独身寮）で集団生活をすることになり、六畳間に子供を含む十八名が収容された。泰子は「部隊の世話役の方々には、家族の統括、食事の世話など、皆の面倒をよく見て頂きました。一日二回、高粱など雑穀まじりのおにぎりを一人一個づつの支給。あとは、大根の薄切りの片を、僅かに浮かした塩汁コップ一杯づつ」と飢餓寸前の食事の様子を描写していた。さらに「南山寮には、御主人が佐官級の軍属の技師で、かって、あなた〔野本貞夫〕とのお世話で知っていた奥さんが、もう一人居られました。白髪が混じってご年配とお見受けしました。その方は、何時のころか、ソ連軍の炊事に、働きにいって居られました」と、井田清・技師の夫人が南山寮にいたことが記されていた。

◇犠牲となった女性　泰子は九月のある事件を次のように記していた。「『子供の居ない女性は玄関前に集まるように』と、呼び出しがありました。私は、使役か何かの呼び出しだろうと考えて行って見ると、そこには、朝鮮の保安隊員が数名来て居て、何だか、物々しい感じがしました。玄関前に、横に並ばされた私達は、一人づつ、前に進み出させれて、物色されたのでした……私のようなチビのものや、お腹の大きい妊婦さんなど、片方に分けられた組は、帰ってよいとのこと。残されたもう一方の人達は……十四、五名だったと思います」「私が部屋に帰って間もなく、『大変、若い女の人達が、荷物を持って、保安隊員がついて、出て行ったと、……町の旅館に連れてゆかれ、ソ連兵の慰安に供せられるという大事件でした」。そして「収容者の人数が多い南山寮では、その方達が誰方であったのか、……本部からの指示もあってお互いに一切口にしなかったと思います。でも、私たちの部屋の外の柵にもたれ、しょんぼり、夕日を眺めて居られた若い女性の、何とも言えないやるせないうしろ姿……いまも、忘れることができません。……五十年たった後日談として……御主人と離婚された方や、精神がおかしくなられた方などの話を伺って、何ともやり切れない気持ちがします」と綴られていた。

◇藁布団　◇虱　「十月も末の晩秋になって、寒い冬が目前に迫ってきても、私達は、日本へ帰れるという話は、全くありませんでした」「ある日、南山寮本部から、各人は、冬に備えて藁の敷布団を作るようにという、指示がありました。定州でいよいよ越冬だと思って、内心ひどくがっかりしました」と記していた。ところが「人間の密集している部屋のなかでは、寒くなっても、蚤や虱が、元気に住みついていました」「そのうち、南山寮では、発疹チフス？　が、流行し始めました……撲滅は難しくて、南朝鮮で、米軍からＤＤＴの洗礼を受けるまで、長いお附合を居ました」

◇早産と幼い子供の死　「若い婦人たちが多かったこの寮では、妊婦さんが沢山居て、毎月、何人も出産しました。定州に着いて、出産第一号は、同じ官舎だったＫ〔金田〕中尉の奥さんでした。この方は、小学校に居る時に産気づかれましたが、幼い二歳のお子さんを残して、出産時に母子共に亡くなられました。……又、私と同室で、初めてのお産だった軍属のＥ夫人は、精神が不安定になられて、出産時、南山寮で母子共に亡くなられました。……私の出産予定は、翌年の四月で、この寮の妊婦さんの中で、最終だったと思います」。「北朝鮮の凍てつく寒い真冬の、一月の末、私は、変な病気にかかりました」、そして「二月二日、第二子の、早産でした」「医師は居られても、なす術もなかった――。やがて、かすれたような、か細い泣き声になって――、眼を閉じたまま、静かに亡くなってゆきました」と、泰子はわが子の死をこのように綴っていた。「二十四号室でも、赤ちゃんが一人消え、二人消え、次第に減って、形ばかりの位牌が、ずらりと出窓に並びました」「部隊の家族だけでも、避難していた一年の間に、二百数十名が亡くなられ、その中の大部分は、五歳以下の子供でした。

毎日、幾つも出る子供のお棺を背負って、部隊の世話役の方々は、寮から遠い南山墓地へ埋葬に行って下さいました。……冬になると、凍土になってしまう北朝鮮。土を掘る『つるはし』がはね返って来て、お棺を埋めるための仕事も、大変だったとの事。抑留の後期には、お棺を買う資金もなくなって、お棺は、墓地まで運ぶための、ただの道具になってしまったとか……もし、あの時が平和な世の中だったら、新京や北朝鮮で、早産した私達の子供が、もう五十歳。遠い昔の話になりました」と、泰子は綴っていた。

◇りんご園（働く）◇松亭洞（働く）　省略

◇再び南山寮へ　◇さよなら定州　「私達が南山寮に帰った前月の六月に、寮に居た二十四号室の人達は、日本帰国の第一陣として、すでに居なくなっていました」……そして「日本へ出発する日が、八月五日と決まりました」……「南北朝鮮の三十八度線は、依然としてありましたが、いままで禁止されていた日本人の移動が、法令で、『北朝鮮内の移動であれば認める』と、改正されたとのことでした」……「八月五日の朝――いよいよ、日本に向かって南山寮を出発する日です。約一年、私達の命を守ってもらった南山寮でしたが、心はもう、日本について時の事ばかり考えていました」

「何時、どうやって編成されたのか。知らない人ばかり。六十名の団体でした。……団員は、私達二人〈泰子と高宮夫人〉を含めて、若い男女合わせて三十余。子連のお母さんが五名。他に全員豆絞りの鉢巻き姿の遊女さん達と、その親方の中年男を合わせて、約二十名」……「定州駅で、しばらく待っていると列車が入ってきました。列車に乗るなんて――日本に帰れるなんて――夢を見ているような、気持ちでした」……「おしゃべりをいているうちに、昼頃、平壌（ピョンヤン）について、一旦下車することになりました」。

◇南鮮を目指して　◇平壌　「平壌で降りた私達は、今夜はここで一泊することになりました。……この夜、私達が野宿する場所は、大きな倉庫の前の、通路に面した空き地でした。……男性達は、交代で不寝番に立っ

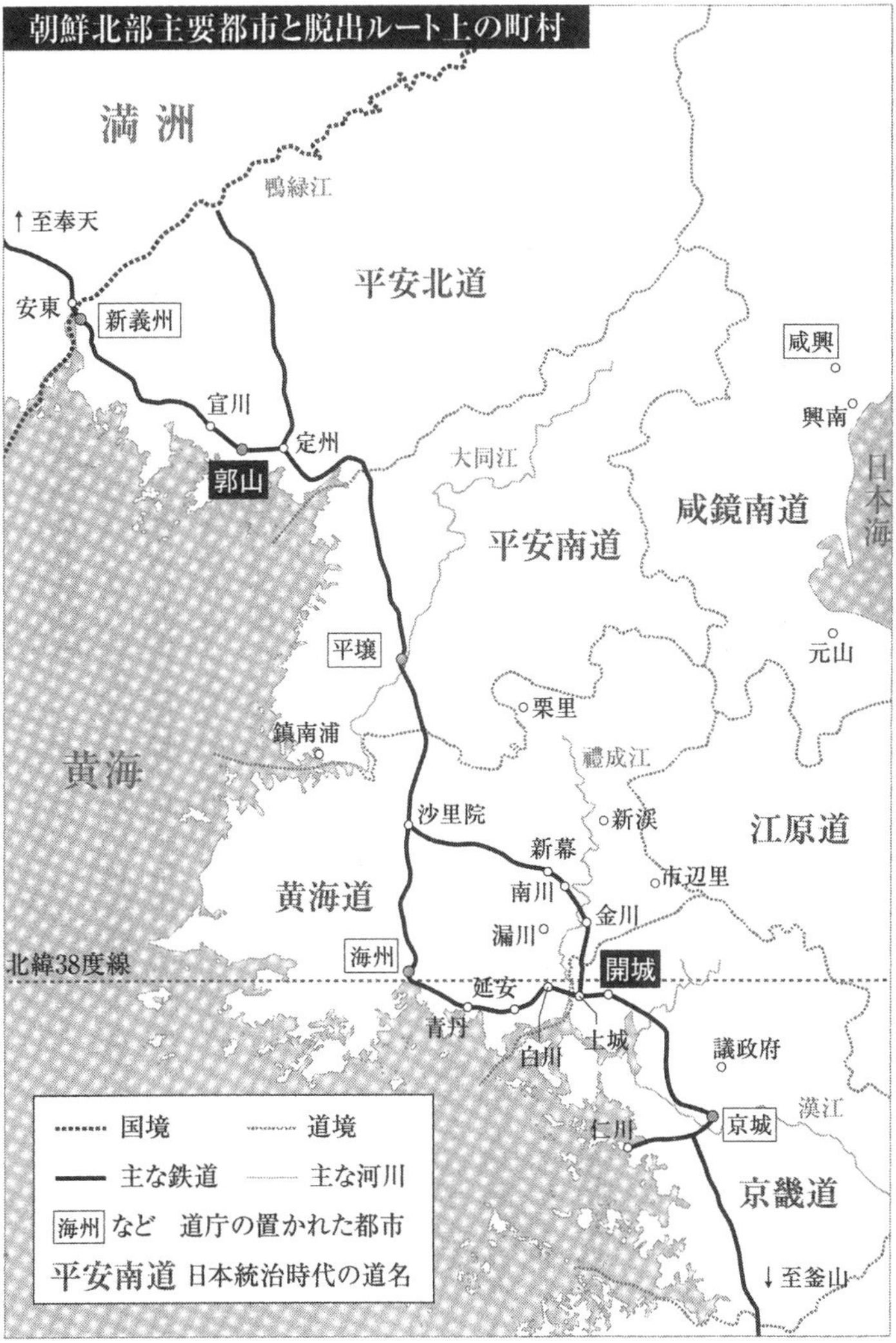

写真 18 朝鮮北部の地図
出典：井上卓弥『満州難民』幻冬舎文庫、2015、180 頁

てくれたのです。翌朝、男性達の話によると、夜中に矢張り、ソ連兵が女を求めてやって来たそうです。……何事もなく過ぎた夜にほっとしました」(以下、略)「八月六日　平壌で列車に乗り込んで、ほっとしていたのも束の間で、沙里院という駅を過ぎて間もなく、小さな駅で、一行は下車するように、団長の指示がありました。

私達の若い団長は、朝鮮語も達者で、北朝鮮の地理にも詳しいらしく、時々地図を見て居ましたが、とても頼もしく思える人でした。私達は、団長に引率されるままに、何処をどの位歩いたら国境に着くのも分からず、ただ指示通りに歩きました。……歩き疲れると、木陰でごろりと横になって仮眠を取りました」(以下、省略)。

◇三十八度線越え　「雨の日は、あちこちの小屋の下で雨を避け、お天気の要否は、真夏の太陽に照らされ乍ら、歩いては、休む——。あまり暑い日中は、なるべく、木陰で昼寝をして、夜歩く——。そんな日々が、幾日続いたでしょうか——。……列車から下りて、すでに十日近くたっていたでしょうか。ついに前方に見える山が、三十八度線の境界だという日が来ました。

団長は三十八度線突破に備えて、道案内人だと称する朝鮮人を雇ってきました。……〔ところが、夜の間に二千円を払った道案内人に逃げられていまい、騙されてしまった〕……その後〔夜が明けて、三十八度線は近いはずだという団長の言葉に励まされ、日暮れになって山の麓の部落に辿りつくと、自警団に捕まって、『この山は日本人を通すことは出来ない。帰れ!』と追い返された〕。

「やっとここまで来たのに、もう日本には帰れないという絶望感に、女性達は皆泣きました。何か、その自警団長と話していた団長が、きびしい声で、『皆、戻るんだ!』と、大きな声を出しました。……しばらく戻った所で、『皆集まってほしい』と、団長が言いました。『皆、聞いて欲しい。あの自警団長は、この山は、日本人は通さないと確かに言った。でもこの山の監視は、八粁を四人で守っている——と言って、私の手を、ぐっと力を入れて握手をしてくれた。

これは、暗に、警備は、手薄だよ、と教えてくれたのだ』『直ちに、五人づつの小班に分かれて、夜更けまで、草むらに潜んでいてほしい。私の班が出発する気配を感じたら、次々と、続いてほしい』……〔ほとんどの人達が揃った所で……雑木の生えた眞暗い山の中は、足下が全然見えません。……明け方の空が白々として、あたりが明るくなって来ました。山の上の、平らな所で、やっと団長が立ち止まりました。……樹々の間から、山の下の方に、部落が点々と見えました。『南鮮だ！南鮮だ！』と団長が叫びました。……団長を先頭にして、ぞろぞろと山道を下ると……やがて米軍のトラックが来て、私達は、南朝鮮の開城のテント村に運ばれました。……


八月五日に北朝鮮の定州を出発してから、三十六日目の九月十日―博多の土を踏みました……」と、このようにして野本泰子は三十八度線を突破して日本に戻ることができた。（以下、省略）

定州の悲報を伝えた「第一〇〇部隊家族援護会」文書

昭和二十年十二月十二日付の文書に「井田清夫人が定州を脱出し同年十一月九日帰国」と記述があったことから、定州の情報は井田清夫人によってもたらされたと思われた。「極寒と飢餓と迫害で犠牲者（約四十名）償出、このまま越冬せんか全員全滅の悲運にあり」と冬に向かう厳しい見通しも書かれていた。

またこれまで「ソ連軍と保安隊による衣類、所持金の略奪、着の身着のままで男女共に強制労働に駆り出されていること、一日一～二回の粥をすすって露命を凌いでいる」と書かれていた。その他に「真相把握は極めて困難なるもの周到な計画により既に四回に亘連絡に成功し……」と家族救援会に独自の連絡手段があったことや「紀野氏が京城から十一月二十日に帰国」と「金田中尉夫人の死亡」が報道されていた。

翌一九四六年に入ると「来る七月十日定州家族の一部が博多港に上陸　御通知申し上げ」と、七月十日付で

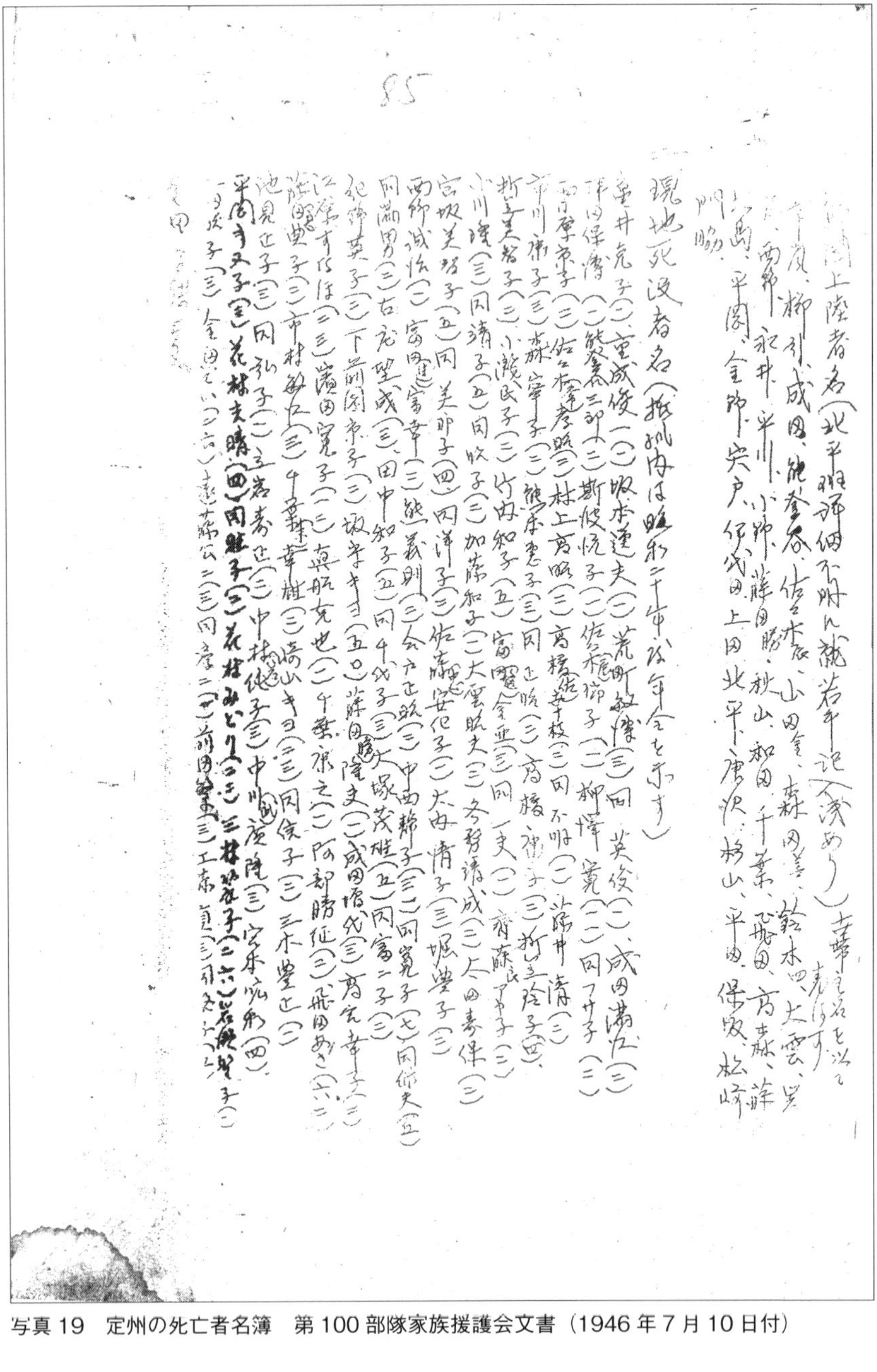

写真 19　定州の死亡者名簿　第 100 部隊家族援護会文書（1946 年 7 月 10 日付）

新たな文書が発出された。その内容を簡単に紹介する。

「定州ではこれまで僅かながら配給があったが、約二ヶ月前から配給停止、飢餓に直面。同時に平壌方面の南下脱出の情報が入り、初めて旅費を準備し脱出を企画。配給停止に依り直接餓死に直面する子供があって働けない者を先ず脱出させることを計画」「一組三十名を一団に北平班、伊代田班、上田班、村上班の順に六月十二日前後に現地を出発」「村上班を除き、各班は三十八度線を突破し、博多、仙崎に到着」と書かれていた。

また、六月十二日に定州を離れ、脱出班を引率した一〇〇部隊の北平栥一郎（業務手、当時三五歳）、伊代田源治（業務手、当時三六歳）、上田茂則（雇員、当時三五歳）の記録は身上申告書に残されていた。同じく博多到着を伝えた箇所には、家族名簿（三十三家族）および定州の死亡者名簿（九十三名と年齢）を記載していた。死亡者名簿から紀野猛の幼児・英子（当時二歳）の名前を確認することができた。

第三節　戦後まで続く一〇〇部隊の細菌戦と人体実験の闇

一　ＧＨＱで「山口本治 vs.紀野猛&西村武」の尋問対決

山口本治の取り調べは最初の二回だけか？

京城から日本に戻った山口本治は、『百部隊終戦始末記と後日譚』（以下、『後日譚』と略記）のなかで、ＧＨＱによる取り調べの開始を次のように述べていた。

「宮城県柴田郡村田町で医院を開業している兄の許に一時寄食して、時局が安定したなら東京に出て新しい就職口でも探すつもりでいた」「同じ郡内の船岡に米軍の通信隊が進駐しており……そこで馬の使役が乱暴であった為負傷する馬が続出……英語の話せる獣医に治療させたいと……毎週二、三回船岡迄自転車で往診して当座の小遣いを稼いでいた」。その後GHQによる郵便物の開封が二、三か月間続いたある日に、「あ、とうとう百部隊に関する取り調べがきたなと感じた」「ジープに乗せられ、仙台の米軍司令部に連行された」。

これは、GHQ／LS（法務部）による山口に対する最初の尋問のことで、山口の記憶違いで、実際は福島の第八八軍政部で行われた（一九四六年六月二六日、「山口本治ファイル」整理番号9.4）。山口は尋問の後に「大体人定質問のような事で終わると切符をくれて汽車で帰る事になったが、この程度で米軍の取り調べは大したもんじゃないわいとタカをくくっていた」と、GHQの取り調べの感想を述べていた。

しかし、山口の思惑とは裏腹に、山口の尋問後に一〇〇部隊の軍属の西村武から「戦争犯罪人の通告」（八月十三日付）と、日付がなく封筒に西村・長野県と書かれた「再び戦争犯罪人ヲ通告ス」の二通の手紙がGHQに届いていた。そこには山口本治、若松有次郎、保坂、松下〔山下〕四郎の名前が書かれていた。

続いて一九四六年の秋、山口は再度GHQから新潟に呼び出された。この尋問記録は「山口本治ファイル」の下村太郎の記録に残されていた（一九四六年十一月四日、「山口本治ファイル」整理番号9.17）。記録の概略を紹介する。山口は満州の牛疫の質問に対して得々と持論を展開、牛疫はヒトに感染しない、まして病牛の肉を食べても同様である。ヒトの実験感染についての質問は否定していた。また、軍馬防疫廠にいる間に「戦争捕虜」は見たことはないとも語り、最後に一〇〇部隊の獣医将校と技師の名前を列挙していた。

山口は『後日譚』で、「尋問の内容は仙台の時と余り変わらず、満州での行動以外に京城での状況をかなり詳細に尋ねられた。『おやおや。米軍は細菌戦には興味がないのかな』と感じたが余計な事は災いの元と口を噤んだ。そして午後再び汽車で村田に戻った」と前回と同じような感想を述べていたが、細菌戦について尋問されるものと覚悟していたようで、戦犯に認定されることに一抹の不安も感じているようであった。

いっぽう、GHQは山口に関連する状況証拠の収集を着実に積み重ねているように感じられた。GHQによる山口の尋問記録は、一九四六年六月と十一月の二つだけが「山口本治ファイル」に残されていた。

西村武によるＧＨＱへの二度にわたる投書に前後して、山口に対する二度の尋問が行われた根拠は、一〇〇部隊の軍属（技手）の紀野武が一九四六年二月十日にＧＨＱへ通告した手紙が関係していたと思われた。手紙はニール・スミスの調査報告（総括）（「山口本治ファイル」整理番号9.30）の中に残されており、手紙の概略が記録されていた。

その内容は、新京の孟家屯の試験場で、連合国捕虜を「人間モルモット」として使用、責任者として若松有次郎、山下四郎、保坂安太郎、山口本治の名前を挙げていた。手紙の内容から推察すると、今後、山口に対するＧＨＱの本格的な取り調べが予想されていたにもかかわらず、ＧＨＱの尋問は福島と新潟の二回だけで、しかも人定尋問のような形で終わっていたのはなぜか不自然に思われた。

共著のなかですでに述べたが、山口本治は新潟大学の農学部長を退官した時に『随想集　馬骨啾啾』（私家版、一九八〇年）を関係者に配布していた。山口はいわゆる退官記念本のなかで、これまでの自分の人生を振り返り、「第二幕は昭和十三年学窓を出て陸軍獣医として満蒙の戦野で『帝国必勝の信念』に燃えていろいろやった処が戦後戦犯容疑者としてＧＨＱ法務部で拷問を交えた峻烈な取り調べを受け、遂に証拠不充分として無罪放免される迄の『カミソリの刃渡り』にも似た人生の激突シーンの数々であろう」と、ＧＨＱによる厳しい取り調べがあったことを自ら明らかにしていた。

しかし、「山口本治ファイル」にある二回の尋問記録は、『随想集　馬骨啾啾』にあった「峻烈な取り調べ」とまったく異なる内容であった。ところが、『後日譚』のなかに、その「峻烈な取り調べ」の事実を裏付ける数々の修羅場が、山口自身の言葉で生々しく記述されていた。

ＧＨＱ法務部は山口に対する本格的取り調べを開始

山口は『後日譚』で、「昭和二二（一九四七）年の春頃又もや駐在が『明日の午后一時迄に東京ＧＨＱリーガルセクションのコックリル少佐の許へ出頭しろ』と云ってきた。さあ愈々ＧＨＱか。俺も最後が来たのかと思いながら東京に着く……早速別室で今まで仙台・新潟で訊かれたと同様な尋問の蒸し返しを一時間ばかり。ウンザリした頃……『尋問は終わった。これから証拠写真を取りに行く』……そこで左右両手十本の指紋を二度もとられ、次に立ち姿、左右の横面、椅子に座って左右横面。椅子に座って顔の左右、正面等をとられた」などの写真撮影があった。「こんなに色々と撮られるのは愈々巣鴨行きだなと、観念の柄を固めていると、『これでＯＫ、もう帰ってよいと突き放された』」と、覚悟の上で東京のＧＨＱに出頭したが、この日の取り調べがまったくの拍子抜けに終わったことを記していた。

しかし、山口に対する実際の「修羅場」はそのすぐあとから始まった。「昭和二二年の秋近く今度はＧＨＱ法務部のスミス大尉の所へ来いとの呼び出しだ……『何だ。一体何度調べたら気が済むのか』と腹が立ったが、相手が悪い。然も満州で細菌戦の真似事をやったという引け目もあるし、『何度でも来い。勝手にしろ』」と、山口はＧＨＱのスミス大尉を小馬鹿にしたような態度で再び東京の法務部に乗り込んで行った。

そして「兵が八階のスミス大尉室の証人控室に案内してくれた。入ってみると驚いた。百部隊で細菌関係を担当していた安藤〔敬太郎〕中尉（農林省獣疫調査所から応召された）がいるではないか」と、安藤との突然の出会いを記述していた。

山口は、安藤にＧＨＱの「尋問」を何度も潜り抜けてきた歴戦の強者のような態度で自慢気にその時の状況を『後日譚』のなかで披歴していた（具体的内容は省略）。

山口はこの文脈で、ＧＨＱ法務部のスミス大尉に呼び出された時を「昭和二二（一九四七）年の秋近く」と記載していたが、安藤がＧＨＱ法務部の八階（明治ビルディング八九四号室）で尋問された記録（「山口本治ファイル」整理番号9.39）は、一九四七年四月十七日と記されていた。つまり、山口はこの安藤との出会いについて明らかに虚偽の記述をしていたと思われた。

スミス大尉による「峻烈な取り調べ」の内実

少し長くなるが『後日譚』にある山口の記述を続ける。山口は、「待つこと約一時間、スミス大尉の部屋に呼びこまれた。……大尉は私よりも頭一つ抜きん出ていて（小生も日本人としては背の高い方（一米七五糎）であるが）筋肉隆々の丸でヘビーウエイトのボクサーかプロレスラーみたいな壮漢である。……『満州の百部隊で、捕虜の虐殺があったか』と来たので『今まで仙台、新潟、コックリル少佐の調べでも答えた通り、そんな事は軍馬の防疫を任務としている部隊ではあり得ない事だ』多少薄ら笑交じりに返事をすると大尉はいきなり立ち上がって『ユーアライアー』〔この嘘つき野郎〕と叫んで拳を固めて小生の顔面を張り飛ばした。その力の凄さで眼鏡はフッ飛び、小生は椅子諸共床に仰向けにひっくり返った。……『もうこれ以上やるなら俺はもう何も答えないぞ』と云ってやった」。

「さしものスミスも態度を変えて、机上にあった高さ五十糎にも達する書類の束を示し『これは百部隊関係者二百名から取った調書だ。この中に山口が捕虜をやったという調書が二通ある。K〔紀野猛〕とN〔西村武〕という二人のものだ。お前はKとNを知っているか』と来た。……それから『KとNがどんな事を喋っているか知らないが、若し米軍の都合が良ければ二人をここに呼んでくれ。そして俺と対決させてくれ』と要求した。そしてそれから約一時間以上二人の人柄、京城での軍律違反を細々と説明した」と、山口は「修羅場」の内実をこのように記述していた。

続いて、GHQは、山口に対する尋問を、日時を改めて継続するために「……その日は新宿の裏通りに在る某紡績会社の社長宅に私を送り届けた。……そして翌々日であった。呼び出しがあり、勇躍明治ビルへと駆けつけた。……一辺にスミスとタチバナ〔通訳〕、その傍に山口が座った。程なくして鹿児島からKと青森からのNが我々と対向の一辺に着座した」。

「……KとNに対する人定尋問が終わり、スミスが二人に『何か云う事はないか』と聞くや否や、Kは『山口君。もういい加減に白状したらどうだ』と言った。……この言を聞くや怒心頭に発し……『お前等の軍律違反はすべてスミス大尉に報告してあるんだ』、……更に小生はスミスに向かって『今此奴らが白状しろと云った事柄をこれから説明したいが、この前にこの二人を退去させてくれ』と頼むとOKとばかり二人はMPに守られ去った」と、対決尋問の様子が書かれていた。

「山口vs.紀野&西村の対決尋問」がこのように肝心の争点の追及もないままに、あっけなく終了したとは到底思えなかった。しかし、山口はこれ以上の経緯を書いておらず、他に裏付ける資料もないので、さらなる論評は不可能であった。

山口がスミス大尉に陳述した人体実験（「マルタ」の処分）

紀野と西村が退席した後、山口は『後日譚』で、「百部隊に於けるマルタ処分の経緯について陳述した。（人要は紫陽誌上に三友君がしているのと大同小異である）」と、ここでも、三友の記述を引用して、自らの見解は意識的に避けていた。

その内容は、「これは部隊のＩ（井田）技師がハルビンの特務機関からの依頼により、深夜秘かに二、三名の部下と共にした事で、その実際も山口も見ていない。Ｉ技師の独断専行でやったので、部隊長も百部隊別班平桜隊を海拉爾（ハイラル）の特務機関に寄託してあるので、その義理から止むなく引受けざるを得なかったのであろうと付度しているが、本来軍馬、軍用動物の伝染病に対処すべき百部隊の任務からは大きく逸脱している事であると締め括った」と、山口はこのように記述をしていた。

ここで山口がスミス大尉に語ったとされる「マルタ処分の経緯」の内容は、ハイラル特務機関との関係をでっち上げ、三友と同様に井田技師の独断専行説で、個人に責任を擦り付けていていた。しかも、一九四七年四月当時、山口と三友の両者に接点はまったく存在しなかった（山口は日本で、三友はシベリア抑留中）。ここでの山口の記述（大要は紫陽誌上に三友君がしているのと大同小異）は、時空を超越した極めて不自然な表現を、山口が文脈に勝手に割り込ませていたことになる。

山口はなぜこのような文章を挿入したかを推測すると、三友一男が『青春如春水』に書いた人体実験の経緯の一部を抜き出し、それを井田清の独断専行説に作り上げた内容で、山口がスミスに「百部隊に於けるマルタ処分の経緯について陳述した」部分を隠ぺいするために挿入した作文と思われた。

しかし、某隊員が暴露した人体実験（「マルタ」処分を含む）の顛末のメモは、「これ等の実験、又は処置については、関東軍司令部は勿論、部隊長・部長は諒承であり、一方実験体を送付してきた新京憲兵隊（謀略・化学担当者）でも承知してのことでした」と、井田清だけでなく、関東軍司令部、一〇〇部隊の部隊長・若松有次郎、保坂安太郎と山口本治の両部長、新京憲兵隊（謀略・化学担当者）による組織的な関与が明確に指摘されていた。

しかし、山口があれこれと『後日譚』でいくら弁明しても「百部隊に於けるマルタ処分の経緯について陳述した」と『後日譚』に書いてあったことは明白な事実であった。結果として山口がスミスに一〇〇部隊における人体実験（「マルタ」処分を含む）の経緯をすべて陳述＝「自白」したことは間違いないと、筆者は確信している。

加えて某隊員が人体実験の「遺言」のなかで指弾した山口の「不遜の推理」は、山口の一連の記述全体を指していると思われた。某隊員は人体実験に携わっていた当事者だけに、山口本治による自己弁護のためのこのような戯言＝身勝手なでっち上げがどうしても許せなかったに相違ないと思われた。

続いて山口は、「スミスは『そんな程度の事を何故お前は頑強に隠していたのか』と来たので、『百部隊のNo.3の俺が喋ると当然若松部隊長、保坂中佐に累が及ぶ事になる。山口の線で喰い止めるなら、単なる噂話に過ぎないと思われるだろうと頑張って来たんだが。先程の密告者の二人を見ていると、ムラムラと知っている限りの真相をブチまけた方が、何時迄もあの二人に付け込まれないだろうと、思ったのだ』とつぶやいた」と山口は、本音とも自己弁護とも思えるような奇妙な心境を語っていた。

その後、スミスは「『百部隊には米軍の捕虜は居なかったか』と山口に尋ね、山口は『百部隊はおろか、全満州でも見た事も聞いた事も無かった』。更にスミスが『何か付け加える事はないか』と来たので即座に『ザッツ、オール』と答えた……『あゝ、これで巣鴨には行かないで済みそうだな』と心中秘かに思った事である」と、尋問の顛末を一挙に記していた。

ここに書かれていた一連の記述は、どう考えても話の流れがうまく出来すぎで、山口本治による自己保身と弁護の自作自演による、まさに一人芝居のように思えた。しかし、一九四六年二月十日付の紀野猛の手紙を契機に、GHQの「山口本治ファイル」にある紀野猛の尋問報告（一九四六年六月二六日、整理番9.3）から始まり、西村武の二通の手紙（一九四六年八月八日、整理番9.8と同年八月二三日、整理番9.9）と翌年の西村の尋問報告（一九四七年一月二四日、整理番9.21）、紀野の尋問（一九四七年三月六日、整理番9.26）と再尋問（一九四七年三月十一日、整理番9.27）が行われてきた一連の経緯から、GHQによる一〇〇部隊の人体実験の調査は、最後に山口による『後日譚』の内実を抜きにして収束できたとは到底考えられなかった。

また、一九四七年は一〇〇部隊における「人体実験」疑惑に対する取り調べが大詰め（収束）に向かう時期でもあった。とくに紀野武に対する再尋問（一九四七年三月十一日、整理番9.27）はスミス大尉が直接担当し、山口に関する情報は十分入手していたと思われた。

同時に、GHQが紀野や西村を度々追及しても、彼らの証言内容から一〇〇部隊の人体実験疑惑は「噂の範囲」以上の事実を見いだすことはできなかった。これを反映したためか、山口本治に対するGHQの尋問が「熾烈」を極めたのは、山口が第二部六科の細菌戦謀略の担当責任者であったことをGHQ法務部はこれまでの取り調べで、十分認識していたものと思われた。最終的に、山口が一〇〇部隊における人体実験（「マルタ

表1　二つの「山口本治ファイル」(25)の抜粋と比較

2019年整理番号	作成年月日	内　容	作成者名	2003年整理番号
9.3	1946.6.26	紀野猛の尋問報告	John R. Eglsear	
9.4	1946.6.28	山口本治の尋問報告	Joseph F. Sartiano	
9.6	1946.7.22	保坂安太郎の記録	T. Kagoshima	
9.7	1946.7.22/30 1946.8.13	山下四郎の記録 山下四郎の学歴	T. Kagoshima T. Kagoshima	
9.8	1946.8.8	法務局の調査報告（西村・長野県の日付のない手紙）	Joseph F. Sartiano	17-5
9.9	1946.8.23	戦争犯罪の通告（西村武の手紙）	西村武	17-2
9.11	1946.9.14	山口本治、保坂安太郎、若松有次郎、山下四郎の軍歴	L.H. Barnard	
9.17	1946.11.27	山口本治のインタビュー	Taro Shimomura	17-14
9.18	1946.11.29	西村武の経歴	T. Nobori	
9.20	1946.12.3	若松有次郎の尋問報告	John C. Donnell	17-16
9.21	1947.1.24	西村武の尋問報告	Ernest H. Powell	17-19
9.26	1947.3.6	紀野猛の尋問	Joseph F. Sartiano	17-29
9.27	1947.3.11	紀野猛の再尋問	Neal R. Smith	17-32
9.29	1947.3.17	大内守と町田時男のインタビュー	John A. Duffy	17-42
9.30	1947.4.4	法務局の調査報告（総括）	Neal R. Smith	17-50
	1947.4.17	安藤敬太郎の一問一答	不明	17-56
9.31	1947.4.18	G2の指揮下でというウイロビーの指示	Neal R. Smith	17-59
9.39	1947.7.17	「山口本治ファイル」についての覚書	Neal R. Smith	
	不明	関東軍軍馬防疫廠（1944..6-1945..8）〔手書きメモ〕	Neal R. Smith	17-64

処分」を含む）内容すべてをスミスに「自白」したことで人体実験疑惑はようやく収束に向かったと推測をした。

ＧＨＱ法務部の一〇〇部隊に対する最終判断

一九四七年当時、ＧＨＱ／ＬＳ（法務部）の調査の重点の一つが、「満州」の奉天捕虜収容所で「連合国の戦争捕虜」がどのように扱われていたかに関連する捜査があったと思われた。先に述べたように、一九四六年六月の山口本治に対する尋問は、紀野猛が一〇〇部隊の幹部四名（若松有次郎、山下四郎、保坂安太郎、山口本治）を一九四六年二月十日付の手紙で「連合軍捕虜を人間モルモットとして使用」と、一〇〇部隊の人体実験疑惑を告発したことから始まっていた。さらに、山口が、一九四七年春にスミスに呼び出された時に、偶然とは考えられない出会いの場で安藤と再会していた（「山口本治ファイル」、一九四七年四月十七日、17-56）。安藤はそこでのＧＨＱの「一問一答」形式の尋問の中で、「第二部六科でどのような実験が行われていたか」を問われた時、一〇〇部隊の第六科の隊員の氏名をあげて「彼らは実験で人間モルモットを使っていたことしか知らない」と微妙な返答をしていた。

このように紀野の手紙と安藤の「一問一答」のなかにあった「人間モルモット」という表現は、山口の自白の過程を考える点で決定的な要因になったように考えられた。しかし、山口の「自白」から浮かび上がった一〇〇部隊の「人間モルモット＝戦争捕虜」は結果的にロシア人や中国人だけで、「連合国の戦争捕虜」はいなかった。そのため、スミスは一〇〇部隊においてロシア人や中国人の「人間のモルモット」を使った「マルタ処分」は、とくに問題視しない結論に落ち着いたように思われた。

このような要因を取り込みながら、ＧＨＱ法務部の活動は一九四七年七月段階で、ＧＨＱ／Ｇ２のウイロビー少将の圧力によって、スミスの「山口本治ファイルについての覚書（一九四七年七月十七日、整理番

平成2年1月8日　紫　陽　第７５号 (12)

たが、相手が悪い。然も満州で細菌戦の真似事をやったという引け目もあるし、「何度でも来い。勝手にしろ」と前回の経験で「勝手知ったる他人の家」とばかりに二階へ行こうとすると「へーイ。何所へ行くのだ」とサージャンに呼びとめられ、兵一人が八階のスミス大尉室の証人控室に案内してくれた。入って見ると驚いた。百部隊で細菌関係を担当していた安藤中尉（農林省獣疫調査所から応召された）がいるではないか。「やあ。やあ」との挨拶から始まり京城以来のお互の話も簡単に交して、「所で少佐殿。私は始めてこんな所へ呼ばれたんだが、どんな事を訊かれるのでしょうか」と尋ねて来た。こんな控室では日本人同志で気を許してついつい秘密事項迄も私語する事を見透している先方は、多分秘かに盗聴マイクなどを忍ばせてあると考えられたので「まあ、そんなに心配する事はないさ。満州でやっていた通りの事を喋ればいいんだ」とさも老練の先輩らしく、二、三磊落ぶって教えてやった。（後日職業軍人公職追放令が解除になり昭和二七年農林省家畜衛生試験場に拾われて勤務する事になった時、安藤君はこの時の私の態度を場内の誰彼となく語ってくれた為、山口は豪胆な人物であるかの如く喧伝されて弱った。

待つ事約一時間、スミス大尉の室に呼び込まれた。約三〇坪ばかりの室の中央部に事務机があり正面に大尉と日系二世らしい軍属、その真向に山口が坐らされた。部屋の二つの出入口には何れも武装したMPが立哨し、小生の背後にも一人立っていた。大尉は私よりも頭一つ抜きん出ていて（小生も日本人としては背の高い方（一米七五糎）ではあるが）筋肉隆々の丸でヘビーウェイトのボクサーかプロレスラーみたいな壮漢である。

形の如き訊問から始まり京城籠城迄今まで何度か繰り返した答を、亦かと思いながらも述べると、「満州の百部隊で、捕虜の虐殺があったか」と来たので「今まで仙台、新潟、コックリル少佐の調べでも答えた通り、そんな事は軍馬の防疫を任務としている部隊ではあり得ない事だ。」多少薄ら笑交じりに返事をすると大尉はいきなり立上って「ユーアーライアー」「この嘘吐き奴」と叫んで拳を固めて小生の顔面を張り飛した。その力の凄さで眼鏡はフッ飛び、小生は椅子諸共床に仰向けにひっくり返った。背後にいたMPがすぐ抱き起し眼鏡を拾って手渡してくれたが、幸にも太いセルロイドの枠であった為と床にはリノリュームが敷いてあったので損傷はなかった。「聖書には、右の頬をぶたれたら左の頬を出せ、と書いてあるが米軍は拷問をしないと聞いているので、私はそんな事はしない。もしこれ以上やるなら俺はもう何も答えないぞ」と云ってやった。さしものスミスも態度を変えて、机上にあった高さ五十糎にも達する書類の束を示し「これは百部隊関係者二百名から取った調書だ。この中に山口が捕虜をやったという調書が二通ある。KとNという二人のものだ。お前はKとNを知っているか―と来た。「あ、矢張りそうだったのか。KとNが京城での俺の処罰を恨んで垂れ込みやがったんだな」と分かったので、「KとNがどんな事を喋っているか知らないが、若し米軍の都合が良ければ二人をここへ呼んでくれ。そして俺と対決させてくれ。」と要求した。そしてそれから約一時間以上二人の人柄、京城での軍律違反を細々と説明した。途中何度か二世の通訳が日本の軍隊用語、防疫用語の英訳に困り私と相談の上「こんな英語でよいのだろう」とのやりとりがあって、取調べ中彼（ミスター・タチバナという名である事を後で知った。）の態度が目に見えて好意的になって来た。そしてその日は新宿の裏通りに在る某紡績会社の社長宅に私を送り届け、（此の家は米軍が取り調べの証人を宿泊させる為借上げていた家で、別室には極東軍事裁判で米側の証人に立った田中元兵務局長や海軍の佐官数名が宿泊していた。）「明日か明後日K・Nが出頭次第山口も呼出すから何処にも外出はするな」と云いつけた。

そして翌々日であったか、呼出しがあり、勇躍明治ビルへと駆けつけた。例の調査室に入ってみると中央に卓球台二組を並べた様な大きさの机が並んでおり、一辺にスミスとタチバナ、その傍に山口が坐った。程なくして鹿児島からのKと青森からのNが我々と対向の一辺に着坐した。MPは先日より二名増えていた。KとNに対する人定質問が終り、ス

写真 20　山口本治「百部隊終戦始末記と後日譚」（『紫陽』第 75 号、1990 年、12-13 頁）

ミスが二人に「何か云う事はないか」と聞くや否や、Kは「山口君。もういい加減に白状したらどうだ。」と言った。一昨日以来K・N両名に対する怒りは抑えても抑えきれなかったのが、この言を聞くや怒心頭に発し、

「お前等に君呼ばはりされる必要はない。お前等の軍律違反は全べてスミス大尉に報告してあるんだ。京城で銃殺されなかったのを有難いと思え。お前等密告者は唾棄すべき輩だ。この共産党めが」と喚き散らした。（この頃世間では共産党の徳田球一が出獄して来て隠退蔵物資の摘発や退蔵者の曝露に狂奔していた。）するとタチバナが「ダキとは何だ」と聞くので「スピット」と答えると深く頷いた。更に小生はスミスに向って「今此奴らが白状しろと云った事柄をこれから説明したいが、この前にこの二人を退去させてくれ」と頼むと、OKとばかり二人はMPに守られて去った。するとその扉口からドヤドヤと四、五人のカメラ携行の軍属が闖入して来て、山口の真赤になっているであろう顔を撮り捲った。多分翌日のスターズアンドストライプス紙にでも「百部隊の元凶山口遂に吐いた」とでも載せるのだろうと凝然と見遣っていた。

その騒ぎが静まるや直ちに百部隊に於けるマルタ処分の経緯について陳述した。（大要は紫陽誌上に三友君が手記しているのと大同小異である。）「これは部隊のI技師がハルピンの特務機関からの依頼により、深夜秘かに二、三名の部下と共にした事で、その実際は山口も見ていない。I技師の独断専行でやったので、部隊長も百部隊別班平桜隊を海拉爾の特務機関に寄託してあるので、その義理から止むなく引受けざるを得なかったのであろうと付度しているが、本来軍馬、軍用動物の伝染病に対処すべき百部隊の任務からは大きく逸脱している事である。」と締め括った。スミスは「そんな程度の事を何故お前は頑強に隠していたのか」と来たので、「百部隊の№3の俺が喋ると当然若松部隊長、保坂中佐に累が及ぶ事になる。山口の線で喰い止めるなら、単なる噂話に過ぎないと思われるだろうと頑張って来たんだが。先程の密告者の二人を見ていると、ムラムラと知っている限りの真相をブチまけた方が、何時迄もあの二人に付け込まれないだろうと、思ったのだ。哀れ耿耿一片の素志を天よ憐れみ給え」と呟いた途端熱い泪がボロボロと流れてくるのを止める事は出来なかった。

「百部隊には米軍の捕虜は居なかったか。」「百部隊はおろか、全満州でも見た事も聞いた事も無かった。」更にスミスが「何か付け加える事はないか」と来たので即座に「ザッツ、オール」と答えたらタチバナも異口同音に「ザッツ・オール」とやったのでスミスは始めてニヤッと笑った。これを見て山口は「あゝ、これで巣鴨には行かないで済みそうだな」と心中秘かに思った事ではある。

そして夕闇の迫る頃タチバナは小生をジープに乗せ、新宿の宿舎に立寄り、身廻り品を受取らせた後、上野駅に向けて車を走らせ、RTOで村田行の便を計らってくれた。その途中での彼のタドタドしい日本語を引移すと次の様であった。「自分はアメリカで父（日本人）から日本の軍人には昔気質のサムライが多いからお前の仕事はムツカシイだろうと云われて来た。ここで戦犯容疑者を調べた限りでは大部分の者が自分の保身に汲々としたり或いは最初からワアワア泣き叫ぶなど、とてもサムライ所ではない者が多い。山口を調べる事になって漸くサムライらしいのはこれかも知れないという気がして来た。」ホームに向けて歩き出す山口に彼は「身体に気をつけて長生きしろよ。グッドラック！」心なしか彼の眼も潤んでいる様だった。其処にはお互敵対国の人間ではなく、同じ日本民族の血が流れている者同志、共感の様なものがあった。「血は水よりも濃い」との思いが沁みじみと胸内に溢れて来た。

その後間もなくして小生の許へ来る郵便物は二度と開封されなくなった。

（おわりに）

嘗て身近にあった人達が、一人逝き、二人欠けて此の世に残る者が次第に少なくなり、一体これから先、何人が生き抜くのかとの思いが胸裡を駆け抜ける様になった今日此の頃、満州での隠密行動の間に味わった辛苦や恨みつらみの一切を恩讐の彼方に流し去り、私が死んだら三途の河原で「綏紛河小唄」でも唄

9.39)」のなかに書かれていた結論「紀野と西村の両人が面接と会話のやり取りで示唆した申し立ては伝聞証拠の域を出ず、そして両告発人のいずれかの所有物に決定的証拠がないことが判明した」という記述に落ち着き、一〇〇部隊に対する人体実験疑惑の調査はすべて終了したと考察した。

スミスは一九四七年四月段階で、山口の「自白」によって一〇〇部隊の人体実験疑惑の顚末を知ることができ、同時に「連合軍の戦争捕虜」が使われなかったことも確認できた。そのため西村の手紙二通による人体実験疑惑の告発は、取り調べの過程で「噂の範囲」を超えることはできず、「山口本治ファイル」にある山口の尋問記録は最初の二回だけの尻切れトンボの形で収束せざるを得なかったように考えられた。

山口本治「後日譚」のなかには、これまで推論したように戦後におけるGHQ／LS（法務部）の一〇〇部隊調査に関わる戦後史の闇が隠されていた。これまで米ソ冷戦の下でGHQ／G2による圧力があったなかで、法務部の一〇〇部隊の調査がなぜ中途半端のままに終了したのか、これまで「山口本治ファイル」だけでは容易に解けなかった謎が、繰り返しになるが山口本治に対する「峻烈な取り調べ」の結果から明白になった。

二　帝銀事件『甲斐捜査手記』から浮上した一〇〇部隊の実態

某隊員のメモ「第二部六科の研究と実験」なかに、七三一部隊の安達（アンダー）実験場で、フクシンによる家畜への空中散布実験が取り上げられていた（内容は前節を参照）。この空中散布実験の関連から一〇〇部隊の「家畜に対する細菌戦謀略」を取り上げ、そこに繋がった将校・技師たちの戦中と戦後の実態を、一九四八年に起きた帝銀事件の『甲斐捜査手記』にある一〇〇部隊の捜査記録と「井田清の手紙」を参照、異なる視点から一〇〇部隊の実態の解析を試みた。

一九四四年四月、一〇〇部隊に第二部六科が新設された後に、ハバロフスク軍事裁判の被告であった平桜全作・獣医中尉は、「海拉爾（ハイラル）に兵要地誌調査に派遣され、この地域の家畜の放牧状況、頭数、河川

氏名	生年月日等	役種 兵種官	戦後の主な勤務先	2000 年 3 月 現在の連絡先*	特記事項 （卒業校、学位、その他）
松井経孝	1916/2/3 生	技師十一級	東京都衛生局	330-0841　埼玉県大宮市東町 2-250（0486-41-6687）	1945 年　総務部調査科
神原昭夫	1915/12/18 生	獣医大尉		164-0014　東京都中野区南台 3-31-15-106（03-3381-5738）	1945 年　総務部・調査科 中野学校出身（軍歴簿に記載）
野本貞夫	1916/11/16 生 1995/5/2 没	獣医大尉	埼玉県畜産試験場長	331-0044 大宮市日進町 2-211　夫人・野本泰子（048-665-1854）	東京帝大農学部獣医学科卒　1944 年中野学校卒　1945 年　総務部調査科 戦犯として 11 年間ソ連抑留（1956 年 12 月帰国）、自費出版『幾星霜』（1996）
鳥羽秋彦	1986/2/　没	獣医中尉	家畜衛試東北支場 東北大学農学部教授（衛生学）	151-0063 東京都渋谷区富ヶ谷 1-49-3（03-3467-7064）	東京大学農学部獣医学科卒　東京大・農学博士　弘前大・医学博士 行動概見表に記載なし 帝銀事件の捜査記録に名前

基本データ：獣医将校と技師の氏名は、[『留守名簿　関東軍防疫給水部』、『留守名簿（支那）　北支那防疫給水部・甲第 1855 部隊』、『留守名簿（南方）　南方軍防疫給水部・岡第 9420 部隊』、『中支那防疫給水部及び南支那防疫給水部に関連する部隊の留守名簿』、『留守名簿　関東軍軍馬防疫廠』から抽出できた軍医将校、技師、技術将校、嘱託、薬剤将校、看護婦、獣医将校等]（西山勝夫、15 年戦争と日本の医学医療研究会会誌、19（2）、41-45、2019）を参照

参考資料：1. 100 部隊編成表（1941 年 4 月）、三友一男、『細菌戦の罪』、泰流社、27 – 29, 1987
2. 昭和 19 年度陸軍技術研究会発表事項抄録、陸軍獣医団報　418、197-215、1944
3.『獣医学人名辞典』、日本獣医史学会、2007
4.『紫陽会名簿　会員軍歴簿付』日本陸軍獣医部史別冊、紫陽会、2000 年 3 月
5. 関東軍 100 部隊編成表（1944 年 7 月 - 1945 年 8 月）、GHQ/LS の Neal R. Smith の手書きメモ（整理番号 17-64）
6.『関東軍軍馬防疫廠行動概見表』国立公文書館『部隊資料　関東軍技術部（徳 25295 部隊）行動概見表　昭和 26 年 1 月 30 日調整』（請求番号：平 29 厚労 04313100）内に綴込

注＊：　2003 年 3 月現在の連絡先は、紫陽会名簿に記載されている。

表２　100部隊で細菌戦謀略に関与した獣医将校・技師

氏名	生年月日等	役種 兵種官	戦後の主な勤務先	2000年３月 現在の連絡先*	特記事項 （卒業校、学位、その他）
若松有次郎	1897/2/1生 1977/3/23没	獣医少将	日本医薬工場長	182-0012東京都調布市深大寺東町8-5-9　夫人・若松楠緒子 （0424-83-2149）	東京帝大農学部卒　東京大・農学博士
保坂安太郎	1908/9/29生 1997/2/10没	獣医中佐	東芝製薬（株）常務取締役	223-0064　横浜市港北区下田町2-15-13（045-561-3358）	1945年　第２部長・第６科長 東京帝大卒　麻布獣医大・獣医学博士
山口本治	1915/1/18生 2006/9　没	獣医少佐	農林省家畜衛試・技術連絡科長　新潟大学農学部家畜管理学科教授・農学部長　紫陽会幹事	244-0803横浜市戸塚区平戸町角田401-151 （045-824-3287）	1945年　第６科長・第１部長、第３部長 東京帝大農学部獣医学科卒　東大・農学博士 退官記念本・『馬骨啾啾』
町田時男	1919/12/24生 1993/4/4没	獣医大尉	長野県農業講習所 協同乳業（株）常務	192-0912　東京都八王子市絹ヶ丘3-36-7（0426-76-9615）	北佐久農業学校獣医科卒、三友一男と接点 1945年　第２部第６科
川西信彦	1918/8/1生	獣医大尉			1944年７月　新京第１陸軍病院入院（行動概見表）1945年　第２部６科
黄木壽之	1920/9/29生 1994/6/17没	獣医大尉	北海道上川共済・臨床獣医師 ホクレン部長	071-8121　北海道旭川市末広東１条2-8-6（0166-51-6185）	1945年　第２部第６科
佐々木文存	1915/9/18生 1991/7/24没	獣医中尉	京都微生物科学研究所・社長	611-0031　京都府宇治市広野町幸山28-4（0774-43-4344）	1945年　第２部第６科 留守名簿・行動概見表に記載なし
井田　清	1907/5/5生 1957/5/29没	技師高四			北海道帝大農学部（畜産学科or農業生物学科）1930年卒　伝染病研究所を経由して1941年第２部第１科長 1945年総務部調査科長
満田昌行	1909/5/27生	技師高六		820-0206　福岡県嘉穂郡稲築町鴨生枝　板（0948-42-2167）	1945年　総務部調査科、第２部第第６科

や湿地帯の状況調査を行った」。平桜は、「日ソ開戦でソ連軍がこの地域に侵入した場合、この地域にいる家畜の群を炭疽菌あるいは牛疫や羊痘に汚染（感染）させ、敵に利用されることを阻止する作戦が立案されていた」と、ハバロフスク軍事裁判で供述していた。さらに一九四五年、ハイラル特務機関に派遣された一〇〇部隊の平桜別班は、八万円で羊五百頭、牛五百頭、馬九十頭を購入、それらを「飛行機による家畜感染」を計画していたとも述べていた。[26] これらに関連した細菌戦謀略の具体的準備行動が、一九四四年九月、七三一部隊の安達（アンダー）野外実験場で第二部第六科が総力を挙げて取り組んだ航空機による低空からの牛疫ウイルスの野外散布実験と考えられた。

さらに『細菌戦の罪』に記載されていた牛疫ウイルス材料の準備と実験工程を記すと、牛疫ウイルスに感染・発病した子牛（犢）の肉をミキサーで粉砕、それをグリセリン溶液で希釈して肉汁を作成した。その材料を七三一部隊の専用機に装着、放牧家畜の群れを想定し、低空から噴霧する散布実験であった。これらの事実は、町田時男・獣医中尉に対するGHQ／LS（法務部）による一問一答形式の尋問記録[27]（「山口本治ファイル」一九四七年三月十七日、整理番号9.29）と伴繁雄『陸軍登戸研究所の真実』にある久葉昇・獣医少佐の手記[28]ですでに明らかにされていた。野外実験に参集した獣医将校と技師らの顔ぶれは、第六科の構成メンバーが総力を挙げて取り組んでいたことが表2の一覧表にある名簿でも明らかであった。

一〇〇部隊の細菌戦謀略に関して収集したこれまでの資料を整理し、関与した獣医将校と技師の一覧表を作成した。基礎データは一〇〇部隊留守名簿を基本に各々の関連資料から情報を補足した。主要なメンバーは第二部第六科と総務部調査科所属の隊員である。これらの獣医将校と技師たちが、一九四三年以降、部隊の細菌戦謀略の企画、連絡・調整、研究、実験、野外演習などの実務を担当していたと思われた。

総括責任者（部隊長）の若松有次郎・獣医少将は別として、第二部第六科に所属する保坂安太郎・獣医中佐、山口本治・獣医少佐、町田時男・獣医大尉、川西信彦・獣医大尉、黄木壽之・獣医大尉、満田昌行・技師、佐々木文存・獣医中尉ら全員が表に含まれた。このほかに一〇〇部隊で細菌戦謀略全体の企画と連絡調整を担当した調査科長の井田清・技師と、調査科所属の陸軍中野学校出身で一九四五年十二月に関東軍参謀二課から異動した野本貞夫・獣医大尉の他に、神原昭夫・獣医大尉（中野学校卒）と松井経孝・技師を表に含めた。表の最後に追加した鳥羽秋彦・獣医中尉は、一九四〇年七月の関東軍軍馬防疫廠・職員表で一〇〇部隊所属が確認されていた。

鳥羽は、『細菌戦の罪』に記載されていたように、鼻疽菌の菌体成分を分析するために大量の鼻疽菌を受領していた。[29]また一九四八年の帝銀事件の『甲斐捜査手記』に、一〇〇部隊における毒物鑑定の専門家として名前が登場した。また、多くの技手や雇員・傭員が第二部第六科の実験室補助員として実験などに従事していたが、三友一男以外の氏名は記録がなくわからなかった。山口本治・獣医少佐と町田時男・獣医大尉は、これまで共著で経歴や尋問記録をとりあげてきた。この一覧表を見てわかるように、調べた範囲ではまったく情報が集まらない関係者もかなり存在していた。

『甲斐捜査手記』に登場した鳥羽秋彦と井田清

一瀬敬一郎弁護士のご厚意で、平沢貞道弁護団所蔵の『甲斐捜査手記』の中から一〇〇部隊関連の資料を閲覧させていただいた。

帝銀事件の捜査記録に一〇〇部隊が初めて登場したのは、山田朗『帝銀事件と日本の秘密戦』（新日本出版社、二〇二〇年、一六六―一六七頁）によれば、当時の東京都北多摩郡小平町（現在の東京都小平市）にある獣疫研究所〔農林省家畜衛生試験場〕に勤務していた川島秀夫〔秀雄〕からの聴取で百部隊の存在が判明（四月八日）と書かれていた。以下、『甲斐捜査手記』別巻八八―八九頁にある川島秀雄が話した内容について文字起こしの資料を示す。

代々木富ケ谷町一五一七　元獣医大尉鳥羽秋彦（四十二才）は終戦迄満州の百部隊に所属して居った。百部隊は特殊部隊であって、少数の将校、下士官、技師、技手、雇員等で編成され　其任務は　化学科（毒物の鑑識）鳥羽は毒物鑑定に従事した
第六課（謀略）毒物と細菌によるもの
技師　井田清が謀略の方を担当す
井田の事に就いては獣医畜産の教師　小野　豊に聴けば判る
備考　井田清は過日本事件に就き本廰本部に出頭　小山田警部補に情報を提供したものである

聴取された内容は、「鳥羽が毒物鑑定に従事」していたばかりでなく、「井田清が謀略を担当」していたと書かれていた。しかも備考に記されたメモ書きに注目すると、井田が帝銀事件の捜査本部に自ら出頭し、本人が情報提供をしたことが記されていた。井田は、捜査本部で一〇〇部隊の第二部第六科（細菌戦謀略の連絡・調整部門）の内容を自ら明らかにすることで、捜査当局の追及をかわす意図があったかどうか？　動機はよくわからない。一九四八年当時は米ソ冷戦が始まり、中国における国共内戦によるGHQ占領政策の転換など、政治情勢との関連で井田の捜査本部に出頭の背景と動機を解明することが重要と思われた。その外に『甲斐捜査手記』第六巻七頁に、以下のように書かれていた。

百部隊関係　一、前報　井田清の勤先〔東京都〕京橋区京橋二ノ一四　明治屋本店に尋ねた処、前には同店の顧問であったが最近では出入りがない

とあり、捜査班が井田に接触を試みたが結果的に面会できなかったと記載があった。

鳥羽秋彦は聴取で一〇〇部隊の全容を暴露

『甲斐捜査手記』第五巻五八〜六一頁に、以下のように書かれていた。

第百部隊　鳥羽秋彦から聞いた
関東軍軍馬防疫廠
少将　若松有次郎
当時総務部長大佐　高橋富〔雷〕次郎
機構　一部　検疫
二部　研究部
第一部は十六年七月頃野戦防疫廠として独立　其頃　鳥羽関係なし
鳥羽は第二部に属す
第二部長　辻大佐
事務長格　技師　村本鉄弥　[redacted]
辻大佐の次の部長　中山中佐　細〔保か〕坂安太郎　終戦直前　三沢中佐
第二部は一科〜六科まであり本件関係六研、
一科　細菌　二科　病理　三科　厩　四科　化学　五科　植病理学
六科　秘密の科で何をやっていたか不明

六科々長　一科細菌部門もやり〔?〕であった　技師　井田　清
隊員は百名位　内五十名軍人他　技師技手属（属傭を含み）
大量に人を殺すのが専[redacted]　二十人三十人殺すのは考へなかった（麦の黒穂病も研究）
六課〔科〕の事を聞くには若松隊長のキモイリで属官である山口藤三〔蔵〕に聞けばよい
代々木初台六五七に現住す　務先　浅川日本獣医師会浅川分室（日本生物科学研究所とも称す）
更に　◎山口藤三〔蔵〕に就いて
二科長　技師　◎小野豊　務先　武蔵境日本獣医畜産専門学校
第二部長　細〔保〕坂安太郎（東京にいるものでは一番よく知っている）
東京芝浦で経営する芝浦生物化学研究所に勤めている
◎本人に聞けば判るだろう

鳥羽はこの聴取で一〇〇部隊の組織と役割をすべて暴露していた。一〇〇部隊の実態は、ハバロフスク軍事裁判（一九四九年十二月）の公判記録で公表される以前は、一般にまったく知られない存在であった。しかし一九四八年の段階で、鳥羽の聴取の結果から一〇〇部隊の全容が明らかにされていた。しかし、実際は森村誠一『悪魔の飽食』（一九八一年）や三友一男『細菌戦の罪』（一九八七年）が出版されるまで、実態はほぼ闇の中の存在であったと思われた。

井田清の某隊員に宛てた手紙を解読

三友一男は『細菌戦の罪』のなかで、井田清について以下のように述べていた[30]。

「科長の井田技師は、一〇〇部隊のなかでも特異な存在であった。昭和十八年、一〇〇部隊に細菌兵器の開発が指令されるまで、細菌謀略に対する実験、研究を企画、指導していた中心人物がこの人だったのである。井田技師は北海道大学で応用化学を修めた後、ヨーロッパ、主としてドイツに留学していたが、その時代に細菌戦について関心を抱いたようである。帰国後伝染病研究所に勤務し、結核の研究等を行っていたが、一〇〇部隊が創設された翌年、高級廠員並河中佐によって研究員として迎えられた。私が入隊した当時は一科の科長職にあったが、「関特演」表面的な役職についていない。井田技師がどのような任務を帯びて、何処で何をしていたか、部隊でも知っている人は」すくない。……（中略）……部隊の中枢にあって細菌戦の準備に参画していたことが窺がえるが、こうした傍ら、軍司令部の第二部（関東軍参謀第二部）を始め、特務機関、憲兵隊、七三一部隊、五一六部隊、陸軍中野学校等との連絡に携わっていた。」

今回、匿名読者から送られた資料に井田清の手紙（一九五二年五月二日付）が含まれていた。それを手始めに総務部調査科長・井田の戦後の細菌戦謀略活動の軌跡を辿ってみたい。

井田清から某隊員に送られた直筆の手紙の写し（前半部分）を示した。手紙の解読は癖のある悪筆で非常に困難を極めた。手紙から重要と思われる部分を拾い出してみた。最初の二行目から五行目に「ハルビンのオヤジの土居（明夫）さんと大陸問題研究所というのをやって居ますが、君を招く様には仲々なりません。いつも心掛けて居ますから資金が入れば各個人の自分の立場を確保しながら色々な政治問題を研究して行く様にしたいと考えて居ます。」

「満州当時の件は最大漏らさず、平櫻（全作）と三友（一男）両君が陳述して居ます。仕方がないでせう。国家の機密ですから個人でクヨクヨ苦しむに当たりません。もっと強く共産主義に対抗するものを心に燃え立たせなければならないと考えて今色々と書きものをやって居ます。月一回の研究会も進めてゐます。」

手紙の原文は示さないが、後半部分は、以下のようになっていた。

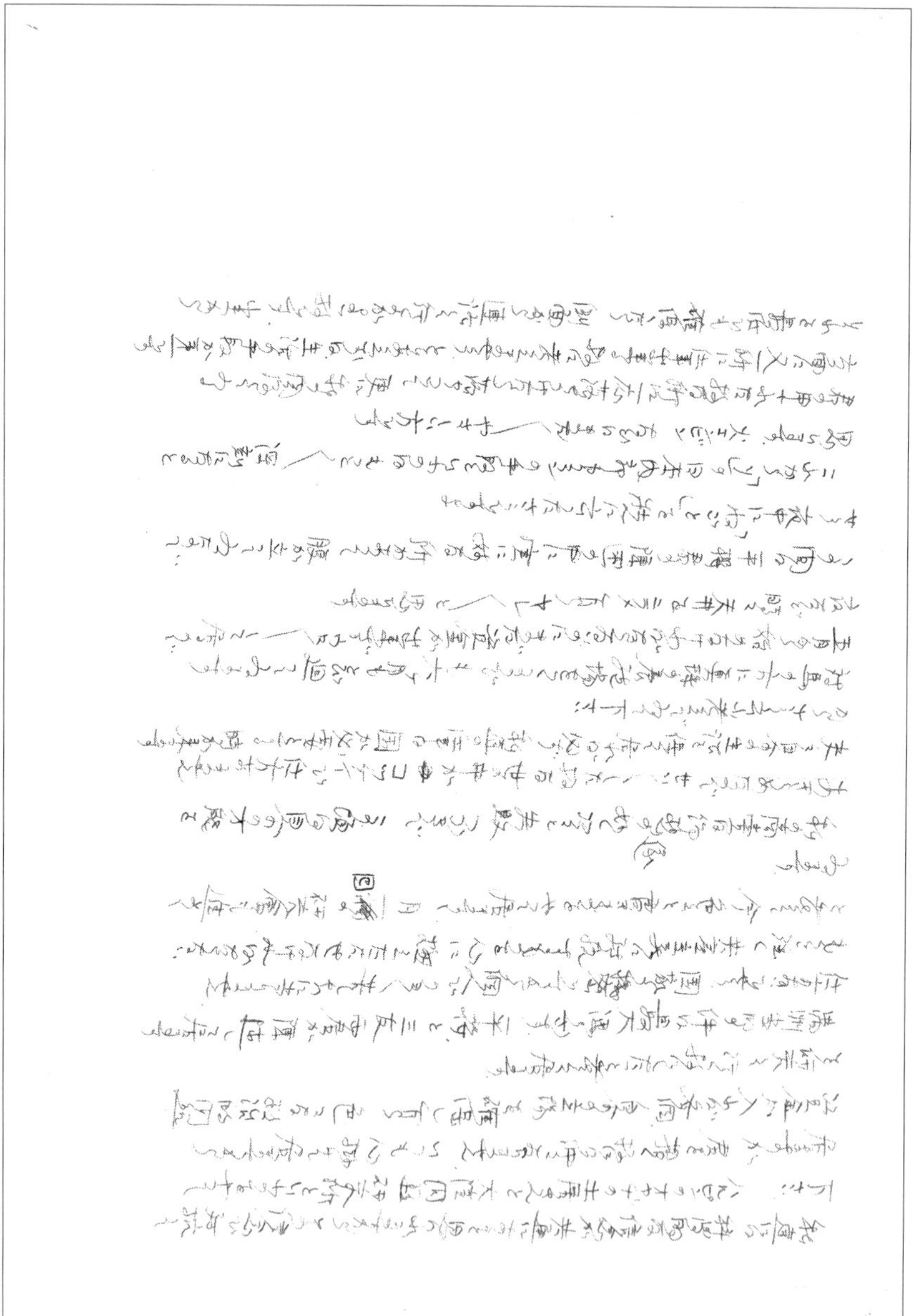

写真21　井田清が某隊員に宛てた手紙（前半部分）

小生は其后アメリカの「スパイ」だとうわさが立つていますので皆が嫌う様です。小生には小生の独自の考えで特殊な仕事をし自分の良心によってやって行きますから、スパイでも何でも結構と考えて居ます。余り日本中を歩き廻るのでさういう事になったのでせう。

ハルビンの特務の連中も誰一人未帰還です、三河の連中〔陸軍中野学校二股分校出身者〕も皆んな裁判に出て居ます。こんな深刻な悲劇を誰が想像する事が出来たでせう。『ソ』次に打つ手は抑留者を次々に帰国させて「民心離反の工作」を講ずると云う所でせうね。

そして最後は、以下のように括っていた。

上京の日を予めしらせて置いて下さい。東京の庄司君の所の電話などおしえて下されば連絡とります。

不一

大兄　　井田生　　S27.5.2

手紙の冒頭にある「ハルビンのオヤジ」は、一九四二年七月に関東軍情報部長であった土居明夫[31]をさしていた。土居明夫は戦後の一九五一年三月、大陸問題研究所を設立、一九七六年三月まで所長を務めた。井田清は恐らくこの研究所とつながりがあったと思われた。一九四九年十二月、平桜全作と三友一男はハバロフスク軍事裁判の被告として、一〇〇部隊が行った細菌戦謀略や人体実験について法廷で陳述していた。手紙の中で、井田は「仕方がないでせう」「国家の機密ですから」と、内容について問題視する気配はまったくみられなかった。井田の戦後の活動状況は、『留守名簿』以外に日本に戻った後の資料が見つからないため、全くわからなかった。しかし、手紙からは井田が米軍占領下で独自の立場で「反ソ・反共謀略」活動に邁進している様子だけは知ることができた。手紙は、一〇〇部隊の細菌戦謀略や人体実験を匂わすような文言はまったく書かれていなかった。

付録――井田清は北大山岳部創設期のメンバーだった

その後、井田清について情報検索を進める過程で、北大山岳部のホームページを参照したところある記事を見つけた〔北海道大学山岳部・山の会–井田清氏のピッケル（hokudai.ac.jp）〕。これをきっかけに山岳部関連の過去の資料をすべて探索、井田について以下のような情報を収集した。

北大山岳部々報八号（一九五八年）の物故者略歴（一九四〇～一九五九年）に井田清の略歴があった。

明治四十年五月五日生まれ、昭和元年四月北大予科入学　同三年四月農学部農業生物学科入学　同五年三月卒業、同年四月農学部農芸化学科応用細菌学教室副手、同七年スイス、チューリッヒ大学農学部細菌学教室留学　帰国後抗生物質研究所理事　同三二年五月二九日死去

と記載されていた。

また、北大山の会会員名簿二〇〇二年一〇月版（北大山の会発行・非売品）一〇頁にある創立時から一九二一年入部までの会員名簿リストのなかに、

山岳部内のニックネームは「ダッチョ」、部員章番号91、１９３０年農学部畜産学科１部卒、１９５７年

5月29日死去

となっていた。井田の農学部卒業が畜産学科あるいは農業生物学科のどちらかは今後調べる必要がある。このように、井田清は北海道の山々にあこがれ、青春を謳歌した北大山岳部の典型的な山男の一人であった。大学卒業後はヨーロッパに留学、伝染病研究所の技手を経て「満州」に渡り、一〇〇部隊に技師として着任した。『細菌戦の罪』で、三友が記述していたように、一〇〇部隊の細菌戦謀略活動に狂奔するようになった。戦後も、某隊員宛の手紙にあったように「アメリカのスパイ」と呼ばれても反ソ・反共謀略活動に邁進する井田とはどのような人物であったのか？　一九五七年五月二九日死去（享年五十歳）は、山で鍛えた人間としては少し若すぎる死であった。

三　関東軍軍馬防疫廠（一〇〇部隊）隊員の博士論文の考察

一〇〇部隊における細菌戦や人体実験の関りを研究内容から分析する一助として、隊員が取得した博士論文の解析をした。西山勝夫編『留守名簿　関東軍軍馬防疫廠』（不二出版、二〇一九）に記載された博士論文をはじめに参照した。これまで隊員十一名の博士論文授与が記載されていた。西山の考察によれば、博士論文はいずれも戦後の授与であった。さらに、調査を進めた結果、新たに六名の授与歴が確認され、今回、合計十七名を一覧表にまとめた。

一〇〇部隊の学位取得者十七名の経歴の内訳は、獣医将校十一名、技師四名、技手二名でであった。取得年代別は一九四五年が二名、一九四六年が一名、一九五〇年代が六名、一九六〇年代が七名、一九七〇年代が一名であった。博士号の内訳は、農学博士が九名、獣医学博士が三名、医学博士が五名であった。西山が指摘した七三一部隊の医学者・技師の場合と異なり、獣医将校・技師は一〇〇部隊に配属前あるいは配属中に授与された者はなく、すべて戦後の取得であった。

また、一〇〇部隊の特徴として獣医将校と技師以外に、部隊で研究と実験業務に従事していた技手二名が学位を取得していた。さらに、一〇〇部隊は軍馬の鼻疽の診断・予防に関連した研究に重点が置かれていた関係で、鼻疽に関わる学位論文が多いように思えたが、実際には並河才三、若松有次郎と渡辺守松のわずか三名だけであった。今回は、敗戦直後の一九四五年から一九五〇年までの間に学位を取得した四名の論文内容について精査した。

技師であった小野豊が最も早く、一九四五年九月に北海道大学から獣医学博士を取得していた。小野は獣医病理学の研究者で一〇〇部隊における病理解剖と病理組織学の中心的存在であった。学位論文名は「牛のジフテリ性腎盂腎炎の病理発生に就いて（原文はドイツ語）」であった。敗戦直後の勤務先は、東京・武蔵境にある日本獣医畜産専門学校（現・日本獣医生命科学大学）で、その後、神戸大学農学部教授に異動した。

並河才三は、関東軍軍馬防疫廠の初代廠長（一〇〇部隊長）、第六軍獣医部長、北部軍獣医部長を歴任した獣医大佐で、「満州」時代を含め約二十年にわたり軍馬を実験動物に使用して鼻疽研究に関わってきた。並河は北海道で敗戦をむかえた。一九四五年十二月、北海道大学で取得した獣医学博士の論文「馬の鼻疽免疫に関する研究」は、①馬と各種動物に対する鼻疽菌の毒力、②満州馬に対する鼻疽菌感染と免疫の関係、③免疫法の実験的方法の内容から構成されていた。並河は関東軍軍馬防疫廠在任中に『満州獣医畜産学雑誌』に数多くの研究報告があり、高級廠員として鼻疽感染馬を用いて治療・免疫法などの実験研究に没頭していた。

若松有次郎は、一九四六年五月に東京大学で農学博士を取得した。一〇〇部隊の最後の部隊長で獣医少将であった。学位授與認可の文書（昭和二十一年四月十日付）を参照すると、論文「『マレイン』の薬理学的研究」は、日本獣医学雑誌2(3)、一九四一年の投稿論文から構成されていた。その投稿論文を参照すると、若松の所属は陸軍獣医学校となっていた。

内容は、鼻疽診断液（マレイン）に対する抗原抗体反応の機能を生きたモルモットの心臓を用いて調べる実験薬理学の論文で、共同研究者はここからは確認できなかった。現役の陸軍高級将校が、戦争末期にこのような緻密な実験操作を必要とする学術論文をまとめていたことは常識では考えられなかった。

しかも一〇〇部隊が「満州」から日本に敗走する時、様々な問題を未解決のまま、例えば、北朝鮮・定州に一〇〇部隊の一般隊員の家族五百名が留め置かれ、生まれたばかりの幼児などに多数の犠牲者を出した。部隊長としての道義的責任も問われるような人物であった。さらに戦後もＧＨＱからＢＣ級戦犯の疑惑を懸けられており、解明すべき問題は数多く残されていた。

最後に渡辺守松は、「鼻疽結節形成機転に関する研究」で東京大学から農学博士を授与された。戦前の農林省獣疫調査所出身で、戦後は農林省家畜衛生試験場で研究を継続した獣医学研究者であった。獣疫調査所から応召で「満州」にあった第十五軍馬防疫廠を経由、一〇〇部隊に所属した。鼻疽研究は獣疫調査所時代から継続して行っていた。

『細菌戦の罪』に掲載されていた「昭和十九年度陸軍獣医部会発表事項」に鼻疽研究の課題で氏名があり、一〇〇部隊における鼻疽研究の中心的存在であった。渡辺は一〇〇部隊在任中に脊椎カリエスを発病、帰国時期は不明だが部隊を離れ日本に戻っていた。その関係で『留守名簿　関東軍軍馬防疫廠』に氏名が掲載されていなかった。渡辺は一〇〇部隊所属時に鳥羽秋彦と共著論文（渡辺守松・鳥羽秋彦「鼻疽菌菌体成分に関する研究」日本獣医学雑誌 ,6,207-228,1944）があった。

このように一〇〇部隊において研究に関わった獣医将校・技師たちはいずれも恵まれた特権的地位にあり、潤沢な研究費と軍馬を含む各種実験動物を十分に確保しながら博士論文をまとめる機会に恵まれていたと考えられた。これが敗戦後まもなく博士論文を取得できた理由のひとつと思われた。しかし、敗戦後の社会が混乱

氏名	生年月日	役種兵種官	戦後の主な勤務先	卒業校、学位（授与年月日）	論文名
佐々木文存	1915/9/18	獣医中尉	微生物化学研究所（京都微研）・社長	神戸大学・医学博士（1961/3/24）	狂犬病ウイルススの幼若ニワトリに対しする毒性についての実験的研究
村上　豊	1912/8/18	技師高六	広島大学教授	東京帝大大学院卒 東京大学・農学博士（1961/6/30）	養魚池におけるタマミジンコの繁殖に関する研究
山口本治	1915/1/18	獣医少佐	農林省家畜衛生試験場 新潟大学農学部教授・農学部長	東京帝大農学部獣医学科卒　東京大学・農学博士（1969/6/2）	家畜の結核ならびに家畜のツベルクリンに関する研究
保坂安太郎	1908/9/29	獣医中佐	東芝製薬（株）常務取締役	東京帝大農学部獣医学科卒　麻布獣医科大学・獣医学博士（1974/1/21）	閉経期婦人尿性性腺刺激ホルモンの生物学的並びに理化学的研究：特に抽出および精製法について

基礎データ：西山勝夫編『留守名簿　関東軍軍馬防疫廠』（不二出版、2019年）の表5－3.「博士の授与歴のある関東軍軍馬防疫廠隊員」（11名）を参照、それ以外の隊員6名の学位授与歴は、国会図書館オンラインのデータベースの「記事・論文」を独自に検索して補足。

表３　関東軍軍馬防疫廠 (100 部隊) 隊員の学位論文

氏名	生年月日	役種兵種官	戦後の主な勤務先	卒業校、学位（授与年月日）	論文名
小野　豊	1908/4/5	技師高四	日獣大教授　神戸大学教授	北海道帝大農学部畜産学科第２部卒　北海道大学・獣医学博士（1945/9/14）	Uber die Pathogenese der Pyelonephritiis Diphtherica Bovis
並河才三	1895/11/25	獣医大佐	用賀ヒラシキン研究所	盛岡高等農林学校卒　北海道大学・獣医学博士（1945/12/27）	馬の鼻疽免疫に関する研究
若松有次郎	1897/2/1	獣医少将	日本医薬工場長	東京帝大農学部獣医学科卒　東京大学・農学博士（1946/5/20）	「マレイン」の薬理学的研究
渡辺守松	1910-1996	獣医中尉	農林省家畜衛生試験場 研究第二部長	東京帝大農学部獣医学科卒　東京大学・農学博士（1950/1/7）	鼻疽結節形成機転に関する研究
鳥羽秋彦		獣医中尉	農林省家畜衛生試験場 東北大学農学部教授	東京帝大農学部獣医学科卒　東京大学・農学博士（1952/.5/28）	Sabortivo-equina 菌体成分ノ免疫学的研究
加藤久彌	1911/1/24	技師高五	岩手大学農学部教授、 岩手大学学長	東京帝大農学部獣医学科卒　東北大学・農学博士（1954/2/19）	放線状菌 No.212 株の抗菌性物質に関する研究
五島治郎	1913/3/17	獣医少尉	名古屋大学教授	東京帝大農学部獣医学科卒　東京大学・農学博士（1955/11/15）	山椒（Xanthoxylum piperitum De Candolle）の有毒成分に関する研究
成田武四	1913/7/18	技師高六	北海道農業試験場	北海道帝大農学部卒　北海道大学・農学博士（1957/3/22）	北海道における馬鈴薯細菌病に関する研究
安藤敬太郎	1921/7/7	獣医少尉	農林省家畜衛生試験場 北海道支場長	麻布獣医専門学校卒　東邦大学・医学博士 （1959/9/18）	ブタ丹毒菌の増殖に及ぼす Tween80 の影響に関する研究
財前旭夫	1907/3/25	獣医大尉	日本生物科学研究所	盛岡高等農林学校卒　東京医科大学・医学博士 （1960/12/6）	マウスから分離された Corynebacterium Multisepticum について
佐藤卯三郎	1915/10/17	獣医中尉	農水省動物医薬品検査所室長	東京高等農林学校卒 日本大学・農学博士 （1960/3/15）	豚コレラの変性ウイルスに関する研究
西村　武	1914/11/29	技手		日本高等獣医学校卒 福島県立医大・医学博士（1960/3/31）	Colony Selection（集落選択）による Diphtheria 菌の強毒株の分離について
磯田政恵		技手	日本獣医畜産大学教授	日本医科大学・医学博士（1960/11/4）	肝蛭感染予防に関する研究

する時期に学位論文をまとめて出身大学に提出した思惑に何があったのか、とくに若松有次郎は不明な点が数多く残されていた。

注

（1）加藤哲郎・小河孝『731部隊と100部隊』（花伝社、二〇二二年）一九〇―二一四頁。

（2）朝鮮アサガオ（自然毒のリスクプロファイル：高等植物：チョウセンアサガオ―厚生労働省（mhlw.go.jp））によれば、毒性成分はヒオスチアミン hyoscyamine，スコポラミン scopolamine などのトロパンアルカロイドで、一般に副交感神経抑制作用，中枢神経興奮作用を示すと記載。

（3）『細菌戦用兵器ノ準備及ビ仕様ノ廉デ起訴サレタ元日本軍人ノ件ニ関スル後半書類』（モスクワ・外国語出版所、一九五〇年）一〇九頁。

（4）前掲『731部隊と100部隊』（花伝社、二〇二二年）二〇七―二一三頁。

（5）同前、二〇〇―二〇六頁。

（6）鼻疽は、ウマ科の動物（馬、ロバ、ラバなど）に感染する家畜伝染病で、ヒトにも強い病原性を示す人獣共通感染症。自然感染は病馬の分泌物で汚染された飼料や水を介して感染・伝播する。馬集団に鼻疽菌が新しく侵入した場合、爆発的流行を起こし感染馬は敗血症で一～二週間で死亡する。戦前の「満州」のような鼻疽の常在地では多くの集団が慢性ないし不顕性感染に移行し、感染馬は微熱を繰り返し、痩せ、やがて死亡する。馬における鼻疽の簡易診断法は、一般臨床検査の他にマレイン診断液を馬の下瞼に滴下し、眼瞼のアレルギー反応の有無で感染を確認する（写真の鼻疽陽性馬を参照）。確定診断は経過観察や他の血清診断を組み合わせる。鼻疽に対するワクチンや抗血清はない。感染馬は直ちに殺処分が法令で定められている。現在、中近東とブラジルの一部地域を除いて、世界的に発生がない。

（7）加藤哲郎・小河孝『731部隊と100部隊』（花伝社、二〇二二年）、一四六―一四七頁の表3と三友一男『細菌戦の罪』（泰流社、一九八七年）三一―四一頁。

（8）炭疽は、好気性、グラム陽性、芽胞形成、桿菌である炭疽菌（Bacillus anthracis）によって、牛、馬、羊などの草食動物に急性敗血症を引き起こす家畜伝染病。潜伏期は1～5日。感受性動物の範囲は広く、雑食、肉食動物を問わず多くの野生動物が感染し、重篤な病気を引き起こす。アフリカの野生カバで大流行したことがある。炭疽に感染した牛や豚の肉を食べ、あるいは接触でヒトに感染する人獣共通感染症。全世界に存在し、公衆衛生上の極めて重要な疾病。一八七六年、コッホが感染動物からはじめて炭疽菌の純粋培養に成功、分離菌を用いて実験感染をおこない、炭疽の病態を明らかにした。その後一八七七年、パスツールによって炭疽菌の弱毒生ワクチンが開発され、予防接種に成功。炭疽は細菌学の歴史上の有名な疾病。炭疽菌は、通常の栄養型と芽胞型の二つの形態があり、周囲の環境が高温や乾燥状態では芽胞型として長期間生残する。干ばつ、洪水、長雨などの異常気象の後にこの芽胞型が泥のなかで増殖する。芽胞型は、熱、化学物質、pH、紫外線などに抵抗性、少なくとも数十年間生残する。また皮革などの動物製品にも存在し感染源となる。芽胞型が生体内（肺や傷口など）に侵入すると、発芽し栄養型として増殖し、毒素を作り病気を起こす。栄養型の炭疽菌は芽胞型に比べると、高温、乾燥、消毒に弱く簡単に殺菌できる。感染した動物の血液、体液、死体などが地表や体表を汚染し、栄養型は再び芽胞型となる。詳細は、日本獣医師会雑誌（jvma-vet.jp）を参照されたい。

（9）枯草菌は、土壌や植物に存在、空気中にも飛散している常在細菌（空中雑菌）。反芻動物やヒトの胃腸管にも存在する。

（10）和気朗『生物科学兵器』（中公新書、一九六六年）一五四―一五五頁。

（11）ボツリヌス菌は、芽胞を形成する偏性嫌気性グラム陽性桿菌。芽胞は、熱、乾燥、消毒薬等の厳しい環境で生存する。ボツリヌス菌は、産生する毒素で神経中毒疾患を起こす。

（12）リケッチャは細菌より小さく、ウイルスより大きい微生物で、リケッチア目の細菌に分類される。ノミ、シラミやダニによって媒介される。リケッチャ感染症は、従来から戦争、飢餓、貧困によって、シラミの媒介する発しんチフスが有名。日本ではダニの一種のツツガムシによって媒介されるツツガムシ病があり、最近では日本のマダニによって媒介される日本紅斑熱がある。

（13）ペスト蚤（PX）は、ペスト菌を感染させた蚤のことで、七三一部隊が人体実験を行って独自に開発した細菌兵器。またPXを軍用機から穀物と一緒に散布すると、地上に落ちた穀物を食べにきた鼠にペスト感染蚤がたかり、それに感染した鼠を介してヒトの間にペストが流行する感染方式を考案した。

七三一部隊は、一九四〇年六月四日、「満洲国」吉林省農安でPX5gを地上散布し、一次感染と二次感染の効果を確かめた。さらに同年十月四日、中国浙江省衛県で軍用機からPX8g、十月二七日には寧波で2kgを散布し、日中戦争でPXによる大規模な細菌戦を実行した。詳細については、松村高夫・矢野久共編『裁判と歴史学――法廷から731部隊を見る』(現代書館、二〇〇〇年)と上田信『ペストと村七三一部隊の細菌戦と被害者のトラウマ』(風響社、二〇〇九年)を参照されたい。PX蚤の効果算出は、金子順一「PXノ効果略算法」『陸軍軍医学校防疫研究報告』第1部第60号、1943年の「既往作戦効果外見表」のデータがある。

(14) 加藤哲郎・小河孝『731部隊と100部隊』(花伝社、二〇二三年)一五五頁。

(15) フクシンは結晶で水に溶けると紅紫色の織物染料になる。石炭酸フクシンは結核菌の染色に用いる。

(16) 牛疫は古代から世界中に知れわたっていた牛のペストと呼ばれる急性・致死性感染病で、原因は牛疫ウイルス。家畜は牛以外にめん羊、山羊、豚が感染する。一八世紀に世界で二億頭の牛が死亡、その対策が近代獣医学発展の契機になった。一九世紀、牛疫は南北アメリカを除き世界中に広がり、戦前の「満州」は汚染地帯であった。二〇世紀の初めから牛疫ワクチンの開発研究が進展、日本も朝鮮総督府釜山血清製造所を中心に研究が進み、一九二二年、朝鮮半島・中朝国境に免疫地帯(幅二〇km、長さ千二百km)を構築、すべての牛に「蠣崎の不活化ワクチン」を接種した。二一世紀に入り二〇一〇年、世界で十年間発生がないため、牛疫は世界から撲滅されたことを確認、二〇一一年六月、FAO総会で正式に世界牛疫撲滅宣言が行われた。牛疫の撲滅は世界の動物疾病では最初、ヒトの天然痘撲滅(一九八〇年)に次ぐ感染症対策の偉大な成果といえる。詳しくは、山内一也「牛疫根絶への歩みと日本の寄与」、日本獣医師会雑誌六三、六四九—六五四頁、二〇一〇年を参照されたい。

(17) 山田朗『陸軍登戸研究所〈秘密戦〉の世界—風船爆弾・生物兵器・偽札を探る—』(明治大学出版会、二〇一二年)一四五—一四六頁。

(18) 江田憲治・兒嶋俊郎・松村高夫編訳『証言　人体実験—七三一部隊とその周辺』(一九九一年)一五〇—一五二頁。

(19) 前掲『731部隊と100部隊』(花伝社、二〇二三年)一八七頁。

(20) 同前、一八三頁。

(21) 井上卓也『満州難民　北朝鮮・三八度線に阻まれた命』(幻冬舎文庫、二〇二〇年)二七五頁。

(22) 同前、二八八頁。

(23) 森田芳夫・長田かな子編『朝鮮終戦の記録　資料編第三巻』(巖南堂書店一九八〇年)一九八—二〇〇頁。

(24) 野本貞夫・野本泰子『幾星霜』(私家版、一九九六年)三〇七—三九九頁。

(25) 前掲『731部隊と100部隊』(花伝社、二〇二三年)一七六—二一七頁。

(26)『細菌戦用兵器ノ準備及ビ仕様ノ廉デ起訴サレタ元日本軍人ノ件ニ関スル後半書類』(モスクワ・外国語出版所、一九五〇年)三九一—四〇〇頁。
(27) 前掲『細菌戦の罪』(泰流社、一九八七年)七三頁。
(28) 伴繁雄『陸軍登戸研究所の真実』(芙蓉書房出版、二〇一〇年)九七—一〇五頁。
(29) 前掲『細菌戦の罪』(泰流社、一九八七年)七一頁。
(30) 同前、四五頁
(31) 土居明夫伝刊行委員会『一軍人の憂国の生涯　陸軍中将土居明夫伝』原書房、一九八〇年。

第三章　情報戦としての細菌戦

加藤哲郎

第一節　情報戦のなかでの七三一部隊・一〇〇部隊問題

一　コロナ・パンデミックとインフォデミック

情報戦から見る一〇〇部隊問題

関東軍軍馬防疫廠一〇〇（イチマルマル）部隊の問題を、一九四五年敗戦後の世界と日本の軌跡と、それをめぐる情報の流れから見るのが、本章の課題である。

筆者は七三一部隊を『「飽食した悪魔」の戦後』（花伝社、二〇一七年）で分析する際、「貫戦史」とならぶもう一つの視点である「情報戦」を、以下のように述べた。

もう一つは、情報戦という視角である。これは、本書と同じ花伝社から上梓した『二〇世紀を超えて』（二〇〇一年）で問題提起し、『情報戦の時代』『情報戦と現代史』（共に二〇〇七年）で具体的に論じた、ある種の長期的政治観・時代認識である。

もともとファシズム期イタリアのアントニオ・グラムシの提示した「機動戦から陣地戦へ」テーゼに着想をえて、単純化すれば、一九世紀機動戦・街頭戦、二〇世紀陣地戦・組織戦から、二一世紀の政治を情報戦・言説戦が第一義的になるものと見通した。マスメディアでも使われる宣伝戦・心理戦といった用法よりも、米国の国際政治学者ジョゼフ・ナイのハードパワー、ソフトパワー、スマートパワーという相互依存的権力論（『ソフト・パワー』二〇〇四年、『スマート・パワー』二〇一一年、いずれも日本経済新聞社）、田中明彦の「権力政治、金力政治から言力政治へ」（『ワード・ポリティクス』筑摩書房、二〇〇一年）の時代認識に近い。

日本を占領した米軍が人体実験データと引き替えに関係者を戦犯に指定せず免責し、一九四九年末にソ連がハバロフスク裁判で、ソ連側が戦争捕虜とした関係者の供述から国際法違反の事実を公表した。しかし朝鮮戦争、ベトナム戦争など冷戦の中の熱戦での生物化学兵器使用への影響を恐れて、米国側はソ連の裁判をでっち上げとし、独占したデータと資料・証言を隠匿し、史実を隠蔽し続けた。ようやく一九八〇年代の日米での研究本格化と、九〇年代ソ連崩壊・中国側告発の中で、人体実験・細菌戦被害の全容が明らかにされつつある。大国の思惑で情報戦に使われ、被害者・関係者が翻弄され続けてきた。[1]

コロナ・パンデミックは終わっていない

二〇二〇年五月、新型コロナ・ウイルスCOVID-19の世界的流行が広がりつづけていたなかで、米紙『ニューヨーク・タイムズ』は、「パンデミックの終わり方には二通りあるという。一つは医学的な終息で、罹患率と死亡率が大きく減少して終わる。もう一つは社会的な終息で、病気に対する恐怖心が薄れてきて終わる」と述べていた。[2]

それから四年、二〇二四年五月に至っても、世界保健機関（WHO）による医学的パンデミック終了宣言は、出されていない。その代わりに、二〇二〇年一月三〇日に発せられた社会的「緊急事態宣言」は、二〇二三年五月五日に終了宣言が出された。公式発表で六億人以上の感染者、死者七〇〇万人以上、実際の死者は三〇〇〇万人に達したと言われるコロナ・パンデミックの犠牲者と集団免疫の広がりのなかで、患者数減少を認め、各国の実情に応じて、「緊急対応の状態からほかの感染症とあわせて管理する段階に移行する」ことがよびかけられた。その延長上で、コロナ・パンデミックの教訓を踏まえて、将来また起こりうるパンデミックに備えた新たなルールづくり「パンデミック条約ＩＨＲ（国際保健規則）」制定が次の課題とされた。日本では二〇二三年五月に、感染症法上の位置づけが「五類」に引き下げられた。

パンデミックの脅威と恐怖を体験した世界では、コロナ・ウイルスのような感染症を、巨大自然災害や戦争に匹敵する人類的危機とみる考え方が広がり、一四世紀の黒死病（ペスト）、一九世紀のペスト、第一次世界大戦時のスペイン風邪、等々の歴史が顧みられ、政治史中心の歴史では見逃されがちな感染症大流行とそれへの対策による民衆生活の大きな変化、医学・医療と科学技術が結びついた生命と生存の歴史に、光が当てられた。

パンデミックとインフォデミック

パンデミックは、同時に世界的なインフォデミック（大量情報感染）をもたらした。疫病の流行に伴う流言やフェイク・ニュースが、急速かつ大量に広がって、社会に混乱をもたらした。

二〇二〇年新型コロナ・パンデミックの初期から、中国武漢から発症が始まったコロナウイルスの感染源について、野生コウモリ由来の人獣共通感染症で自然感染であるという中国政府他の主張と、アメリカのトランプ大統領（当時）に典型的な武漢ウイルス学研究所から人為的に漏洩したという人工的感染説、バイオハザード説が対立した。次から次に生まれる変異株とそれへの対策の中で、最終的決着は着いていないが、大国同士の対立が如実に現れた。

感染源をめぐる中国政府と米国トランプ政権の情報戦から始まり、各国毎の国境閉鎖・航空路線中止、検疫やロックダウンの違いに応じて、多くのデマ情報・フェイク・ニュースを含むコミュニケーションの断絶と情報ギャップが見られた。インフォデミックでは、平時にも行われる事実と情報戦の落差が増幅され、フェイクやプロパガンダの性格が強くなる。

こうしたパンデミック＝インフォデミック下では、国単位の検疫や感染症対策の長期化の中で、歴史的な民族憎悪の感情や植民地主義の名残も、時に現れてくる。国内では、所得格差がパンデミックによる経済失速で拡大され、社会的弱者の生活・生存の危機が深刻化する。パンデミックのもとでは、情報へのアクセスにより、国家と国家、民族と民族、宗教や世代・性的指向等による差別が拡大する傾向が見られた。

さらにその延長上で、COVID-19ウイルスに対するmRNAワクチンの効果と副反応・後遺症について、陰謀論まがいを含む論争が続いている。(3) ポスト・パンデミックの世界でも、ウクライナ戦争の中での核兵器・生物兵器・化学兵器についての脅迫情報や、中国、北朝鮮の生物兵器開発情報が流され、AIによる生物化学兵器開発なども報じられた。(4)

二　日本映画「ラーゲリより愛を込めて」に描かれなかった加害体験

二〇二二年末映画「ラーゲリより愛を込めて」の描いたもの

二〇二二年一二月九日に日本で公開された映画「ラーゲリより愛を込めて」は、二宮和也・北川景子の主演で、一九四五年八月、満洲国ハルビンで別れ、ラーゲリ（強制収容所）に捕虜として抑留された山本幡男一等兵と、その帰国（ダモイ）を日本で待つ妻と幼い四人の子供の物語である。コロナ禍での公開であったが。日本アカデミー賞を二部門で受賞し、劇場への観客動員二〇〇万人以上で、U-NEXTやAmazon Primeほかで動画配信され、その後も見ることができる。

原作は、辺見じゅん『収容所から来た遺書』である。文藝春秋社から一九八九年に刊行され、第二一回大宅壮一ノンフィクション賞、第一一回講談社ノンフィクション賞を受賞した。第二次世界大戦後、シベリアに抑留され、強制収容所（ラーゲリ）内で死んだ山本幡男の遺書を、彼を慕う仲間たちがソ連側の厳しい監視をかいくぐって七人が遺書の一部を記憶して帰国し、それを書きおこして遺族に届けた実話を描いた作品である。一九九二年に文庫化の後、一九九三年にテレビドラマ化、一九九七年と二〇二一年に漫画化もされて、二〇二二年末に「ラーゲリより愛を込めて」として映画化されている。ふたくちつよし脚色・演出の『ダモイ』（トム・プロジェクト）は、で、このラーゲリのドラマを舞台にした。俳優座をはじめ四つの劇団が、四種類の脚本年を重ねて何度も再演された。

原作『収容所から来た遺書』の描いたシベリア抑留の三重苦

主人公は山本幡男、学生時代は社会主義に傾倒し、三・一五事件で検挙された経歴を持つ。東京外国語学校（現東京外国語大学）でロシア語を学び、満鉄調査部でソ連分析に従事し、ハルビン特務機関にも勤務していた。一九四五年八月二五日、ソ連の満洲国侵攻時に捕まり、翌年満洲からウラル山中のスヴェルドロフスクのラーゲリ（強制収容所）に送られた。ロシア語の通訳として重宝され、多くの収容者に慕われたが、その経歴からスパイと疑われ、シベリア抑留の三重苦「飢えと酷寒と過酷な重労働」の俘虜生活を九年も送ったのち、一九五四年八月、ハバロフスクのラーゲリで病死した。

敗戦から一二年目の一九五七年になって遺族が手にした遺書は、一九五四年に亡くなった山本幡男の遺言が、仲間たちの記憶によって暗記され、持ち帰られたものだった。原作では七人、映画では四人が、島根県隠岐の妻子のもとに直接、ないし記憶をもとに書き起こした手紙で伝えた。「山本幡男の遺族のもの達よ」「お母さまへ」「妻へ」「子供等へ」の遺書本文そのものは、長男の山本顕一（立教大学名誉教授、フランス文学）が、著書とウェブ上で公開している。(5)

「〔子供等へ〕君達はどんなに辛い日があらうとも、人類の文化創造に参加し、人類の幸福を増進するといふ進歩的な思想を忘れてはならぬ。偏波《へんぱ》で矯激《きょうげき》な思想に迷ってはならぬ。どこまでも真面目な、人道に基づく自由、博愛、幸福、正義の道を進んで呉れ。」

原作にも映画にもないスヴェルドロフスク市の戦後バイオハザード

原作はもとより映画でも、主人公山本幡男の人柄、シベリア抑留の厳しさ、夫を待ち続けた妻ら遺族の気丈で健気な戦後の生活は、戦争の後遺症の問題として、よく描かれている。

しかしながら、細菌戦をめぐる情報戦という本書の観点からすると、この感動的な物語には、いくつかの欠落がある。

一つは、敗戦後に山本幡男ら一〇〇〇人の日本人が抑留されていた、スヴェルドロフスクという収容所の所在地（現在のエカテリンブルク）である。その町は、戦後ソ連の生物化学兵器開発の拠点の一つとなり、一九七九年のスヴェルドロフスク炭疽菌漏出事故の舞台となる。

ソ連崩壊後に明らかになったことは、一九七九年三月三〇日深夜にスヴェルドロフスク州スヴェルドロフスク市内において発生した、生物兵器製造施設からの炭疽菌漏出事故であった。炭疽菌の芽胞が作業ミスにより誤って大気中に放出され、吸引した一般市民の多くが肺炭疽症を発症し死傷したバイオハザードであった。ソ連政府の公式記録では、スヴェルドロフスク市内において一般市民九六名が感染し、うち六四名が死亡した。実際の死者は一〇〇〇人以上ともいう(6)。

もう一つ。一九八九年の辺見じゅん（一九三九—二〇一一）の原作には出てくるが、二〇二二年の映画では省略された、重要な登場人物がいる。収容所仲間の陸軍獣医大尉・野本貞夫（一九一六—一九九五）である。

幡男の長男顕一は、「父の収容所内での最も親しい友人」としている。スヴェルドロフスクでは一緒でなかったが、ハバロフスクの囚人収容所では「アムール句会」などで親しくし、山本幡男の長文の遺書「平民の書」の全文を読み込み、記憶を持ち帰るはずであった。しかし「平民の書」はソ連側に見つかり没収され、帰国後の記憶の文字おこしは、むしろ山本幡男のラーゲリでの日々の生活と文藝作品を、便せん二五枚にびっしり書いて長文の手紙にしたため送ったものとなった。

映画で省略された原作の野本貞夫は、陸軍中野学校・一〇〇部隊軍獣医

『収容所から来た手紙』では、野本貞夫はハバロフスクの収容所での準主役級で、「アムール句会」を一緒に進める仲間として出てくる。著者辺見じゅんも、長時間のインタビューを行った模様である。「元関東軍参謀部第二課にいた野本貞夫」は、「大正五年（一九一六年）生まれで、陸軍獣医大尉だった野本が、第一特別警護司令部要員として奉天へ派遣されたのは敗戦間際である。終戦でソ連に連行されると、対ソ情報を任務とする二課にいたことをかつての上官に密告され、スパイ罪で矯正労働二五年の刑を宣告された」「父も兄も陸士出の軍人一家に育った野本」は、「旧制二高から東京帝大農学部へ進んだ。学生時代には文学に憧れたこともあった」が、アングレンの収容所に長くいた野本は、ハバロフスク収容所での山本からの「アムール句会」の誘いには、すぐには乗らなかった。しかし山本の人柄に惹かれて、やがて句会の常連になる。[7]

ハバロフスクの囚人収容所には、元関東軍参謀の瀬島龍三や関東軍の情報関係将校、山本幡男のようなハルビン特務機関員が多数入所していた。そこでの人物描写としては、野本の東京帝大卒や関東軍参謀二課の経歴で十分と思ったのか、あるいは野本の詳しい経歴を知りつつ著者が敢えて書かなかったのかは不明だが、野本貞夫は「陸軍獣医中尉」であったばかりでなく、新京（現長春）の関東軍軍馬防疫廠＝一〇〇部隊に勤務していた。しかも情報幹部要員として、陸軍中野学校にも派遣されていた。

100部隊留守名簿　470　野本貞夫・獣医大尉

野本貞夫・野本泰子著　1996年「幾星霜」の重要部分のメモ（Ver. 3、2020.5.25））

略歴：野本貞夫　大正5（1916）年11月16日　新潟県生まれ
昭和9年　千葉県立安房中学卒
昭和13年　第2高等学校卒
昭和16年　東京帝国大学農学部獣医学科卒
東満洲の野砲連隊(どこかは記載なし)に所属
昭和18年　陸軍獣医大尉
昭和19年3月　陸軍中野学校（第2期乙種学生）卒
同年4月　関東軍参謀部第2課に着任
同年12月4日　100部隊に着任（上官は井田技師）
昭和20年8月6日　関東軍第1特別警備隊司令部の獣医部長として転属（新編成部隊で謀略部隊との記述あり）
ウズベキスタン抑留中に陸軍中野学校卒業が発覚し、「ソ連刑法第58条」に抵触するとのことで「強制労働25年の判決」を受け、戦犯としてハバロフスク第21分所に収監された（p212）。11年4カ月の収容所生活をへて昭和31年（1956年）12月26日　興安丸で舞鶴に帰国（貞夫：40歳、妻・泰子：30歳）。　昭和53年（1978年）埼玉県畜産試験場退職　1995年死去

妻：野本泰子　大正15年生まれ
昭和18年結婚（19歳）　昭和20年　ソ連参戦により新京から北朝鮮（定州）へ避難
昭和21年　定州より帰国
昭和31年に保健婦の資格を取る　昭和61年に大宮市役所退職
野本泰子が日本に帰国するまで100部隊の家族が北朝鮮の定州で悲惨な経験が記録されており、三友一男の『細菌戦の罪』に100部隊の終焉が書かれていたことが裏付けられた。

小河孝は、妻・泰子の苛酷な帰国体験も交えた自伝である野本貞夫・野本泰子共著『幾星霜』（一九九六年）からその経歴を抽出し、年譜化している（前頁）。

この野本貞夫の陸軍中野学校・一〇〇部隊歴を含め、収容所にいた瀬島龍三ら関東軍幹部の中国人やロシア人への加害が書き込まれていれば、『収容所から来た遺書』は、より陰影のこもった物語となったであろう。残念ながら同書には、ロシア人将校との関係は詳しく出てきて、抑留生活の厳しさや日本人虐待の事実は分かるが、山本幡男の満鉄時代を含め、戦時中の中国人との交流や関係性はほとんど出てこない。

三　韓国映画「京城クリーチャー」に描かれた日本製「炭疽菌怪獣」

二〇二三年末クリスマスの韓国映画「京城クリーチャー」

日本での「ラーゲリより愛を込めて」上映からちょうど一年後、二〇二三年のクリスマスから二〇二四年の新年にかけて、韓国及び日本の若者の中で、時ならぬ「七三一部隊ブーム」が起こった。グーグルでの検索語で「七三一部隊」が急増したのである。

その理由は、デジタル映画配信サイトNetflix上で、「京城クリーチャー」が配信され、韓国では、公開後の第一週目から四週連続でトップ一位を記録。日本でも一〇代・二〇代の若者の間で急速に広がり、公開初週でトップ四にランクインし、三週連続でトップ一〇入りするなど話題となった。非英語圏の各国でも、テレビシリーズで四週連続トップ一〇入りを果たした。

ドラマの舞台は、第二次世界大戦の末期、日本の植民地であった朝鮮のソウル（京城）である。敗戦前夜の一九四五年五月、ドラマでは、日本軍の「加藤軍医」がソウルの病院での炭疽菌研究で人体実験をし、「クリーチャー＝怪物」を生み出してしまった。ここでの「加藤軍医」は、加藤清正の朝鮮出兵を想起させる。

このモデルとなったのは、明らかに「関東軍防疫給水部＝七三一部隊」であった。公式には一九三六年につくられ、旧満洲・ハルビン郊外の平房で細菌戦の研究を行い、人体実験もしていた。ドラマの中では、人体実験の被験者は「マルタ」と呼ばれ、日本の植民地支配に抵抗する「抗日」活動をしていた朝鮮の人たちが拘束され実験棟に連行されていた、と描写されている。

ただし、この映画は、史実にもとづいているわけではない。第二次世界大戦中に細菌戦が行われたのは事実であるが、細菌爆弾は満洲国ハルビン郊外の平房で作られ、実際に撒かれたのは農安、常徳、浙贛、寧波、金華など中国の都市へのチフス菌、コレラ菌の散布であった。日本の植民地であった朝鮮半島での製造・使用の事例は知られていない。

また、日本軍に反抗する抗日分子、いわゆる「マルタ」の多くは、中国人・ロシア人であり、ハルビン近郊が多くの朝鮮族の住む地域であったにもかかわらず、確認された朝鮮人の事例は四名とされている(8)。

ソウルの「炭疽菌怪獣」は敗戦後日本の「ゴジラ」のような想像の産物

炭疽菌（Bacillus anthracis）が「怪物」を作れるかどうかも、医学的には怪しい。致死率が高く、皮膚炭疽症では水疱状から潰瘍・痂皮になる症状が見られるが局所的であり、全身が潰瘍状になって人間を襲うと言った想定は、あくまで想像上の産物である。

ただし、現代の生物兵器の一つの典型が炭疽菌であり、戦時中は七三一部隊・一〇〇部隊に共通する細菌兵器開発の重要な病原菌となっていたという意味では、「日本軍によってつくられた炭疽菌怪獣」というストーリーは、ある程度のリアリティがある。

むしろ、なぜこのような映画が現代の韓国で作られ、多くの人々に受け入れられたかが問題である。いわゆる韓流ドラマの人気スター、パク・ソジュン、ハン・ソヒが主演したのも重要であるが、Netflixホームページの宣伝文句が「一九四五年、京城。植民地時代の陰鬱なソウルで、生き残りをかけて戦う実業家と人捜しの専門家は、人間の貪欲さが生み出した怪物に立ち向かう」であったことも、重要である。端的には、日本の植民地支配の象徴が「炭疽菌怪獣京城クリーチャー」であった。

日本映画で言えば、朝鮮戦争期の一九五四年に作られた特撮怪獣映画「ゴジラ」が、ビキニ環礁での米国の水爆実験に着想を得ており、米国の占領が終わってようやく広島・長崎の原爆被害の実相が知られるようになった時期に、「核の落とし子」として「怪獣ゴジラ」が描かれたことが想起される。

韓国人作家の意図と視聴者のＳＮＳでの反応

「京城クリーチャー」では、七三一部隊の軍医による人体実験から怪物が生まれたというストーリーとなっている。その理由について、同ドラマの脚本家カン・ウンギョンは、韓国メディアに対し「(植民地)時代を象徴できるものは『怪物』だと考えた、と話している。ドラマでは、植民地支配のもとでいかに朝鮮の人々が虐げられ、弾圧と差別の下で生きていたかが描かれる。日本語教育と「創氏改名」強制の時期である。独立を目指す朝鮮人青年活動家たちにも、目配りされている。

誠信（ソンシン）女子大学の徐坰徳（ソ・ギョンドク）教授は、フェイスブックで同作に対する日本視聴者の反応を「『京城クリーチャー』は日帝強占期を部隊にした時代劇で、日本軍七三一部隊で丸太生体実験を通じて怪物が誕生するという設定の中に実際の歴史的悲劇を反映している」と述べた。徐教授は、「パートワンが公開されてから日本Netflixでも上位圏を手堅くキープして、日本視聴者の高い関心を集めている」としながら、「『京城クリーチャー』によって日本教育でほとんど扱われていなかった七三一部隊や生体実験など歴史的事実が日本のネットユーザーによく伝わった点は大きな意味があると考える」と意味づけた。

韓国語のソーシャルメディア（ＳＮＳ）の掲示板には、「七三一部隊を知る契機になった」「パク・ソジュンが登場するというので見たが七三一部隊のことをはじめて知った」「最初は反日ドラマだと思ったが、実は怪物が登場すること以外は七三一部隊は本当だった」などのコメントが寄せられた。その他にも、ＳＮＳ上には「会社の同僚とドラマに関して話をすると七三一部隊を知らないことに驚いた」「ドラマを契機に日本の陰の歴史を知った」などのコメントもあった。逆に「反日ドラマだ。七三一部隊をそのまま扱えばいいのに、怪物が誕生する設定はやり過ぎだ」と拒否感を示すコメントも見られた。[9]

脚本作家カン・ウンギョンは、「時代劇は外国では関心がないという。ところが私と監督は多くの方々に見てほしいという意志があった。Netflixがコンテンツに力を与える波及力を持っていると思った」と話した。それと共に「誰かの好みに合わせて出した作品ではない。途方もなく多くの努力があった」と強調し、「最も驚いたのは日本の順位だった。私は無視されると思った。特に広告を多く使ったわけでもないはずだが、数値が意味するのは何なのかと思った。また、日本の一〇代の間で七三一部隊のグーグル検索が急速に増えているという話を聞いた。力になったし、『やってよかった』と思った」と付け加えた。

この映画への日本での反応には、「反日映画」というものも少なくない。『デイリー新潮』の「日本人にとっては旧日本軍があまりに残虐に描かれており、正直いい気持ちにはならない」「細菌兵器を研究していた七三一部隊は人体実験も行っていたとされるが、終戦時に旧日本軍が資料を処分しており、詳しい実態が明らかになっていない。本来は慎重な議論が求められるテーマである」といった反応がある。[10]

これについての韓国の制作側の評価が興味深い。「七三一部隊が怪物を生み出すというプロットは、韓国では典型的なもの。しかし、一昔前であればそのような反日的な作品は、韓国の国内向けとして消費されてきました。主要な輸出先だった日本への配慮があったからです。」ところが、Netflixなどの全世界に向けた動画配信サービスが隆盛している今日では、「相対的に輸出先としての日本の重要度が下がってきました。だから、日本への配慮が必要なくなり、反日的な作品であっても堂々と世界中に向けて配信するようになったのです」

ともいう。

植民地支配の体験は、加害者にはすぐに忘れられても、被害者には長く残される。脱植民地化と経済成長が進んで一人当りGDPでは日本を追い越し、韓国文化そのものがグローバルに展開するようになると、かつての屈辱の歴史を、世界に率直に訴えるようになった。

日本の高校教科書にも七三一部隊は出ていた

この韓国映画「京城クリーチャー」について、筆者は二〇二四年四月に、「ハフポスト」紙のインタビューに答え、長文のコメントを寄せている。

韓国との関係では七三一部隊研究は少なく、ソウルでの人体実験は事実とは異なることを前提として、「日本人にも、海外の人にも、七三一部隊について考えるきっかけになったと思います。ドラマを入り口にして、本当はどうだったんだろうか、七三一部隊とはなんだったんだろうかということを、ぜひ考えて、学んでほしいです」と答えておいた[11]。

その際筆者は、長野県飯田市の平和祈念館における長野県出身七三一部隊隊員の遺品や証言の展示をめぐる教育委員会と市民団体の交渉問題を事例に解説した[12]。

日本には家永教科書検定訴訟以来、七三一部隊の細菌戦・人体実験を認めたくない人々がいる。二〇〇二年の東京地裁判決で事実関係は認められたにもかかわらず、日本政府は、七三一部隊の存在のみを認め、細菌戦や人体実験を認めていない。そのことから、自治体や公共機関が日本軍の加害責任を認めることを困難にしている、教科書等には出ていないだろう、と述べておいた。

ところが「ハフポスト」の若い記者は、自分で日本の高校教科書を調べ、一冊だけで、それも本文ではなく注のかたちではあるが、山川出版社の『詳説　日本史』現行版に、以下のような記述が文科省の検定をくぐっ

❶ 中国戦線では毒ガスも使用され，満州などにおかれた日本軍施設では毒ガスや細菌《さいきん》兵器の研究がおこなわれた。満州のハルビンには，731部隊と呼ばれる細菌戦研究の特殊部隊（石井四郎中将ら）がおかれ，中国人やソ連人の捕虜《ほりょ》を使った生体実験がおこなわれた。
❷ 朝鮮では1943年，台湾では1944年に徴兵制が施行された。しかし，すでに1938年に志願兵制度が導入され，植民地からも兵士を募集していた。また，戦地に設置された日本軍向け「慰安《いあん》施設」には，日本・朝鮮・中国・フィリピンなどから女性が集められ，慰安婦として働かされた。

て入っていることを見出した。この教科書では、中国大陸での日本の侵略加害を示すために、七三一部隊の細菌戦・人体実験ばかりでなく、日本軍の従軍「慰安婦」問題についても記している（上図）。

これは、予期せぬことであった。一九八一年の森村誠一『悪魔の飽食』に始まり、一九九五年前後の各地での「七三一部隊展」や市町村史などでの元兵士たちの証言収集、中国からの被害者・遺族の訴え、それに二〇一七年NHKスペシャル「七三一部隊の真実」放映によるハバロフスク裁判の見直し、「留守名簿」「職員録」の発掘など、国内外での研究の進展によって、高校教科書に書かれるようになったことを知った[13]。この四〇年の情報戦、学術研究と歴史報道の成果である。

四　加害体験の世代継承――外交官岡本行夫と『自伝』の細菌戦告発

七三一部隊研究第三段階に現れた加害体験の世代継承

七三一部隊については、現在研究史上では、第三の高揚期を迎えている。筆者は別の所でも書いているが、第一期は、森村誠一『悪魔の飽食』のベストセラーによって、日本の戦時細菌戦部隊の存在が広く知られるようになった一九八一年以降である。ジャーナリスト下里正樹と組んだ森村誠一のドキュメンタリーは合わせて六〇〇万部も読まれ、隊員の証言のいくつかも本になった。同じ頃に、常石敬一『消えた細菌戦部隊　関東軍第七三一部隊』（海鳴社、一九八一年）から学術的研究が始まった。同時に、森村誠一の集めた写真の一部に七三一部隊とは無関係なものが含まれたりしていて、当時から日本軍の加害事実を語ることへの反発は大きかった。

第二期は、一九九五年の戦後五〇周年前後である。老境に入ったがまだ存命中だった兵士たちの加害体験を含む戦争体験の発掘が、部隊単位・地域レベルで相次いだ。七三一部隊について言えば、各地で「七三一部隊展」が開かれ、多くの証言が集められた。常石敬一の他、旧ソ連・中国・米国の史資料を用いた松村高夫・近藤昭二・西里扶甬子・青木冨貴子等の研究が現れ、なによりも、人体実験・細菌戦の直接の被害者であった中国人遺族らによる国家賠償請求裁判が始まった。二〇〇二年の東京地裁判決では、国家賠償は棄却されたが、事実認定では細菌戦・人体実験が認められた。

筆者は、二〇一七年のNHK特集「七三一部隊の真実」放映と、西山勝夫編『留守名簿』の刊行によって第三段階が始まった、と論じてきた。筆者自身の著作『「飽食した悪魔」の戦後』及び『七三一部隊と戦後日本』(共に花伝社刊)も、そこに位置づけている。すでに当時の少年兵もほとんど没し、存命する関係者は少なくなったが、ソ連崩壊でアクセス可能になったハバロフスク裁判音声資料、米国の占領期GHQ収集資料、二〇一五年に新館がオープンした中国の七三一部隊記念館「侵華日軍第七三一部隊罪証陳列館」の資料収集と各国語での世界への発信、それに日本側の厚生労働省復員・恩給資料、防衛省防衛研究所所蔵資料などの多くがデジタル技術をも用いて利用できるようになり、新たな研究の条件が整ってきた(14)。

同時に、証言を拒み沈黙を守り通して亡くなった大部分の七三一部隊医師ばかりでなく、初期の研究の中心を担った人々が次々に鬼籍に入り、若い世代への戦争加害体験の継承と国際的ネットワーク構築が急務になってきた。

日本における七三一部隊研究の第一期を牽引した『悪魔の飽食』の森村誠一(一九三三―二〇二三)、下里正樹(一九三六―二〇二二)のコンビ、学術研究を切り開いた常石敬一(一九四三―二〇二三)が、コロナ・パンデミックの中で、相次いで亡くなった。第二期の地域証言発掘者の一人で、筆者らの前著『731部隊と1

〇0部隊』で、一〇〇部隊獣医から戦後岩手大学学長になった加藤久弥の軍歴の発掘に協力してくれた高橋龍児も亡くなった。一九九四年の「七三一部隊展いわて」実行委員会の事務局長で、その記録を『〝関東軍防疫給水部〟の不都合な真実』(みちのく文庫、二〇一四年)にまとめたものが、事実上の遺言となった。

『岡本行夫自伝』は亡父の七三一部隊歴の探求の記録

日本でもコロナ・パンデミックは多くの犠牲者を生んだが、その一人に外交官の岡本行夫(一九四五—二〇二〇)がいた。元外務省北米一課長で、日米関係や沖縄問題のエキスパートとして、外務省退職後も内閣総理大臣補佐官・外交顧問をつとめた。

このどちらかといえば体制派のエリート外交評論家が、遺書とも言うべき最後の著書『危機の外交　岡本行夫自伝』(新潮社、二〇二二年)で書き残したものは、日米外交の最深部での交渉術と共に、自分自身の父親が七三一部隊に関係していたという、意外な告白と細菌戦の歴史の告発であった。この本は、著者の没後に、第三四回アジア・太平洋賞特別賞を受けている。(15)

同書の第一章は「父母たちの戦争」と題され、著者なりの平和論になっているが、その根底にあるのは、戦後農林省の官吏であった亡父の、戦前・戦時中の知られざる経歴の探索であった。

岡本行夫の父・脩三は、一九〇九年に生まれ、京都大学農学部から一九三二年農林省に就職、農務局農政課で日本農業の生産性向上に取り組んだ。戦争には反対であったが、一九四〇年に内定していたイギリス留学が取り消され、徴兵されて満洲のアムール河畔孫呉県の国境警備にまわされた。そこからハルビンの関東軍ロシア語学校に入学してロシア語を学び、ハルビン近郊平房の関東軍防疫給水部七三一部隊に、ロシア語通訳要員として配置換えとなった。

家族は日本に残してきて、脩三の勤務先は「伝染病を予防する部隊」としか知らされていなかった。脩三の妻・和子は、一九四五年一月に、六歳の長男を連れて一度だけハルビンに夫に会いに行き、それが七三一部隊であったことを、戦後になって知った。

岡本行夫の父脩三は七三一部隊でロシア語通訳だった

岡本行夫の父・脩三は、一九四五年八月、七三一部隊の本隊と共に、朝鮮半島経由日本に逃げ帰った。以前勤務していた孫呉の部隊にいれば、そのままソ連軍の捕虜としてシベリア抑留になり、『収容所から来た遺書』の山本幡男のように、ロシア語通訳として一〇年以上の抑留者となったであろう。いや、七三一部隊勤務が判明すれば、一九四九年末のハバロフスク裁判の被告になっていたかもしれなかった。

しかし岡本脩三は、四人の子どもたちに中国大陸での従軍経験を詳しく述べることはなかった。戦後は農林省官僚に戻ったが、人が変わったように怒りっぽくなり、妻子との関係もギクシャクしていた。子どもたちには、厳格だが頑迷で意固地な人間に見えた。本棚にロシア語の本がならんでいたが、息子たちにする戦争の話は、自分がいかに懸命にロシア語を勉強し、首席で学校を卒業したかだけであった。一九六二年に農林省を退職し、七三年に肺がんで亡くなったという。

父の晩年に外務省に就職した岡本行夫は、子どもの頃に「パパは人を殺したことはあるの」と質問して、恐ろしい形相で叱りつけられた記憶があった。父の友人に「行夫君は戦争中のお父さんの仕事を知ってるの」と問われ、「満洲で通訳をしていたと聞かされてます」と応えると、「ふーん、まあいいや」とだけ言われたが、父が対人関係がうまくゆかず、官僚として出世できなかった理由が、よくわからなかった。

父が亡くなって後に、母・和子は、夫の世話と家事・育児から解放されたかのように、大学に入り直して教職課程を学び、一人で海外旅行を楽しむようになった。息子たちに父が通訳をしていた勤務先が「関東軍防疫給水部」であったと告げたのは、その頃だった。「だいぶあとになって、あの有名な七三一と分かったときはびっくりしたわ。脩三さんの性格が歪んでしもたのはそのせいだって、その時分かったわ。せやけど、あんたら、こんなこと世間には絶対に言ったらあきませんで」と言われたと言う。時期は明示していないが、おそらく七三一部隊が森村誠一『飽食の悪魔』で広く知られ「有名」になった一九八〇年代以降、岡本行夫が、すでに日本外交の第一線で活躍していた時期であったようだ[16]。

対米外交のかたわら調べてわかった「父の暗さ」の秘密

岡本行夫は、「僕は更に調べたかったが、脩三の経歴を世間に隠しとおしたい和子の懇願に遭って断念していた」と書くが、遺書とも言うべき『危機の外交』が、もともと副題「日米関係史」として構想されていたのに、「自伝」として冒頭に長く父母のことを書くことになったのは、どうやら秘かに亡父のことを調べ続けていたからのようだ。それも、日本の国内植民地というべき沖縄米軍基地問題、日中・日韓関係にも深く関わった一九九一年外務省退官以降のようである。

二〇〇四年には平房の「侵華日軍第七三一部隊遺址」を訪れて父の足跡を辿った。七三一部隊の生き残りの少年兵を訪ねて、その実態を聞き取りしたりしている。きわめつけが、二〇一八年六月の七三一部隊「留守名簿」公開時の話である。自分自身で確かめるべく「国立公文書館で公開された父親の名前と『正式に』対面し」てコピーをとり、それを示して母の和子も否定できなくなったところで、ようやく詳しい話を聞いた。しかし、「脩三を知る生存者はいなくなっていた」。

この頃岡本行夫は、二〇一七年八月放映のＮＨＫスペシャル「七三一部隊の真実」を見て、同番組を制作したスタッフにもわざわざ問い合わせ、さまざまな事実確認をしていたことを、筆者はＮＨＫのスタッフから聞いた。

ここからわかるのは、岡本行夫の七三一部隊探求が、日本における関東軍防疫給水部＝七三一部隊研究の三つの段階に、ほぼ照応していたことである。さまざまな文献資料も集め、動かしがたい証拠をそろえて、第三段階に至ってようやく、母和子に「留守名簿」の父の欄を示し、詳しい体験を聞くことができた。七三一部隊に勤務中の父を満洲に訪ねた第一世代の母にとっては、それは石井四郎にいわれるまでもなく、「墓場まで持って行くべき秘密」であったのだろう。それを、第二世代にあたる息子の行夫が冷静に暴き出した記録が、『危機の外交　岡本行夫自伝』になったのである。

第二世代岡本行夫が認めた七三一部隊の人体実験と細菌戦

外交官・岡本行夫の七三一部隊調査は、正確であった。第一に組織的人体実験、第二に国際法違反のペスト菌の研究と増殖、第三に寧波と常徳の戦闘での細菌兵器使用を挙げ、「七三一部隊がやっていたのは、悪魔の所業であった」と断言する。

しかも、岡本行夫は、父脩三が「ロシア語通訳」であったことにこだわっていた。

「当時、ハルビンには八万人のロシア人が住んでいた。……自分たちの人体実験が外に洩れることを極端に畏れる石井四郎と七三一部隊の憲兵隊は、部隊の任務に少しでも関心を示したロシア人を住民の密告制度によって探しだし、片っ端から拘束して、スパイ容疑で七三一部隊敷地内の監獄に送り込んだのである。つまり、脩三が『通訳』した相手とは、人体実験に使われていくロシア人収容者だったのだ。ロシア人への尋問は苛酷であった。日本の敗戦後にハバロフスクで行われた裁判では、乳飲み子を抱えたロシア人女性への人体実験も告発された。脩三は彼女の通訳もしたのだろうか。」

こうして息子の岡本行夫は、若いときは「時間があればフルートを吹いていた温和な文学青年」であった父脩三が、「戦争によって一変し、暗く自閉的になってしまった」秘密を知ったのである。

このように、岡本行夫の父の秘密を探る旅は、七三一部隊の存在を、改めて世に問うものとなった。日本政府が公式には認めていない細菌戦や人体実験も、首相補佐官まで勤めたエリート外交官が、自分の足と証人捜しで確認し、告発することになった。戦争の加害体験の、一つの世代継承のかたちである。

戦争体験の継承に時効はない

戦争体験の風化と、継承の必要性が言われて久しい。あと一〇年もすると、日本の第二次世界戦争体験者は、ほとんどいなくなる。当事者である第一世代が隠蔽し、沈黙し、問われても否定ないし歪めてきた史実は、消えてしまうことになる。

しかし、歴史研究やドキュメンタリー報道も、情報戦である。それらの蓄積で動かしがたい事実となって学校教科書に書き込まれたり、残された証言や日記などの史資料を切り口に、第二世代・第三世代が、親世代の思惑やしがらみを越えて真実を見出す場合もありうる。

岡本行夫の遺作はその一つの典型であるが、筆者のまわりには、自分自身の終活期を迎えて、親たちの戦争体験を改めて反芻する事例が少なくない。七三一部隊「留守名簿」の公開によって、自分の親族が載っていないか、親が従軍医師だったが細菌戦に関わっていなかったか、亡父は戦場で死んだと言うことになっているが旧満洲だったので真実を確かめてほしいといった問い合わせもあった。

何よりも、中国や韓国、ロシア、モンゴルなどでの被害者・被害証言の発掘は続いており、関東軍司令部跡地で土に埋もれていた焼却途中での記録文書から、日本軍が「間諜」として連行した「マルタ」の氏名がみつかることもある。ソ連軍が大量に持ち帰った旧関東軍資料・記録から、新たな史実が発掘される可能性が残されている。

このような意味で、七三一部隊の研究は、当時を知る関係者がほとんどいなくなっても、なお研究が進展する可能性を残している。二〇二四年にも、「七三一部隊、戦後も中国に一部残留との研究成果公表」という新たな情報が、中国からもたらされた。本書第一章の著者松野誠也による「職員表」発掘の副産物である。

「中国黒竜江省ハルビンにある『侵華日軍第七三一部隊罪証陳列館』が、旧日本軍の七三一部隊『関東軍防疫給水部』の一部が第二次大戦後も中国国内に残留していたとする新たな研究成果を公表したと、国営中央テレビが四日報じた。

日本の国立公文書館から昨年、陳列館に提供された七三一部隊の職員表を中国人研究者が分析した。中央テレビによると、七三一部隊はこれまで終戦時に撤収したと考えられていたが、分析によると、五二人が中国にとどまり、拘束されて旧ソ連に送還されたり、身分を偽って中国国内に潜んだりしていたとされる。」[18]

一〇〇部隊をめぐる情報戦は始まったばかりである

ただし、本書の主題である関東軍軍馬防疫廠＝一〇〇部隊については、七三一部隊のような研究の進展を述べることができる状況にはない。関東軍軍馬防疫廠＝一〇〇部隊は、防疫給水部＝七三一部隊と同じく公式には一九三六年に出発しながら、独自に展開してきた。そのメンバーの規模は、七三一部隊の四〇〇〇人近くに比して小さく、一〇〇〇人程度であった。

その細菌兵器開発や人体実験については、一九四九年末の旧ソ連・ハバロフスク裁判の記録と、その被告の一人であった三友一男『細菌戦の罪』を除けば、資料も証言もほとんどなかった。中国側との貴重な共同研究で七三一研究を重ねてみた松村高夫の研究グループから、江田いづみの概括的研究が出たのを除けば、学術的研究も手つかずであった。[19]

七三一部隊については、戦争と医学医療研究会に多くの心ある医師・医学者が集って、細菌戦や人体実験の記録や関係した学者たちの博士論文・医学論文を専門的に解読してきたが、一〇〇部隊については、専門的に獣医学を学んで取り組んでいるのは、前著『731部隊と100部隊』を筆者と共同で著した本書第二章執筆者・小河孝ぐらいである。中国での長春「偽満皇宮博物館科学研究センター」での一〇〇部隊研究も、まだ始まったばかりである。[20]

本節で見てきた映画やドキュメンタリーの系譜では、次章で述べるように、『収容所から来た遺書』で山本幡男が最初に体験するウラルのスヴェルドロフスク収容所が、戦後はソ連の生物兵器開発の基地になって一九七九年には炭疽菌事故をおこすこと、映画では省略されたが、辺見じゅんの原作には出てきた「山本幡男と最も親しかった収容所仲間」野本貞夫が、実は関東軍情報部ばかりでなく陸軍中野学校出身で一〇〇部隊の幹部の一人であったことなど、七三一部隊との接点での一〇〇部隊の影が見いだされた。しかし、すぐれたドキュメンタリー作家で野本貞夫に幾度もインタビューしたらしい辺見じゅんにおいてさえ、野本の戦争体験の中核に一〇〇部隊での細菌戦体験があり、それが同時に妻・泰子との長い生き別れのもととなった問題は、取りあげられることはなかった。本書第二章の小河論文は、その点を浮き彫りにする。

第二節　生物兵器開発の歴史と医学・獣医学の情報戦

一　生物兵器開発の歴史的展開と戦時日本の細菌戦・人体実験

生物兵器開発は医学・医療の発展の裏側で進んできた

生物兵器（biological weapon）は、核（atomic, nuclear）兵器・化学（chemical）兵器と並んで、ABC兵器・NBC兵器とよばれる。現代の戦争の最先端兵器の一つである。殺傷能力はきわめて高いが、核兵器に比べると材料の入手や製造が容易で、費用も少なく済むことから、「貧者の核兵器」ともよばれる。

日本の外務省ホームページには、「生物兵器とは、天然痘ウイルス、コレラ菌、炭疽菌、ボツリヌス毒素等の生物剤や、これらを保有・媒介する生物を使用して、人、動物、又は植物に害を加える兵器であり、大量破壊兵器の一つです。生物兵器は、使用された場合でも自然発生の疾病との区別が困難であり、また感染性のあるものについては、一旦使用されるとその効果が広範かつ長期的に持続するという特性を有します。また、消毒することにより証拠隠滅が可能なため、開発・生産の現場を検知することが困難であるとされます」として、一九二五年のジュネーブ議定書と一九七五年発効の生物兵器禁止条約の参照が挙げられている[21]。

有害な植物や毒素による生物兵器そのものは、古代ギリシャからみられるが、毒ガスが用いられた第一次世界大戦の悲惨な結果を見て、化学兵器と生物兵器の使用が、一九二五年のジュネーブ議定書で禁止された。ただし、開発・生産・保有が制限されなかったために、日本の七三一部隊をはじめ、世界の大国は「防疫」「防御用」と称して、ひそかに研究を続けた。

第二次世界大戦時においては、生物戦と言っても細菌レベルで、炭疽菌・鼻疽菌・コレラ菌・ペスト菌等の撒布が生理学・細菌学で研究された。ナチス・ドイツでは人体実験が行われたが、細菌兵器を作るまでにはいたらなかった。関東軍七三一部隊が、中国大陸で実際に使って被害をうんだのはペストノミ爆弾（ＰＸ）で、これが攻撃用兵器として代表的なものであった。

しかし、第二次世界大戦後の医学・医療の進歩で、ウイルスからゲノム解析・遺伝子操作にいたる新たな技術が加わり、一六七か国が締約した一九七五年の生物兵器禁止条約は、五年に一度の運用検討会議で履行状況を点検・確認することになっている。医学・医療・バイオテクノロジーのめざましい発達の裏側で、生物兵器の開発技術も更新されている。[22]

「疫病→伝染病→感染症」と併行する細菌兵器開発と七三一部隊の遺産

日本では七世紀の「日本書紀」から疾疫・疾気などと災害とならぶ疫病の被害が語られ、明治の開国、西洋医学の導入に導かれて天然痘、麻疹、水痘、コレラ、ペストなどヒトからヒトへと感染する「伝染病」への対策が国内地方政策の要となり、一八九八年の伝染病予防法制定につながった。これは、海外からの危険思想取締を目的とする一九〇〇年治安警察法制定と共に、明治政府の内務省による国内治安維持の二本柱となった。[23]

しかし、その後の一九四五年敗戦期、占領軍ＧＨＱによる厚生行政改革と伝染病研究所再編・予防衛生研究所開設、生理学・細菌学の分子生物学・ウイルス学・遺伝子学などへの再編・細分化、それに人獣共通感染症を扱う獣医学などの発達によって、伝染病より広い破傷風や虫垂炎など人に感染させにくい病原体の病気を含め「感染症」として、一九九七年に伝染病予防法を感染症予防法に改編、国立予防衛生研究所も感染症研究所へと名称を改めた。

つまり、七三一部隊・一〇〇部隊による日本の生物兵器開発は、日本語で「疫病→伝染病→感染病」と推移した人獣共通感染症に対する「伝染病」段階、生物戦の武器で言えば「細菌戦」段階での世界の生物兵器戦争の原型となり、かつ、バイオハザード（有害生物災害）やバイオテロ問題の先駆となった。ただし農林水産省管轄の獣医学では、動物感染症と共に人獣共通感染症を扱いながらも、一九五一年制定の家畜伝染病予防法が、生き続けている。(24)

その間、日本の医学界では、七三一部隊関係者による細菌戦・人体実験の敗戦当初の隠蔽、極東国際軍事裁判（東京裁判）と併行するＧＨＱ及び米国の四次にわたる日本細菌戦調査団へのデータ提供による免責、その免責を踏まえた医学界・医薬産業、特にワクチン開発・製造での復権という歩みをたどるが、それについては筆者は前著などで幾度か詳述してきたので、その参照を求める。(25)

そこでも述べたように、この米国軍・ＧＨＱへの寄生・癒着による免責・復権によって、細菌戦・人体実験に直接たずさわった医師・医学者たちからの反省は、極めて弱かった。(26)

戦後ドイツにおける生物戦の反省と医療倫理の形成

ただし、ナチスのホロコースト、収容所内での残虐な人体実験や安楽死計画を経験した戦後ドイツでは、石井四郎さえ起訴されず裁かれなかった東京裁判とは異なり、ニュルンベルグ医師裁判で二三人の被告人が裁かれ内七名が絞首刑となった。(27) インフォームド・コンセプト、医学実験の「被験者の同意の絶対的必要」など「ニュルンベルグ・コード」を制定し、医療生命倫理を意識的に構築してきた。

これは、第四代西ドイツ首相ヴィリー・ブラントの一九七〇年終戦二五周年演説「国民は自らの歴史を冷静に振り返る心構えが必要です」「なぜなら過去を記憶する者だけが、現在を見極め未来を見通すことができるからです。歴史との対話は特に若い世代にとって大切です。たとえ生まれる前のことだったとしても、引き継いだ歴史から誰もが自由にはなれないのです」や、ヴァイツゼッカー大統領の一九八五年戦後四〇年演説「過去に目を閉ざす者は結局のところ現在にも盲目となります。非人間的な行為を心に刻もうとしない者は、またそうした危険に陥りやすいのです」などの、西ドイツ政府としての公式の反省にもとづくものであった。一九九〇年東西統一後のドイツ政府も、こうした立場を踏襲している。

日本政府が、七三一部隊の存在は認め、二〇〇三年東京地裁判決や山川出版社の高校教科書『詳述　日本史』の記述を認めながらも、公式には未だに細菌戦や人体実験を認めない態度をとっているのとは、対照的である。

二　細菌戦仮想敵国ソ連にとっての日本の生物兵器開発

七三一部隊と一〇〇部隊の同時出発

筆者は幾度か引用してきたが、トム・マンゴールド＝ジェフ・ゴールドバーグ『細菌戦争の世紀』（二〇〇〇年、原書房）は、「生物戦の愚かな第一歩は、日本の七三一部隊から始まった」と断言している。

その冒頭で、七三一部隊の犠牲者一〇八人と数千人の中国人遺族を代表した王選の発言として、「一九三二年から四五年にかけて、中国北西部の満洲に司令部を置く関東軍七三一部隊は、中国との戦争中から占領時代に、日本軍の生物兵器開発計画の一環として、捕虜を使って身の毛のよだつ人体実験を行った。部隊を指揮したのは、石井四郎中将だった。……一九三二年、石井は、求めていた最適の環境を、満洲北部ハルビン市の背陰河という村でついに発見した」という言葉を引いている。[28]

日本での学術研究の先駆者、常石敬一は、『医学者たちの戦争犯罪　関東軍七三一部隊』（朝日文庫、一九九九年）に、小泉親彦軍医監の支援のもとで、石井四郎軍医正を長とする日本陸軍軍医学校防疫研究室の正式の発足は一九三二年四月一日であったが、実際の活動は八月からだったという。[29]

エド・レジス『悪魔の生物学』は、「一九三二年、日本陸軍は石井のために、東京の陸軍軍医学校には研究施設を、中国のハルビンには細菌培養施設を、背陰河という近くの村には試験場を設けた。三つの施設がそれぞれに生物戦の研究に従事していたが、いずれも同じ石井四郎の管轄下にあった」と、日本の生物兵器開発の起源を記している[30]。

同じ頃に、一〇〇部隊の原型もできていた。詳しくは本書第一章の松野誠也の研究に譲るが、現代中国の七三一部隊研究を牽引する楊彦君・上海交通大学教授は、関東軍の軍医たちの人体実験を含む細菌戦研究と軍獣医たちの軍馬を素材にした細菌戦研究がほぼ同時であったことに着目し、「一九三三年四月　関東軍臨時病馬収容所が細菌研究室を設立し、関東軍第一〇〇部隊が細菌戦の準備を始めた印となった」と述べる[31]。本書第一章によれば、関東軍司令官武藤信義「関後令第二六〇号」一九三三年二月一五日「自今関東軍病馬収容所ヲ関東軍臨時病馬廠ト改称ス」に伴うものだった（『混成第一四旅団作命綴（甲）』所収、防衛省防衛研究所戦史研究センター史料室所蔵）。

公式には一九三六年六月二五日、関東軍防疫給水部と関東軍軍馬防疫廠は、天皇の認可を得て同時に出発する。ただし、常石敬一は、設立時の公文書で「関東軍防疫部」が「細菌戦準備」であるのに対し、「軍獣防疫廠」が「細菌戦対策の研究機関」となっていて、実戦用・攻撃用には七三一部隊がすでに十分な準備ができていたこと、一〇〇部隊はこの段階では防御研究機関であったことに注意を促している[32]。

ゾルゲは日本の細菌戦準備を一九三七年につかんでいた

こうした動きは、細菌戦の仮想敵となっていたソ連では、早くに注目されていた。ソ連での生物兵器開発計画は一九二〇年代に始まったとされるが[33]、ソ連を仮想敵にした日本の生物兵器開発に注目したのは、満洲事変から満洲国が設立された一九三〇年代に入ってからであった。

筆者は、七三一部隊と細菌戦の研究を、それまで続けてきた旧ソ連のスターリン粛清、ゾルゲ事件のインテリジェンス研究から出発して二〇一〇年代に調べてきたが、そこで、ソ連のインテリジェンスに関わる一つの問題につきあたった[34]。

その内容は『「飽食した悪魔」の戦後』で詳述したが、長年の七三一部隊研究の専門家、松村高夫・慶応大学名誉教授とジャーナリストの近藤昭二氏に助言を求めて、貴重な知見と資料の提供を受けたさいに、近藤氏から出された一つの質問に直面して、七三一部隊とゾルゲ事件の接点に取り組むことになった。それは、一九四一年に検挙されたゾルゲ諜報団は、早い時期に満洲での七三一部隊の秘密の存在をつかみモスクワに打電していたのではないかという、ゾルゲ事件研究者として書物も出していた筆者にとっては、思いがけないものだった。筆者を含む日本のゾルゲ事件研究者の側から、ゾルゲ事件と七三一部隊の関連が問題にされたことはなかったが、七三一部隊研究者の側では、ゾルゲ事件が問題にされていたのである。ただし、実際に打電された電報はみつかっていない。

日本の敗戦直後に旧満洲などからソ連に戦争捕虜として連行された抑留日本人はおよそ六〇万人、その中から七三一部隊・一〇〇部隊の関係者を捜しだし、ハバロフスク裁判の被告・証人を選定するにあたって、当時のソ連は、どこからどのような情報を得て、いつから細菌戦・人体実験について察知していたのかを解明することは、ハバロフスク裁判記録の信頼性にも関わる。

近藤昭二氏は、ゾルゲ事件の裁判記録の中に、重要な一節を見つけていた。無線通信技師マックス・クラウゼンによる一九四二年一月五日第一一回警察訊問調書中の記述で、これをもとに近藤氏は、「一九三七年に早くもリヒャルト・ゾルゲは七三一部隊について電報を打っているが、情報は近衛公爵周辺から得たと考えられる」と、自ら訳したシェルダン・H・ハリス『死の工場』に註記していた[35]。典拠は、次の箇所である、

一九三七年　月日不詳　日本陸軍は戦争に備ふる謀略戦術として「ハルビン」市又は其の付近に「コレラ」「ペスト」等の細菌研究所を設け盛に培養し居れり。右は当時「ゾルゲ」宅で同人と「シュタイン」

［英国紙記者ギュンター・シュタイン、ゾルゲ諜報団の一員だが一九三八年八月香港へ出国――加藤］と話して居るのを聞きましたが、私はその時暗号内容が解らぬ時代でありましたから打電したか如何かは確実でありません。(36)

米国より早かったソ連の日本細菌戦計画察知

海外のゾルゲ事件研究を調べてみると、ロバート・ワイマントの遺作『ゾルゲ　引き裂かれたスパイ』の中に、本文ではないが、関連する註記が見つかった。ゾルゲの話し相手のギュンター・シュタインは、イギリスの新聞記者で、『エコノミスト』誌などの特派員、一九三八年には日本から離れていた。そのためゾルゲ事件では、「積極的同調者」として名前は挙げられたが、捕まっていなかった。したがって、日本の特高警察や憲兵隊によって追跡され調べられることはなかった。

ワイマントは、ギュンター・シュタインに関して、「興味深いのは、スタインとゾルゲが、ハルビン郊外の日本軍研究所でコレラ菌やペスト菌を散布する兵器の研究をしているという最高機密事項を昭和一二年に話題にしていたと、クラウゼンが回想していることである。日本帝国陸軍の細菌戦計画の詳細が日本人に広く知れ渡ったのは、一九七〇年代以降のことなのである」と註記していた。(37)

これらはすでに、拙著『飽食した悪魔』の戦後』に記してある。(38)米国が日本の細菌戦に注目する一九四一年より五年早く、一九三九年ノモンハンでの日ソ軍事衝突（ノモンハン事件、ハルハ河戦争）の際には、ソ連は日本軍の細菌戦に対して対策を取っていたと推定できる。また、一九四五年八月ソ連軍の満洲侵攻に始まるシベリア抑留の日本人捕虜のなかから細菌戦関係者として約一〇〇〇人を抽出し、一〇〇人ほどから詳しい供述をとり、一九四九年末のハバロフスク裁判で最終的に一二名を起訴し有罪判決を下す準備が整っていたと考えられる。

ゾルゲ事件研究から見つかった一九三二年発足時細菌戦情報漏洩の新事実

ところが、二〇二〇年代になって、さらに新しいソ連側による日本側細菌戦情報の取得が、ゾルゲ諜報団とは直接関係しないが、ハルビン特務機関内部に入り込んだと思われるインテリジェンス情報によって明らかにされた。筆者が病気療養中に病床で翻訳に取り組み、鈴木規夫・愛知大学教授と共訳で刊行したオーウェン・マシューズ『ゾルゲ伝』（みすず書房、二〇二三年）には、元ニューズウィーク・モスクワ支局長であるジャーナリスト・マシューズが、小松原道太郎中将「ハニートラップ・スパイ」説との関わりでモスクワのロシア国防省中央文書館で確かめたらしい、以下の情報が記されていた。

一九三三年、モスクワに日本の機密電報が届き、日本がソ連から中国東方鉄道を奪取する意図があることが暴露された。また、無名の諜報員による秘密資料には、一九三二年八月、ハルビンで行われた東京参謀本部ロシア部長による、対ソ連兵器としての生物兵器の重要性に関する恐ろしい報告が含まれていた。この報告は非常に憂慮すべきもので、トゥハチェフスキー元帥、スターリンは自ら読んだという。[39]

ここで出てくる小松原道太郎中将（一八八〇―一九四〇）は、一九三九年のノモンハン事件時の日本側現地司令官にあたる第二三師団長である。ノモンハン事件での日本側被害は甚大で、小松原中将はその直接の責任者であった。一九一五年陸軍大学校（第二七期）を卒業した後、ロシア大使館付武官補佐官、参謀本部員、陸大教官、ソ連大使館付武官、歩兵第五七連隊長、関東軍司令部付（ハルピン特務機関長）などを歴任している。二〇一一年一二月、黒宮広昭インディアナ大教授が、日本とロシアの公文書などをもとに、小松原がソ連のハニートラップに引っかかり、ソ連の対日情報工作に協力するスパイだった可能性が大きいと発表した。同様の説は、以前からロシアの研究者などが唱えていた。

ノモンハン事件小松原中将によるハルビン特務機関長時代のハニートラップ諜報

『ゾルゲ伝』のマシューズの説は、これを補強するもので、小松原が一九二七年から三三年のハルビン特務機関長時代に、ハニートラップにより重要な情報をソ連に流していたが、一九三九年のノモンハン戦争時はすでに改心していたのか、ソ連側に情報が漏れた気配はない、したがって、ノモンハン事件の日本軍の敗北の責任を小笠原中将のスパイ活動に帰するのは適当ではない、という文脈で語られたものである。

マシューズは、ノモンハン事件について以下のように述べて、一九三二年八月生物兵器情報のインテリジェンスにつないでいる。

ノモンハン事件はソ連の諜報機関によって仕組まれたものだったのだろうか。小松原がソ連諜報員であった可能性を示す有力な証拠がある。小松原は、一九〇九年にサンクトペテルブルクで一年間ロシア語を学んだのを皮切りに、一九一九年にモスクワで軍事担当補佐官、一九二七年から三〇年まで日本大使館の駐在武官を務め、キャリアの大部分をロシアで過ごしていた。一九八三年にソ連の歴史家がモスクワで彼を監視していたソ連防諜関係者にインタビューしたところによれば、小松原は「酒、放蕩、暴利を貪ること」に耽溺していた。この関係者によれば、合同国家政治保安部（ＯＧＰＵ）は小松原を陥れるためにハニートラップを仕掛け、一九二七年、エストニア出張の際に、彼を誘惑するため美しい女性工作員を送り込んだという。モスクワに戻った小松原は、大使館のもう一人の同僚とともにこの愛人と酔っ払ってしまい、自室の金庫の鍵を失くしてしまった（あるいは、合同国家保安部（ＯＧＰＵ）の狡猾な女性工作員に盗まれてしまったのかもしれない）。小松原は、自分の不始末が東京に報告されるのを防ぐために、「何でも承諾する」覚悟でいた。……はっきりしていることは、一九二七年以降に小松原［道太郎］が赴任した先では、東京への誤報、ソ連情報部へのリークが相次いだということである。小松原は一九三二年から三四年までハルビンの特務機関長を務めていた。ポドルスクにあるロシア陸軍の中央公文書館には、小松原のハルビン駐在と同時期の、日本、中国、満洲国に関する詳細な情報があるが、それ以前も以後もほとんどない[40]。

研究領域が違うと見逃されがちな新事実

マシューズはさらに、以下のようにも述べて、黒宮教授の論文の再検証を求めている。

小松原はモスクワで、ソ連情報部専門用語で言うところの「釣針に引っかかり」、ハルビンから情報を送った可能性は十分にある。しかし、ノモンハンにおけるソ連側代理人としての小松原に対するスパイ行為に欠けているのは、彼が満洲第二三師団長時代にソ連情報部の管理者あるいは情報部と直接に接触していたことを示唆するソ連の記録の痕跡である。日本軍の攻撃を誘発することについて、クレムリンと話し合った証拠もない。ノモンハン事件はスターリンの発案であり、日本陸軍の上級諜報員によって行われたと推測するのは興味深い。日本が挑発し、ソ連が決定的に勝利する短期決戦は、日本のソ連侵攻の野望を冷ますためにスターリンがまさに必要としていたものであった。しかし、当分のあいだ、それは証明されないままである[41]。

以上のことは、ゾルゲ事件を含む日ソ諜報戦の研究では、ある程度知られていたことの、旧ソ連公文書館文書による確認である[42]。だが、日本の七三一部隊研究、細菌戦・人体実験研究にとっては、新たな大きな意味を持つことになる。つまり、生物化学兵器開発における日本軍の「負の遺産」や戦後アメリカの巨大システム・先端性ばかりではなく、秘密主義で隠蔽されてきた旧ソ連・ロシアの歴史的役割を、改めて検討する必要が生じている。

似たようなケースで、大きな研究成果を挙げたのが、倉沢愛子・松村高夫『ワクチン開発と戦争犯罪』（岩波書店、二〇二三年）である。戦時日本に占領されたジャカルタ収容所での、インドネシア人「ロームシャ」の破傷風による大量死亡事件については、反日活動のためにワクチンを汚染させたとしてインドネシア人医師「モホタル」が逮捕・処刑されたが（モホタル教授事件）、慶應大学でインドネシア現代史を研究する倉沢愛子教授は、それを日本軍のデッチ上げた冤罪ではないかと疑い、長く史資料を集めていた。

そこに、関東軍七三一部隊による細菌戦や「マルタ」の人体実験を長く追いかけてきた同僚松村高夫教授が、平房本部から戦時は南方軍にまで広がった防疫給水部の医師たちの転戦記録のなかから、倉内喜久雄という七三一部隊大連支部血清課長から南方軍防疫給水部パスツール研究所長になったワクチン学者を見出して、真犯人はどうやら倉沢喜久雄等パスツール研究所による破傷風ワクチン開発の人体実験だったらしいことが分かった。

さらに一九四八年の帝銀事件で名刺が使われた厚生省の松井蔚も、モホタル事件当時はパスツール研究所の総務部長兼研究部長であったことから、帝銀事件の松井証言を調べて真相究明が補強された。インドネシア現代史研究と日本陸軍防疫給水部隊研究の、事件から七〇年を経たドッキングの成果であった[43]。

三　ソ連より一〇年遅れたアメリカの細菌戦対策と東西冷戦下の情報戦

米軍が日本細菌戦を知ったのは一九四一年、しかしナチス・ドイツ対策中心

アメリカは、戦後すぐの時期から、戦犯免責と引き替えに七三一部隊から得た生体実験データ等をもとにして、フォート・デトリックで長く生物兵器を研究し開発してきた[44]。

米軍が日本軍の細菌戦を知り、本格的に取り組んだのは、一九四一年一〇月、真珠湾攻撃の直前で、陸軍省

長官ヘンリー・スチムソンは、国立科学アカデミーに、「我が国は仮想敵国の生物戦によって危機に陥る恐れがあるので、現在の状況と将来の可能性を明確にする調査を開始するように」指示した。もっとも同盟国イギリスは、一九三六年後半には帝国防衛委員会に「細菌兵器導入の現実性」についての調査を始め、ナチス・ドイツを念頭に防御策の検討を始めていた。一九四一年一一月、中国・湖南省常徳での七三一部隊のペスト作戦の頃には、中国紅十字と英米諜報機関は日本の細菌戦を疑っていた。(45)

一九四一年には日本軍の細菌戦を知って情報を集め、四五年春には、風船爆弾と共に、石井四郎指揮下の関東軍防疫給水部がハルビンで細菌爆弾を実験中と特定していた。ただし米国の生物兵器対策は、何よりもヒトラーのナチス・ドイツに対抗する一部であり、イギリスと情報を共有していた。

英国では一九四二―四三年にスコットランドのグリニャード島で有名な炭疽菌の大規模散布実験が行われた。同じ頃、米国でも生物兵器の開発が始まったというが、これらはドイツ軍が細菌兵器の開発を行っていて、それをV1ロケットに積み込むという情報によってだったと伝えられる。しかし、これは誤報で、第二次大戦が終結してみると、ドイツ軍の細菌兵器の開発は、日本の七三一部隊に比すれば初歩的であった。

天皇の戦争責任を恐れた七三一部隊による細菌戦・人体実験の隠蔽

一九四五年八月、日本の敗戦は決定的になった。八月六日の広島に続いて、九日には長崎に原爆が投下された。同じ日、ソ連軍は満洲国との国境を越えて参戦した。八月一四日にポツダム宣言受諾、「内地」では一五日に昭和天皇の玉音放送で「終戦」とされたが、旧満洲では、八月二九日の最終的停戦まで戦争が続いた。機械化された大戦力で進撃するソ連軍に対して、関東軍に抵抗の余力はなく、多くの軍人・軍属が捕虜となってソ連に移送された。いわゆる日ソ戦争とシベリア抑留である。

関東軍七三一部隊は、もともとソ連との戦争を想定して、細菌戦研究・実験を進めてきた。しかし実際には、ソ連軍との戦闘が開始されて真っ先に証拠を焼却・隠滅し敗走したのが、七三一部隊関係者であった。それは、石井四郎と七三一部隊の独断ではなく、関東軍の命令によってでもなく、細菌戦について天皇に責任が及ぶのを恐れた「内地」の参謀本部からの指令によるものであった。

つまり、敗戦によって七三一部隊の存在と人体実験・細菌戦が明るみに出ると、ジュネーブ議定書違反で関東軍の実行犯が追及されるのみならず、陸軍中央・昭和天皇の戦争責任に波及する可能性があった。関東軍参謀の七三一部隊担当は、宮田参謀と称していた天皇の従兄弟・竹田宮恒徳であり、天皇の弟・秩父宮も視察にきていた。沖縄戦や広島・長崎の原爆投下後も日本政府が無条件降伏を渋ったのは、天皇制維持、かの国体護持のためであった。石井四郎と七三一部隊の国際法違反は、国体護持のために、どうしても隠さなければならなかった。これらは別著で詳しく述べた[46]。

戦犯免責とバーターでの細菌戦データ獲得と七三一部隊の隠蔽・免責・復権

しかしながら米軍は、第二次世界大戦に参戦した主要国の中で生物兵器に注目したのは一番遅かったにもかかわらず、戦後は、日本軍から得た資料と人材をもとにして、大規模な生物兵器工場をつくりあげた。マンゴールド＝ゴールドバーグ『細菌戦争の世紀』の表現で言えば、「一九五〇年代に米陸軍は、石井をはじめ七三一部隊の研究者にとっては夢のような生物戦研究用施設を建造した。そして、一九六〇年になるまでに、アメリカは、それを作った科学者当人たちでさえ信じられないほど、とてつもなく恐ろしく、精巧な生物兵器の数々を作り出していた[47]。」これは、よく知られているように、米軍の四次の調査団が来日して石井四郎等七三一部隊の幹部・医師・医学者を尋問し、人体実験を含む膨大な実験データ・尋問記録・証言とバーターで極東軍事（東京）裁判にもかけず、朝鮮戦争期には七三一部隊員の復権を許し、むしろ石井四郎・北野政次等旧幹部を米軍・国連軍に協力させ細菌戦を実施した、といわれる論争問題の土壌となった。

四次の調査団の内、一九四五年秋の第一次サンダース調査団につぐ、一九四六年初めの第二次調査団はA・T・トンプソン獣医中佐が率いていたが、GHQ・G2の協力を得た尋問相手は七三一部隊隊長をつとめた石井四郎・北野政次らが中心で、一〇〇部隊隊長若松有次郎獣医中佐ら一〇〇部隊関係の軍獣医が尋問されることはなかった。一〇〇部隊関係者は、私たちの前著で詳述し、本書第二章で再論するように、帰国した紀野猛・西村武の内部告発をきっかけに、山口本治獣医少佐らがGHQ・LS（法務局）ニール・スミス中尉らの取調べをうけたが、途中でG2が妨害して中途半端に終わり、起訴されることはなかった。

一九四七年第三次フェル調査団、第四次ヒル＝ヴィクター調査団との交渉で、石井四郎等七三一部隊関係者は、データを提供しての戦犯免責に成功し、その後、帝銀事件への捜査協力を経て、医学界・医療界・厚生行政と医薬産業に復権していった。一〇〇部隊関係者も、次節で述べるように、似たような軌跡を辿る。

ヒル博士作成の一九四七年一二月一二日付第四次調査団最終報告書（総論）は、次のように述べていた。二年半の七三一部隊による隠蔽・免責作戦の結果は、米軍に総額二五万円（今日の二五〇〇万円相当）で買い取られたデータとバーターでの、極東国際軍事裁判不訴追、戦争責任からの免除であった。

この調査で収集された証拠は、この分野のこれまでにわかっていた諸側面を大いに補充し豊富にした。それは、日本の科学者が数百万ドルと長い歳月をかけて得たデータである。情報は、特定の細菌の感染量で示されているこれらの疾病に対する人間の罹病性に関するものである。かような情報は我々自身の研究所では得ることができなかったものである。なぜなら、人間に対する実験には疑念があるからである。これらのデータは今日まで総額二五万円で確保されたのであり、研究にかかった実際の費用に比べれば微々たる額である。

さらに、収集された病理標本はこれらの実験の内容を示す唯一の物的証拠である。この情報を自発的に提供した個々人がそのことで当惑することのないよう、また、この情報が他人の手に入ることを防ぐために、あらゆる努力がなされるよう希望する。[48]

フォート・デトリックなど二〇世紀後半米国の「現代的」生物兵器開発

山内一也は、もともと獣医学者であるが、エド・レジス『悪魔の生物学』（河出書房新社、二〇〇一年）の監訳者でもあり、現代日本の生物兵器研究・ワクチン研究の最前線にいる。

山内によれば、米国が本格的に生物兵器開発に乗り出したのは第二次大戦終結後である。追い風になったのは東西冷戦だった。首都ワシントン郊外に設立されたフォート・デトリック（一九五六年にキャンプ・デトリックが改称）が生物兵器開発の中心となった。実戦を想定して、まずは無害の細菌を国防省（ペンタゴン）の建物に撒布する模擬実験、サンフランシスコ沿岸で蛍光を発する硫化カドミウム亜鉛の粒子の撒布実験などを行った。一九五〇年には、フォート・デトリックにエイト・ボールと呼ばれた巨大な地球儀のような建物を細菌の散布実験用に建設した。開発の最終段階は、実際に人間での実験になった。ユタ州のダグウェイ実験場でボランティア兵士に対してQ熱病原体散布が行われた。

このような段階を経て、米国は一九五二年には生物兵器による実戦の準備はすべて整ったといわれる。しかし、一九六九年にニクソン大統領が攻撃用生物兵器開発の中止を突如決定し、これらの計画はすべて中止された。三〇年間にわたる米国の生物兵器研究は、最後の段階では七三一部隊最盛期に匹敵する四〇〇〇人が参加する大規模なものになっていた。

残されたのは、防御用生物兵器開発（ワクチンなどの予防法や診断法）で、これは陸軍感染症研究所に引き継がれて現在にいたる。一九八九年にワシントン郊外で見いだされたカニクイザルのエボラウイルス感染の際に活躍し、ベストセラー小説「ホットゾーン」や映画「アウトブレイク」のモデルにもなった、という。[49]

「古典的」細菌学から医学と獣医学が融合するウイルス・遺伝子・分子生物学の「現代的」研究へ

和気朗『生物化学兵器』（中公新書、一九六六年）は、東西冷戦さなかのベトナム戦争初期の著作であるが、七三一部隊から朝鮮戦争に至る時期の生物兵器を「古典的」として、一九六〇年代以後の「現代的」生物兵器と区別している。

つまり、病原体撒布に媒介昆虫を用いた七三一部隊の時代の生物兵器は、予防措置が可能なら効率の悪い方法なのに対して、ベトナム戦争期には、ウイルス学、微生物遺伝学、分子生物学など生物科学の新しい手法を用いて、病原体の性質そのものを人為的に変え、自然感染経路ではなく呼吸器から肺に直接病原体を送り込むエアゾール噴霧方式が可能になっていた(50)。米国のフォート・デトリックではそうした「現代的」研究が進んでおり、日本の七三一部隊の「古典的」段階とは異なるものとなった。

このことは、ペスト菌・コレラ菌や炭疽菌、鼻疽などを、七三一部隊の医師・医学者たちと、一〇〇部隊の獣医師・獣医学者がそれぞれに行っていた細菌戦研究の在り方をも、変えていったと思われる。

もともと戦時中の日本の生物兵器は、航空機や戦車など機械化が遅れ、軍馬を大陸まで運び南方戦線においても使わざるをえなかった日本軍の近代化の遅れの副産物だった。医学・医師養成を管轄する厚生省と、馬など家畜を守り獣医を育成する農林省の関係が、そのまま陸軍軍医学校と獣医学校の棲み分け・併存、七三一部隊と一〇〇部隊の研究上の競合に表現されていた。

安達の人体実験などで両部隊が交わる機会はあったが、米国はもっぱら七三一部隊に注目し、戦後の実験データ提供によるＧＨＱ・Ｇ２による免責も、旧七三一部隊の医師・医学者中心であった。一〇〇部隊も旧隊員の内部告発からＧＨＱ・ＬＳ（法務局）の人体実験調査は受けたが、Ｇ２により妨害されることで、獣医たちは告発されることがなかった。

第二次世界大戦中は、米国以外ではなお軍馬が運送手段として用いられたが、戦後は軍馬中心の生物兵器研究は過去のものとなっていった。医学も獣医学も、ウイルス・遺伝子レベルの病源を扱うようになり、分子生物学とゲノム解析を踏まえた「現代的」研究へと移行していった。

四　生物兵器禁止条約、バイオハザード、バイオテロへ

一九二五年ジュネーブ議定書から一九七五年生物兵器禁止条約へ――日本の責任と役割

第一次世界大戦の経験から毒ガスと共に生物兵器も禁じられた一九二五年のジュネーブ議定書の「細菌学的手段の戦争における使用の中止」から、新たな国際法上の生物兵器禁止条約が必要になったのも、基本的にはそうした「古典的」生物兵器開発段階から「現代的」段階への、分子生物学・ゲノム技術発展によるものだった。生物兵器の使用禁止だけではなく、生産・貯蔵・廃棄をも規制することが必要になった。

二一世紀の新型コロナ・パンデミックでも見られたが、本来は人類共通の問題である感染症が、なぜ国家単位での厳しい対立になっているのかが問われている。例えば感染源について、アメリカ・トランプ前大統領が「あれは、チャイナ・ウイルスだ」と中国を貶めようとし、対して中国側が「あれはアメリカが秘かに持ちこんだ生物兵器だ」と反論するような関係が生まれている。

生物兵器の使用は、一九二五年のジュネーブ議定書で使用は禁止されていた。第二次世界大戦中は、アメリカも、ナチスドイツも、旧ソ連も、生物兵器の防御的研究を進めていた。しかし実際にそれを攻撃に使って、犠牲者を出すところまで徹底したのは、日本だけであった。日本が生体実験までして生物兵器を作り出し、中国人やロシア人三〇〇〇人以上の人体実験、二万六〇〇〇人から三万人もの細菌戦による犠牲者を出したことが、第二次世界大戦後の感染症対策を、大きく規定したのである。

第二次世界大戦後、国連の下に世界の人々の健康を守ろうとする国際組織、世界保健機構（ＷＨＯ）が設立されたが、いわゆる冷戦の時代にはアメリカと旧ソ連が中心になって、冷戦崩壊後の二一世紀にはアメリカと

中国の対立が軸になって、本来人類全体で当たるべき感染症対策に、国家間対立の影、国家安全保障と危機管理の問題が加わっている。

ソ連のハバロフスク裁判と生物兵器開発によるバイオハザード

第二次大戦が終結してみると、ドイツ軍の細菌兵器開発は初歩的で、日本こそが攻撃用細菌戦・生物兵器開発の第一線にいたことがわかった。

その日本の細菌戦体制が、戦後冷戦期の米ソの生物兵器開発のモデルとなった。アメリカは、戦後すぐの時期から、石井四郎等の戦犯免責と引き替えに、七三一部隊が得た生体実験データ等をもとにして、フォート・デトリックなどで長く生物兵器を研究し開発してきた。

一方ソ連軍は、終戦直前の一九四五年八月九日に満洲に入って、逃げ遅れた七三一部隊関係者を捕虜にし、厳しい尋問をしてシベリアの収容所に送った。旧満洲国の七三一部隊・一〇〇部隊跡地などから、隠蔽・焼却しきれずに残された実験機器や資料の断片、それに残された資材の一部もソ連に運んだ。

一九四九年末のハバロフスク裁判で細菌戦を告発したように、七三一部隊・一〇〇部隊関係の資料や証言を集めたばかりでなく、核兵器開発と同じように、国内の秘密都市で、一九五〇年代から九〇年代のソ連の崩壊まで、生物兵器の研究を進めた。第一節で見た山本幡男ら一〇〇〇人が送られたスヴェルドロフスクは、その秘密都市の一つであった。その大きな細菌戦基地は、ハルビン郊外にあった旧七三一部隊の工場跡地の地図を元にして旧ソ連内にそれを再現し、七三一部隊の「古典的」生物兵器研究を継承し発展させようとした(51)。

もっとも一九八九年にハバロフスクで出版されたソ連の七三一部隊告発書、イワノフ＝ボガチ『恐怖の細菌戦』は、ハバロフスク裁判のソ連側告発、森村誠一『飽食した悪魔』の内容紹介、それに朝鮮戦争とその後のアメリカによる生物兵器開発とキューバや中南米での使用疑惑については詳しいが、ソ連自身が一九三二年以来追いかけてきた、日本軍による細菌戦情報をベースにした戦後ソ連の生物兵器開発には、一言も触れない。冷戦期情報戦に典型的な東側の研究であった[52]。

ところが、一九八九年の冷戦崩壊、九一年のソ連解体を経て、ソ連自身による生物兵器開発の歴史、その過程での一九七九年にスヴェルドロフスク炭疽菌漏洩バイオハザードの事実が、米国に亡命したロシア人科学者等の手で明らかにされた。スヴェルドロフスク（現在のエカテリンブルク）は、ハルビン郊外平房をまねて作った細菌生物兵器専用の工場を持った秘密都市で、研究していた生物兵器のもとになる炭疽菌が漏れ出して、公式には六六人死んだとされている。もっともそれは、米国フォート・デトリックに比すれば、バイオハザード事故に対する防備・施設管理も脆弱なものであった。公式数字とは別に、恐らく一〇〇〇人以上が犠牲者になっただろうと言う[53]。

それを察知したアメリカは、生物兵器は研究段階でも些細な不注意・事故で大規模災害が起こることを学び、そこで、バイオ・セイフティ・レベル（ＢＳＬ）とよばれる細菌・ウイルス研究施設の管理問題が提起され、日本でも旧予防衛生研究所・感染症研究所の移転問題や長崎大学などで、ＢＳＬが問題にされるようになった。

オウム真理教から始まったバイオテロの時代

それればかりではない、生物兵器の歴史で再び日本が注目されたのは、一九九六年に地下鉄サリン事件により大量検挙されたオウム真理教事件によってであった。オウム真理教は、新興宗教としてロシアに布教しようとしたばかりでなく、崩壊した旧ソ連から流出した生物化学兵器の技術を意識的にとりいれ、「貧者の核兵器」を作ろうとしていた。

生物兵器は、たんに戦争における武器であるばかりでなく、平時に開発途上のバイオハザード災害をおこし、時には個人的テロの手段としても関心が持たれるようになった。つまり、生物兵器を個人単位でばらまいたり、暗殺に使ったりすることが、現実に起きる段階になった。日本のオウム真理教事件がその先駆であり、世界的には二〇〇一年九・一一の米国同時多発テロ直後におこった、アメリカの政府要人に郵便で炭疽菌がばら撒かれた事件（米国炭疽菌事件）で広く知られるようになった。

バイオテロでは、個人が生物兵器をばら撒いて、社会的な大混乱を起こすことが可能になる。山内一也によると、このバイオテロを最初に始めたのは日本で、具体的にはオウム真理教の麻原彰晃であった。サリンのような化学兵器だけではなく、ボツリヌス菌・炭疽菌など生物兵器の製造・使用も、実際に準備されていた。そして、アメリカ軍やCDC（疾病予防管理センター）は、生物兵器対策の研究中に細菌やウイルスが漏れてはいけない、それに加えバイオテロ対策が必要だとして、生物兵器への防御策の研究を強化した。オウム真理教がソ連崩壊期のロシアから入手しようとしたように、軍事強国化した中国、核保有の独裁国家北朝鮮などでも、生物兵器の開発は続いていると考えられている。

日本でも、生物兵器について、①簡単に人から人へ拡散、伝播すること、②高い死亡率であること、③パニックを引き起こし、社会を壊滅させること。④公衆衛生上の対策で、特別な準備を必要とすること、という四つの特徴を挙げて、特に炭疽菌による大量同時殺人がありうるとして、二〇〇一年以降、日本医師会のホームページに、次のような警告を掲載している。[54]

「生物兵器は、従来の化学兵器に比べ、より破壊力（殺人力）が大きく、安価であることが特徴である。そして、生物兵器に用いられる生物量は、比較的コントロールしやすく、輸送や散布が容易なのである。一九九三年の米国政府機関（The United States Congressional Office of Technology Assessment）の報告では、一〇〇キログラムの炭疽菌（Bacillus anthracis）を首都ワシントンで空中にばら撒いた場合、一三万から三〇〇万人の死者がでると推計されている。これは、水素爆弾に匹敵するのである。」

したがって、二〇二〇年初めに中国の武漢からコロナウイルスが見つかった時、米国ですぐに始まったのは、これは生物兵器であるのか、それとも研究中に間違って漏らしたものか（バイオハザード）、あるいは個人的に中国政府に対して怨みを持ったものの犯行か（バイオテロ）という犯人探しであった。特に武漢ウイルス研究所のＢＳＬ管理が注目され、米中両国の情報戦になったのである。(55)

第三節　三友一男『細菌戦の罪』の罪と「旧隊員」遺品からの新情報

一　戦後一〇〇部隊関係者の隠蔽・免責・復権

七三一部隊ほどには厳しくなかった旧一〇〇部隊隊員たちの隠蔽と免責

筆者は、二〇二〇年の著書『パンデミックの政治学』を踏まえて、新型コロナ・パンデミックの中で見えてきた戦後農林省・厚生省・医薬産業の癒着、日本生物科学研究所や実験動物中央研究所、感染症専門家会議とワクチン製造の関係等を論じてきた。

こうした研究を通じて、かつて七三一部隊の戦後について詳しく論じた「隠蔽→免責→復権」という流れが、一〇〇部隊についても見出されるのではないかと考えてきた。

「隠蔽」とは、関東軍軍馬防疫廠の細菌戦計画参加、とりわけ人体実験を含む細菌兵器に取り組んだ二部六科の存在の隠蔽であり、関係者の経歴詐称、証拠隠滅である。一〇〇部隊歴を誇る旧隊員はほとんどいないが、敗戦時に備品・試薬を持ち帰り、国内検疫に使われた顕微鏡なども含めて、山口本治や加藤久弥のように後に国立大学教授になった獣医たちは、それを日本獣医学会研究所などを通じて全国の獣医師にリサイクルしていったことを、誇らしげに書き残していた。多くは大学退職時に教え子らに配る、いわゆる「退官記念本」においてであるが、軍歴やGHQとのやりとりを書き残しているケースもみられた。

「免責」とは、七三一部隊のようなGHQ・G2による大がかりな調査と資料・情報提供はなかったにしても、若手技手だった紀野猛・西村武によるGHQへの手紙による「人体実験の噂」の内部告発にもとづき行われたLS（法務局）による山口本治らに対する尋問と、その不起訴をさす。この点で七三一部隊と大きく異なるのは、七三一部隊が石井四郎という明確な指導者中心に、北野政次、増田知貞、内藤良一ら細菌戦・人体実験に関わったほとんどの医師・医学者が訊問され詳しく供述したのに対し、一〇〇部隊の場合は、隊長である若松有次郎が一度呼ばれたくらいで、副隊長格の保坂保太郎や関東軍・七三一部隊との連絡を担当した総務部の井田清・野本貞夫らも責任を問われることなく、紀野猛・西村武らに告発された細菌戦担当の二部六科長だった山口本治がもっぱらマークされていたように見えることである。井田清や鳥羽秋彦は、一九四八年の帝銀事件捜査で警視庁によばれるが、それは戦争責任の追及ではなく、犯人捜しへの協力要請だった。

細菌戦研究にたずさわったという意味では、一〇〇部隊は七三一部隊と同罪なのであるが、もともと連合国捕虜の殺人などをBC級戦犯として問題にするGHQ・LS（法務局）が調査主体であったために、GHQ・G2に妨害されLSの関心が確実に起訴できる九州帝大米兵捕虜解剖事件などに移ると、調査そのものが継続されずに、免責されていった。

戦後社会にスムーズにとけこんだ細菌戦獣医たちの復権

そして、「復権」とは必ずしも隠蔽・免責の後とは限らないが、もともと「細菌戦対策の研究機関」として設立され運用された一〇〇部隊の構成員であったにもかかわらず、その軍歴や研究歴を問われることなく、最高時一〇〇〇人近くに及んだ多くの隊員が、獣医の管轄官庁であった農林省、日本獣医学会、獣医師会などの要職に就き、戦後の獣医学、畜産・産業動物、動物病院・医薬産業などに継承されていったことである。もとより七三一部隊もそうであったが、一〇〇部隊も新京（長春）からの帰国が大きく三班に分かれ、シベリアに抑留されたものや朝鮮北部に家族が留め置かれ抑留された隊員もいた（本書第二章参照）。しかし、ハバロフスク裁判の被告とGHQ・LSの訊問対象者を除き、軍獣医の公職追放は若松・保坂・山口ら佐官級以上に限定されたと思われ、軍歴によって苦労したという話はほとんどない。

極東軍事裁判（東京裁判）ばかりでなく、公職追放やGHQ主導の医療行政改革・病院改革・医学教育制度改革等の影響を受けて再編された七三一部隊関係者とは異なり、一〇〇部隊に関わった獣医師や獣医学者たちは、研究を継続して博士論文を書いたり、農林省に任用され獣医学教育にたずさわったりで、その戦時細菌戦部隊帰属を問われることなく、スムーズに戦後日本に適応していったかに見える。戦後占領期のワクチン作りにも多くの獣医学者が関係し、政府委員など公的仕事に就くにも支障がなかったようである。

ハバロフスク裁判で被告となった川島清・柄沢十三夫等七三一部隊員に比べて、一〇〇部隊の三友一男・平桜全作は、抑留・帰国後も特に注目されることなく、森村誠一＝下里正樹コンビの「悪魔」告発にもひっかからなかった。軍馬を相手にした一〇〇部隊は、戦後は明らかに時代遅れで、いわば七三一部隊のそえものとして扱われた。

こうした一〇〇部隊に即した史実は、本書の共著者小河孝・松野誠也らの手で着々と探求されてきており、それは同時に、中国の研究者が一〇〇部隊の戦争責任を語る場合の基礎データになっている。これらは本来、前著で筆者が加藤久弥を追いかけたのと同じレベルの個別のケース・スタディを必要とするが、若い研究者による実証的研究が待たれる。

例外としての高杉晋吾の執念から若松有次郎・平桜全作の戦後解明へ

一〇〇部隊隊員の戦後を追ったわずかな例外が、ジャーナリストの高杉晋吾で、七三一部隊ばかりでなく一〇〇部隊出身者にも目配りし、若松有次郎が医薬産業に潜り込みワクチン作りに関係していることをつきとめ、平桜全作からは戦後の証言をひきだした。

高杉晋吾『七三一部隊　細菌戦の医師を追え』(徳間書店、一九八二年)は、「悪魔の飽食ブーム」のなかで出版されたが、ドキュメンタリーの調査は、その一〇年前から進められていた。そこで「細菌戦を支えた民間『同人会』」「戦中戦後の囚人人体実験」などを追いかけながら、「七三一部隊隊長と百日咳人体実験」で、七三一部隊第二代隊長を務めた北野政次が一九四六年から中村滝公衆衛生研究所長になり、ほとんどが元七三一部隊隊員である約三〇人で「百日咳ワクチン」を開発していたことを述べた。

その北野の研究費の出所を調べる過程で、後に三共製薬に吸収される中村滝公衆衛生研究所のほかに、「日本医薬の若松有次郎」が、文部省百日咳研究班に組織され「百日咳ワクチンの試験製造」を進めていることに気がついた。この若松有次郎が、敗戦時の一〇〇部隊隊長で、戦後は静岡県清水市の日本医薬の工場長となり、国立予防衛生研究所に出入りしていたことを突きとめた。ハバロフスク裁判の平桜全作証言などから、一〇〇部隊も攻撃用細菌戦に関係したと論じた[56]。

高杉晋吾は、さらに『にっぽんのアウシュヴィッツを追って』(教育史料出版会、一九八四年)を書いて、若松有次郎はすでに亡くなっていたが、ハバロフスク裁判で有罪だった元関東軍獣医中尉・平桜全作が青森県青森市に存命中なことを突きとめ、貴重なインタビュー記録を残した。貴重というのは、細菌戦や人体実験を認めたという意味ではなく、公表されたハバロフスク裁判記録があるにもかかわらず、「一〇〇部隊は動物だけ」と細菌戦や人体実験への関与を強く否定し続けたこと自体が、インタビューした高杉には「平桜氏の否定の信憑性を疑わせる」ものとなった。

そのうえで高杉は、GHQサムス准将が奨励した占領期のワクチン接種による防疫体制をトレースし、「日本のワクチン・メーカーのほとんどは、米軍への協力を条件に戦犯を免れた七三一部隊員や一〇〇部隊員によって設立されていた」と総括した。この調査報道は、後の斎藤貴男や芝田進午等によるワクチン産業のなかに日本の七三一部隊・一〇〇部隊の生物兵器開発の継承を見出す研究の先駆となった。(57)

三友一男『細菌戦の罪』の資料的性格と匿名読者からの手紙

これまで一〇〇部隊研究の基本資料とされてきた三友一男『細菌戦の罪』（泰流社、一九八七年）は、一〇〇部隊研究にとっては、罪深い書物である。もともと『青春如春水』というタイトルで限定出版された三友の「自分史」をもとにしていた。そのことは、関東軍石頭予備士官学校第一三期生の仲間であった佐藤清によって書かれた同書冒頭の「解説」に記されている。高杉晋吾の若松有次郎追跡から五年後、江田いづみの学術研究(58)の一〇年前の刊行で、一〇〇部隊研究にとっての必読書とされてきた。それは、何よりも、ソ連が七三一部隊・一〇〇部隊関係者を裁いた一九四九年のハバロフスク裁判の被告一二人のなかで、はっきりと「細菌戦」をうたって回顧録を書いたのが、三友一男ただ一人であるという希少性・貴重性によっていた。

筆者個人にとっては、近衛文麿の長男近衛文隆の戦後ソ連での抑留が、ハバロフスク裁判で有罪の柄沢十三夫・三友一男らと同じ収容所で、後にスターリン主義・シベリア抑留の告発者として著名になる内藤操（作家・内村剛介）も一緒だったイワノボ将官収容所の体験記録としても、貴重なものだった。(59)

そのため、われわれの前著『731部隊と100部隊』においても、ソ連側ハバロフスク裁判記録の他、米国国立公文書館（NARA）のGHQ文書、日本の国立公文書館「アジア歴史資料センター」所収文書や各種回想などで、三友一男『細菌戦の罪』を補ったり修正したりしながら、一〇〇部隊の全体像に迫ろうとした。

ところが二〇二三年八月一五日、本書の発行元である花伝社気付で、「『731部隊と100部隊』著者　加

第一信①手紙文

加藤哲郎様　小河孝様

突然、不躾な書簡を差し上げて申し訳ございません。研究のお役に立てればと思い、資料等を送らせていただきました。

実は、100部隊の某隊員の方が近所にお住いでしたので懇意にしていただきました。資料や手記を託され、いつか機会があれば世の中に発表して欲しいと遺言を預かりました。昨年「731部隊と100部隊」を拝読させていただき、正に今がその時かと思い送付させていただきました。早々にお送りしたかったのですが、数多の書籍、膨大な資料や手記を解読するのに時間がかかってしまいました。

ご迷惑のかかることが無いよう想像や推測は避け、託された資料や手記のみをお送りいたしましたのでご自由にご利用いただければと存じます。
（森村誠一氏の誤用事件のようなご迷惑がかからないように配慮したつもりです）

令和5年8月15日

第一信②目次

[目 次]

1、プロパーではないが、隊友会は存在した。
(資料 1) 隊員名簿表紙、部隊徽章と部隊歌
まえがき、凡例

2. 人体実験について
① 三友一男氏の見解
(資料 2) 「紫陽」73号の一部、某隊員への手紙、
「青春如春水」の目次と73〜78P

② 山口本治氏の見解
(資料 3) 「紫陽」75号 6〜13P

③ 井田清氏の手紙
(資料 4) 昭和27年(1952)5月 某隊員への手紙
の一部抜粋

④ 某隊員の手記
(資料 5) 隊員証、「第2部第6科の研究と実験」
反論(実験は組織的に行われていた)

3、部隊焼却時の様子
(資料 6) 東京新聞(昭和20年10月19日)
某隊員の手記

4. 遺言を託された者より一言、追記

藤哲郎様・小河孝様」の宛名で、「「元一〇〇部隊の某隊員から遺言を託された者より」という資料コピー付の手紙が送られてきた。右が第一信の手紙と目次である。丁寧な書体である。

丁重な挨拶と資料目次がついており、半信半疑で読み込むと、確かに多くの未知の事実も含まれていた。しかし、これらの資料は、旧隊員及び匿名情報投稿者の手で整理され、意識的に選択された情報であるため、学術的研究には適さないものであった。つまり、もともと第一次資料であっても、一部のみが恣意的に抜き取られ、他は隠されたままである。そのため、当該資料、例えば「一〇〇の会」名簿は、その存在が示されたという意味では意義はあるが、表紙ばかりで中身がないので分析できない。人数等が表示されているが、それは原資料のまとめであり、資料そのものではないから、正確である保証はなかった。

そこで筆者は、個人ホームページ「ネチズンカレッジ」を用いて、第一信の内容にコメントしつつ、送付資料のもととなった「某隊員」保存資料そのものの全体的公開を、投稿者及びHP読者に呼びかけることにした。

筆者の「ネチズンカレッジ」は、かつて九・一一米国同時多発テロの頃にはほぼ毎日更新して、メーリングリストMLやフェイスブックFBと組み合わせ、累計数百万人に達する多くのアクセスがあった。ブログ・ツイッター（現X）・インスタグラム・LINE・you tubeなど、スマートフォンとSNSが生まれた頃から更新頻度を落とし、また移ろいやすい時局情報はとりあげないようになった。特に一橋大学・早稲田大学での教員職から離れ、研究に専念できる二〇二〇年代には、コロナ・パンデミックが始まり、自分自身が病気で入院・手術を繰り返すようになって、更新は月に一回、記述も最小限にとどめてきた。大きな問題についての原理的コメントと、著書以外のこれまで蓄積してきた論文のデータベースへの保存を、メインにしてきた。

匿名読者からの二〇二三年八月第一信・九月第二信、二〇二四年五月第三信

しかし、九月に届いた第二信（日付けはないが軽井沢駅前、二〇二三年九月五日消印）は、「ネチズンカ

レッジ」でのよびかけへの回答ではなく、筆者のHPを参照した形跡はなく、「一〇〇部隊の引揚、帰国後について、まとまりましたのでお送りします」という、第一信の補足だった。われわれの研究にとっては、このように整理された資料はかえって使いにくく、研究をある方向に誘導しようとしているのではないかと疑わせるものだった。

そこで、ちょうど一一月に戦争と医学医療研究会の総会があり、松野誠也の「職員表」研究発表も予定されていたので、加藤・小河連名での「一〇〇部隊の真相にせまる旧隊員からの匿名情報―『一〇〇の会』名簿と『紫陽』探索」という後掲する報告で、むしろ、中国・シンガポールの研究者を含む参加者たちに、「一〇〇の会」名簿や『紫陽』について問い合わせ、情報提供を求める形をとった。

同時に、花伝社からは、この匿名読者からの新資料を用いて、前著『731部隊と100部隊』の延長上で一〇〇部隊に特化した書物を刊行するよう勧められた。私たちはそこで、ちょうど七三一部隊ばかりでなく一〇〇部隊の「職員表」を発見していた松野誠也を加え、本書を準備することにした。そのさい、「一〇〇部隊名簿」や『紫陽』のバックナンバーが見つかれば、その分析をメインにしようと、花伝社及び共著者に加わった松野誠也と打ち合わせていた。ところが、それから半年、第二信に続く匿名投稿も「ネチズンカレッジ」への応答もなかった。そこでどうやら、われわれの研究への資料協力は第二信で終わったものだろうと判断し、五月ゴールデンウィークを第一次原稿締切にして、執筆・編集をすすめてきた。

そこに、二〇二四年五月三日付けで、匿名読者の第三信が届いた。今度は「ネチズンカレッジ拝読させていただきました。まず公表していただいたこと、そして戦争と医学・医療研究会にも取りあげて頂いたことを、某隊員に成り代わりまして御礼申し上げます。昨年送付いたしました資料・書類は私の説明不足な点があり、失礼をいたしました。以下の事について書籍・資料等を再確認調査いたしましたので、送らせて頂きます」と丁寧な応答で、おそらく他意はないと思われるが、またしても自分自身で資料を解読して私たちに「解説」す

第二信①目次

〔目次〕

1. 引揚、帰国について

(1) 三友一男氏の記述（資料1）

(2) 山口本治氏の記述（資料2）

(3) 某隊員の手記（資料3）

時系列比較表

2. 帰国後、定州に残された家族の救援

（資料4）

3 GHQへの報告書提出について（資料5）

4. 結びに（資料6）

第二信②結びに

結びに

某隊員が収集された100部隊に関する書籍等数十冊を読んでみると、憶測や想像で書かれた物が余りにも多く、中にはプロレタリア作家が事実小説と称して脚色された物までありました。

併せて数千ページに及ぶ某隊員のドキュメントを解読してゆくと、三友氏が推測や伝聞で書かれた一部の文章や山口氏の正鵠を得ない記述が歴史的事実として確定されてしまうことを懸念しましたので、某隊員に成り代わり遺言に基づき2回に渡り手記及び資料を送らせていただきました。

100部隊の真実が解明されることは歴史の教訓として大変重要なことだと思います。しかし、それを後日中国やロシアに政治的利用されないようにすることも大切なことだと考えます。

不一

令和5年9月3日

第三信①

1.

前略

「ネチズン・カレッジ」拝読させていただきました。
まず、公表していただいたこと、そして「戦争と医学医療研究会」にも取り上げていただきましたことを某隊員に成り代わりまして御礼申し上げます。

昨年送付いたしました資料、書類に私の説明不足な点があり失礼をいたしました。以下の事について書籍、資料等を再確認調査いたしましたので送らせていただきます。

○「紫陽」について

旧陸軍獣医学校跡地に建つ駒場学園高等学校内に紫陽会の事務局があります。

〒155-0032 東京都世田谷区代沢1-23-8

03-3412-5561　　03-3422-0459？

平成5年当時の紫陽会副会長の方の話によると、「紫陽」の全揃えが事務局内に保存されているそうです。また、紫陽会の会議は日本獣医畜産大学の図書館も利用していたそうなので、こちらにも「紫陽」他「陸軍獣医団報」も保管されている可能性があるとのことです。

なお、2000年に「日本陸軍獣医部史」(紫陽会名簿付)が紫陽会より発行されてます。ご参考まで。

2

○100の会について
戦後に発足された「家族援護会」は、「100の会」とは異なり、「100の会」の前身ではありません。

「100の会」は隊員名簿を作成してはいますが、団結した会ではなかったようです。前回送付しましたように引揚時の対立が後を引き、その影響の無かった方々（100部隊から途中転出した隊員や女子軍属等）を中心に結成されていました。戦後の不満を持つ元隊員達は出席しておらず、また部隊の元幹部からの呼び掛けも全く無かったとのことです。会の運営の計画性は乏しく、只漫然と毎年どこかの県に集合して旧交を温めるだけの会だったそうです。

○某隊員の被害者に対する謝罪、悔恨、反省について
以前送付しました某隊員の記録は、事実を基とした記述であり、謝罪、悔恨、反省等の感情を表したものは含まれておりません。
しかし、某隊員は犠牲者達の位牌を作り、仏壇に供えて毎日供養されていらっしゃいました。「戦争は絶対にしてはいけない」とつぶやかれたこの言葉には謝罪、悔恨、反省が結び付いていると私は思っております。

第三信③

3

。『細菌戦の罪』への「100の会」としての自己防衛と
山口本治による検閲について

不明でした。私が某隊員よりお預りした書籍、資料の中には、このような記載は一切見つかりませんでした。

〈補足〉
今回改めて精査しましたことにより、三友氏の「青春如春水」とハバロフスク軍事裁判の公判書類との相違点を見つけました。

「細菌戦用兵器ノ準備及ビ使用ノ廉デ起訴サレタ元日本軍軍人ノ事件ニ関スル公判書類」の109ページ7行目(資料①)には、『松井ノ指圖ヲ受ケ、…』とありますが、(※他29、409、410ページにも同様な記述があります)
「青春如春水」の77ページ最終行(資料②)では、『井田技師の指示に従って…』となっています。

「青春如春水」巻頭にある、はじめにの6ページ4行目〜9行目の部分に『この記録、中でも100部隊に関する部分については、誇張されている事が多く、必ずしも事実を正確に伝えたものとは言い難い。こうしたことから〜とりわけ100部隊のありのままを書いておくことが必要だと考えた。』とあります。(資料③)
また、三友氏は「紫陽」に発表された「満州第100部隊『細菌戦の罪』抄録」の著者自序の(15)ページ上段6行目〜21行目にかけて『この公判記録は勝者が敗者を

第三信④

4.

裁いたものであることを考慮すれば、必ずしも公正、正確であり得ない〜有りの儘書き残しておく〜』と同様なことを書かれています。（資料④）

これらの記述から「公判書類」より「青春如春水」の方が信ぴょう性が高いと考えられます。

松井氏は三友氏と護送に当たる等一部加担はあったものの、三友氏に実際に指示を出していたのは井田氏であった事の真相が解明されます。

末筆ですが、100部隊の更なる真相究明にこれからも協力いたしたい所存です。三友氏が「100部隊について誤って伝えられていることが、やがて真実となって定着してしまうことを恐れた。」と懸念するように、某隊員が遺存された資料の事実だけを今後もお送りするようにいたします。　不一

令和6年5月3日

る、われわれの研究資料としては使いにくいものであった。ただしこれで、匿名読者が「ネチズンカレッジ」を読んだことが確認できた。

『紫陽』の所在地を示し、戦後の「家族援護会」は「一〇〇の会」の前身ではないといった情報は有益であるが、現物を点検できない以上、そのまま信じるわけにはいかない。

そこで、ほぼ完成しつつあった本書に、とりあえず匿名読者からの第三信も反映させ、「ネチズンカレッジ」コメントを名指された加藤、及び三友一男『細菌戦の罪』の記述を批判的に検討してきた小河が、それぞれ「あとがき」風に、匿名読者の第三信に返事を書くことにした。

以下では、当初の編集計画からすると変則的であるが、匿名投稿者も読んだという筆者の「ネチズンカレッジ」の関連部分を書物に収録し、末尾に、第三信・第四信への返答を加筆して、筆者としての「あとがき」とする。

二　私の一〇〇部隊研究の基本視角――「ネチズンカレッジ」森村誠一追悼から

二〇二三年七月一日　●優生学・優生思想との訣別を！

かつて日本資本主義の畸形性・脆弱性を「インド以下的労働賃金＝植民地以下」と評した講座派経済学がありましたが、ジェンダーギャップの世界では、二〇二三年の日本は一二五位、カースト制度が色濃く残る一二七位のインドとほぼ同じで、一〇五位の韓国、一〇七位の中国からも、大きく遅れています。

人種差別や性差別が続く大きな理由の一つに、「人類の遺伝的素質を改善することを目的とし，悪質の遺伝的形質を淘汰し，優良なものを保存することを研究する学問」といわれる優生学、「生産性の高さや障害の有無などによって人間を「優れた人間」と「劣った人間」に区別し、「劣った人間」は社会から排除してもよい、という優生思想の考え方が跋扈した、二〇世紀の問題があります。

優生思想は、遺伝学や進化論ばかりでなく、科学主義や生産力主義とも親和性を持ち、さまざまな宗教やマルクス主義とも容易に結びつきました。「革命」をめざす「前衛」政党の中に、女性を「後衛」とみなすハウスキーパー制度がビルトインされていたのも、二〇世紀優生思想の広がり・深刻さを示していました。

● しかし、欧米ばかりでなくデンマーク、スウェーデン、フィンランドなど北欧諸国にもあった優生学・優生思想が、二〇世紀の後半以降徐々に克服されてきたことは、ジェンダーギャップの世界で、北欧福祉国家諸国が圧倒的に上位にあり、ナチス優生学を忌まわしい経験として意識的に克服したドイツが第六位であり、「断種法」発祥の地でありながら公民権運動やアファーマティヴ・アクションで克服に取り組んだアメリカが四三位であることで、この一〇〇年の変化がみられます。

逆に言えば、天皇制の長く支配する近代日本は、優生学・優生思想の伝統が根強く、反省がきわめて遅れている国ということになります。ただしそれは、日本経済の「失われた三〇年」と関係はしますが、同一ではありません。ジェンダーギャップ指数は、ニカラグア七位、ナミビア八位、ルワンダ一二位のように、むしろ女性登用が経済発展に寄与する国をも示しているのです。

日本は、戦前関東軍七三一部隊の中国人・ロシア人「マルタ」を使った人体実験・細菌戦や、国内で戦時体制構築に使われた「民族衛生」「国民優生法」の伝統が二一世紀にまで持ち越された、特異な女性差別・外国人差別残存国なのです。

● こうした観点からすれば、六月一九日に立法府・衆議院ホームページのトップに公開された、「旧優生保護法に基づく優生手術等を受けた者に対する一時金の支給等に関する法律第二一条に基づく調査報告」という長いタイトルの文書（旧優生保護法報告書）は、ジェンダーギャップ解消のみならず、出入国管理・難民認定法、外国人技能実習制度等の問題を、「無数の人間の辛抱強い努力」で前向きに改訂していく上で、重要な橋頭堡・ヒントになりうる公文書だと思われます。概要版、全体版、分割版という丁寧なかたちでダウンロードもできるPDFファイルとして収録されました。

プリントアウトすると一四〇〇頁にものぼるその内容は、二一世紀に入って関東軍七三一部隊の戦時細菌戦・人体実験を追及し、この三年のコロナ対策やワクチン製造にもその負の遺産の影を見出してきた私の立場からすれば、意味あるものです。概要版だけでも、すべての国民が、とりわけ若い世代の人々が読むべき、画期的なものです。それは、日本の強制不妊手術＝「旧優生保護法（旧法、一九四八〜九六年）下で、障害や特定の疾患がある人たちが不妊手術を強いられた問題」について、衆参両院調査室が「立法の経緯や被害の実態」などを三年かけて調査し、三編構成にまとめたものです。

●その第一編は「旧優生保護法の立法過程」、二編は「優生手術の実施状況等」、三編は「諸外国における優生学・優生運動の歴史と断種等施策」です。

一編の立法過程では、一九三八年、内務省から分かれてできたばかりの旧厚生省に「優生課」が設置されるなど、優生思想が国の施策となっていく過程を記述します。「不良な子孫の出生を防止する」目的で一九四八年に旧優生保護法が成立した際には、「批判的な観点から議論がなされた形跡はなかった」と指摘します。社会党・共産党を含む議員立法で、全会一致でした。学校教科書の記述も分析して、一九七五年の高校保健体育の教科書に「国は国民優生に力を注いでいる」という趣旨の記述があったこと、その上で旧法に対する批判も含めた記述が出てきたのは、八二年に施行された高校学習指導要領以降だと説明します。

二編からは、官民一体で不妊手術を推進した実態が描かれます。旧厚生省は四九年、身体拘束したり、だましたりすることが許されると通知、医療機関や福祉施設への調査では、実際に「他の手術と偽った事例が見られた」としました。一部の自治体は、手術を後押しする運動を展開したり費用の助成をしたり、強制不妊手術を推進しました。手術の背景には「性被害による妊娠のおそれ」「育児が困難とされた」「家族の意向や福祉施設の入所条件とされていた」などのケースがあると記述しています。旧法で認められていたのは、卵管や精管を縛るといった不妊手術でしたが、実際には子宮や睾丸の摘出、放射線照射など、法定外の手術が実施されていました。本人の同意が得られない強制手術の場合、都道府県審査会の決定が必要でしたが、定足数を満たさず開催されたり、書類だけで審査されたりするケースもあったと指摘、結果的に二万四九九三件の手術が実施されたといいます。ピークは一九五五年で、強制不妊手術の約七五%は女性だったといいます。

● 第三編では、各国の歴史や制度を分析。優生学や優生運動が国際的に広がり、アメリカの一部の州やドイツ、スウェーデンなどで断種が行われていたとしました。

旧優生保護法は、二〇世紀末の一九九六年に母体保護法に改正されたものです。被害者の一部による司法裁判も進行中とはいえ、立法府である国会が、一九四八年に超党派の議員立法、与野党全会一致で採択された法律とその運用を、戦前の優生学・優生思想、民族衛生運動にまで遡って問題点を整理したのは、画期的です。ナチスの優生政策などとの国際比較や、ハンセン氏病対策との関連まで含めて批判的に考察したのは、公文書として有意義です。

旧満洲国七三一部隊など植民地医学での問題が触れられていない点、占領軍の関与についての記述が簡単すぎる等の専門的批判は、これから学術的に加えていけばいいでしょう。日本の厚生行政についてのみならず、学校教科書作成、歴史認識の素材としても、活かしてほしいものです。

内閣府ホームページによると、公文書とは、「国及び独立行政法人等の諸活動や歴史的事実の記録であり、国民共有の知的資源」なそうです（公文書管理法）。だが、裁判所が重大少年犯罪の記録を廃棄してきた問題で、最高裁判所は「深く反省」する報告書を出さざるをえませんでした。そんな公文書の世界に、司法でも行政府でもなく、国権の最高機関たる立法府の歴史的文書が加わりました。やや大げさにいえば、立法府による優生学・優生思想との訣別宣言とも読めます。ぜひ出入国管理や難民認定、外国人技能実習制度等に貫いてほしいものです。さまざまな実例が挙げられていますから、各自治体ごとの、これからの調査の指針にもなります。〔追記――二〇二四年七月三日、最高裁判所は優生保護法が立法以来日本国憲法に違反していたとする、画期的な判決を出した。〕

二〇二三年八月一日 ●「戦争体験の継承」と「新しい戦前」と！

作家の森村誠一さんが、亡くなりました。代表作『人間の条件』は、敗戦・占領下の日本人女性の生き方を一つのベースにしたものでした。下里正樹さんと組んだノンフィクションの『悪魔の飽食』は、四月に亡くなった常石敬一さんの学術研究『消えた細菌戦部隊』と共に一九八一年に刊行され、日本の「戦争被害」「悲惨さ」だけではなく、関東軍七三一部隊の人体実験・細菌戦という東アジア民衆への「加害者責任」を、目に見えるかたちで問題にするものでした。

南京大虐殺、従軍慰安婦問題などと共に、以後も「戦争体験」の重層性を、問いかけるものでした。私も、二〇一七年に『飽食した悪魔』の戦後』という森村さん・常石さん等の研究を追いかけて、隊員たちの戦後の軌跡を追跡する書物を出しましたが、森村さんは、出版社の方に、励ましと謝辞の電話をかけてきたとのことでした。直接お会いできなかったのが残念です。

● その七三一部隊研究の世界に、西山勝夫教授らの「留守名簿」公開を補強する、重要な史料の発見がありました。明治学院大学の松野誠也さんによる、関東軍防疫給水部＝七三一部隊正式発足時の「職員表」の発見です。「留守名簿」がおおむね一九四五年の敗戦時のものだったのに比して、「職員表」は一九四〇年の本格的発足時の記録ですから、その組織構成等を対照することで、人体実験や細菌戦に関わった医師たちの具体的役割が明らかになるでしょう。さらに松野さんは、私と小河孝教授で本格的検討を始めた関東軍軍馬防疫廠＝一〇〇部隊の「職員表」を見つけたとのことで、まだまだこの問題に関わる若い世代の研究者の活躍の余地があることをも、示してくれました。大いに期待します。

●私の『「飽食した悪魔」の戦後』のなかで、特に自然科学や生物学に関わる研究者の方々から疑問を呈された、一つの論点がありました。それは、戦後米国占領軍がなぜ七三一部隊の人体実験データと引き換えに石井四郎ら七三一部隊医師たちの戦争犯罪を免責し極東軍事裁判で裁かなかったのかという文脈で、ニュルンベルグ裁判で問題にされたナチスの人体実験と比較しても日本の細菌戦は米国にとって魅力的な生物兵器開発だったのではないか、と問題提起したのに対して、何人かの善意の読者や講演会参加者が、第二次世界大戦時の日本がドイツよりも「進んだ」軍事技術を持つことなどありえない、と質問し疑問を呈してきたことでした。

私は、当時のヒトラーの軍事科学への関心が、フォン・ブラウンによるＶ２ロケット開発や潜水艦Ｕボートにあり、軍事予算も科学者動員もそこに集中的に配分されたために、日本軍が「最終兵器」として膨大な予算と人員を費やした生物兵器開発が相対的にナチスのそれを凌駕していた、とエド・レジス『悪魔の生物学』の「ドイツの生物戦プロジェクトはささやかなもので、実際の兵器は一つも製造していなかった。……それとは対照的に、日本は第二次世界大戦が始まるずっと前から、大規模な細菌戦プログラムに乗りだしていた」を引いておきました（加藤『「飽食した悪魔」の戦後』二〇三―二〇四頁）。

●最近、ゾルゲ事件の研究に取り組むことで、七三一部隊研究のこの点を補強する、二つの知見を得ました。一つは、愛知大学・鈴木規夫教授と一緒に翻訳したオーウェン・マシューズ『ゾルゲ伝』（みすず書房、二〇二三年）のなかで、マシューズが最新のロシア語のインテリジェンス情報を使ったことです。ノモンハン事件時の日本側司令官小松原道太郎中将がソ連側のハニートラップによる情報提供者であったのではないかという、米国インディアナ大学黒宮広昭教授の所説に関連して、マシューズは、ロシア国防省中央公文書館の小松原道太郎に関係する史料からすると、小松原がノモンハン事件時に日本側情報をソ連に流したという証拠はないが、小松原がハルビン特務機関長であった時代にはソ連情報部にリークしていた可能性があり、「秘密資料には一九三二年八月、ハルビンで行われた東京参謀本部ロシア課長による、対ソ連兵器としての生物兵器の重要性に関する恐ろしい報告が含まれていた。この報告は非常に憂慮すべきもので、トゥハチェフスキー元帥、スターリンは自ら読んだという」といいます。まだ公式の七三一部隊創設以前の、石井四郎が陸軍軍医学校に防疫研究室を作った一九三二年時点での生物兵器構想の漏洩が、ここに示唆されていたといいます（同訳書、二六九—二七〇頁）。

ゾルゲ自身は、一九三七年にはハルビン郊外の「コレラ、ペスト等の細菌研究所」に注目していた形跡がありますが（加藤『「飽食した悪魔」の戦後』三四—三五頁）、このマシューズのいう小松原の生物兵器情報がソ連に伝わったとすると、ソ連はアメリカより一〇年早く（アメリカの日本の生物兵器への注目は一九四一年）、日本軍の生物兵器開発を危険視し、備えていたことになります。

●もう一つ、ゾルゲ事件は「マスタースパイ」ゾルゲによる一九四一年独ソ戦情報と日本南進情報をモスクワに伝えて、スターリンによる「大祖国戦争勝利」に導いたという、米国陸軍ウィロビー報告からマシューズの最新著にいたる流れの歴史的評価に関わります。世界の研究者が、ゾルゲと尾崎秀実による日本の御前会議での南進情報のモスクワ通報に注目し、プーチンのウクライナ戦争にあたっても、「大祖国戦争の英雄」ゾルゲを礼賛してインテリジェンスの重要性を強調する文脈で語られてきました。

私はフェシュン『ゾルゲ・ファイル』（みすず書房、二〇二二年）中のゾルゲ諜報団の送電内容と、ゾルゲを「二重スパイ」と疑っていたモスクワ赤軍情報部でのその受容の仕方等からして、戦後の情報戦ではともかく、当時の歴史的事実として、果たしてゾルゲ情報がそんなに大きな役割を果たしたのかに疑問を持ってきました。名著『独ソ戦』（岩波新書、二〇一九年）でゾルゲにほとんど触れなかった大木毅さんの新著『歴史・戦史・現代史』（角川新書、二〇二三年）に手がかりを求めたところ、ゾルゲは出てきませんが、日米戦争開戦後の日独同盟のソ連観には「ねじれた対立」があったといいます。つまり「独ソ和平斡旋を望む日本側」の石原完爾をはじめとする勢力と在日ドイツ大使館に対して、他方に「日本の対ソ参戦を慫慂する」リッペントロップと在独日本大使館の大島浩らという、「東京とベルリンが枢軸側の外交をめぐって相争うがごとき様相」があったといいます（同書六三頁）。

● これ自体、興味深い論点ですが、大木氏はさらに、尾崎・ゾルゲらが検挙された一九四一年一〇月、ベルリンの陸軍軍医学校で七三一部隊の北条円了が生物戦に関する講演を行い、日本の生物戦準備の進捗を人体実験データをも示唆して報告し、ドイツ側の立ち後れを批判し、ヒトラーが禁止していた「攻撃的生物戦」の実行を促した、といいます。それでヒムラーの生物戦研究所が作られ、一九四三年にはダッハウの強制収容所で日本の技術と標本をも用いて人体実験が行われた、というのです（五七―六〇頁）。

私としては我が意を得たりですが、森村誠一さんや常石敬一さんがこうした事実と資料を得ていれば、日本の七三一部隊・一〇〇部隊の歴史的評価にも、いくばくかの論点を加えたことでしょう。「戦争の記憶」をもとにした研究が、「新しい戦前」の問題意識と結びついたとき、これまで自明とされていた史実や当然とされていた解釈がくつがえされる可能性があることを、示しています。

七三一部隊研究の松野誠也さんのように、ゾルゲ事件研究やロシア・ウクライナ関係史についても、「新しい戦前」を意識した若い世代の研究が出てくるよう望みます。

三　読者からの手紙、第一信・第二信について

二〇二三年九月一日　●関東軍軍馬防疫廠「一〇〇の会」の情報をお寄せください！

● これはゾルゲ事件ではなく、昨年小河孝教授と共著で『731部隊と100部隊』を公刊した、一〇〇部隊＝関東軍軍馬防疫廠についての、読者からの重要な情報提供です。

八月の本欄で、明治学院大学の松野誠也さんによる、関東軍防疫給水部＝七三一部隊正式発足時の「職員表」発見の画期的意義を述べましたが、松野さんはその際、関東軍軍馬防疫廠＝一〇〇部隊についても、一九

四〇年本格発足期の「職員表」を発見し、メディアとの記者会見で発表していました。昨夏刊行された私たちの書物は、獣医たちの一〇〇部隊を扱った本格的研究書でしたが、それを詳しく読み、松野さんの一〇〇部隊「職員表」発見も知った上で、一人の読者が匿名で、発行元の花伝社気付で、共著者加藤・小河宛に手紙と資料を送ってきました。もともとある「一〇〇部隊元隊員から遺言を託された」という当事者の記録で、いくつかの貴重資料の一部も添えられていました。

● なかでも驚いたのは、「一〇〇の会会員名簿　関東軍軍馬防疫廠〈通称満州第一〇〇部隊〉および関係部隊の在隊者・関係者名簿　平成七年五月末日現在」という「一〇〇の会」名簿の表紙コピーで、一〇〇部隊の関係者は、戦後も三〇年以上経った一九七七年以降、「一〇〇の会」という隊友会をつくり、一八回以上も年に一度の会合を持ち、一九九五年段階では生存者四九七名、物故者一七九名、戦死者九名、計六八五名・生死不明三七二名という旧隊員名簿を作っていたのです。

関東軍防疫給水部＝七三一部隊の医師たちの隊友会「精魂会」は一九五五年発足でしたから、獣医師たちの「一〇〇の会」一九七七年発足はずいぶん後ですが、森村誠一『悪魔の飽食』で細菌戦が広く存在が知られるようになる一九八一年よりは前です。

残念ながら、名簿そのものは同封されていませんでしたが、一〇〇部隊解明の貴重な資料です。私たちが指摘してきた一〇〇部隊第二部六科の人体実験・細菌戦についても、『紫陽』という仲間内の会誌で経験交流してきた模様が綴られた一部が送られてきました。これも貴重で、一〇〇〇人近い隊員の家族・親族の皆さんのお宅には、まだ現物が残されていると考えられます。「一〇〇の会」名簿や『紫陽』を見つけられた方は、ぜひご一報ください（〈katote@jcom.home.ne.jp〉へどうぞ）。

● 「旧隊員から遺言を託され」「機会があれば世の中に発表してほしい」といわれた匿名読者は、隣人であった元隊員は「温厚、博識、かくしゃくとした紳士」で、「このような方が非人道的で残虐な行為をされたのかと思うと、戦争はいかに人を変貌させてしまうのかと改めて戦争の恐ろしさを感じました」と、私たちへの手紙に書いています。旧隊員は「戦争は絶対にしてはならない」とも遺言したとのことです。このようなかたちで、隠されてきた八〇年前の日本軍の加害体験は、ようやく明らかになってきているのです。

政府や厚生省は細菌戦や人体実験の「資料はない」と否定しますが、中国や朝鮮の被害者遺族は、調査を進め告発を続けています。今回の身元を明かさぬ旧隊員のように、実際に加害に加わった旧軍人の中にも、何らかの形で悪夢を歴史に残そうと、記憶を記録にして家族や隣人に受け継ぐ事例がありうるのです。

● 九月一日は、関東大震災から一〇〇年です。多くの朝鮮人や中国人、社会主義者、アナーキストらが憲兵隊や「自警団」によって虐殺されたことは、当時の人々の日記・伝承・文学・学術論文などの中に、数多く見られます。

しかし日本政府は、公式の警察記録に残されていないといった理由で、未だに公的調査を行わず、虐殺を認めません。東京都は、一九七三年に建てられた「関東大震災朝鮮人犠牲者追悼碑」への慰霊を、小池知事の二〇一七年以降とりやめています。当時は流言飛語ばかりでなく、「三・一独立運動」などで日本の植民地支配が揺らいで「外国人」を恐れている時期でした。そこでの事実関係を共同で解明しないことには、中国や朝鮮の人々との対等・平等な友好関係を築くのは難しいことを、二〇世紀後半の歴史は幾度も示してきたはずです。

東アジアにおける「帝国」日本の植民地支配・戦争の負の遺産、関東大震災の一〇〇年を教訓にしながら、加害の歴史をもしっかりと記憶と記録に残して収集し受け継いでいくことが重要です。

二〇二三年一〇月一日 ●関東軍軍馬防疫廠一〇〇部隊の追加情報が寄せられました!

九月の更新で、〈関東軍軍馬防疫廠「一〇〇の会」の情報をお寄せください!〉と本サイトの読者の皆様によびかけましたが、その数日後に、情報が寄せられました。ただし、本サイトのよびかけに応えたというよりは、前回紹介した、関東軍軍馬防疫廠＝一〇〇部隊旧隊員の遺言執行者と称する匿名の情報提供の、第二信でした。

「旧隊員から遺言を託され」「機会があれば世の中に発表してほしい」といわれていた匿名の発信者は、隣人であった元隊員は「温厚、博識、かくしゃくとした紳士」で「戦争は絶対にしてはならない」とも遺言したとのことでした。その匿名読者の第一信で驚いたのは、「一〇〇の会会員名簿　関東軍軍馬防疫廠〈通称満洲第一〇〇部隊〉および関係部隊の在隊者・関係者名簿　平成七年五月末日現在」という「一〇〇の会」名簿の表紙コピーで、一〇〇部隊の関係者は、戦後も三〇年以上経った一九七七年以降、「一〇〇の会」という隊友会をつくり、一八回以上も年に一度の会合を持ち、一九九五年段階では生存者四九七名、物故者一七九名、戦死者九名、計六八五名・生死不明三七二名という旧隊員名簿を作っていたことでした。

●今回送られてきた第二信によると、一九四五年八月敗戦時のソ連侵攻、新京（長春）からの撤退時に、細菌戦を直接担当した山口本治第二部六科長・若松有次郎部隊長ら幹部とその家族の第一陣約五〇人は素早く日本に帰国でき、第三陣の保坂安太郎中佐他一般隊員約七〇〇名は実験施設・建物等証拠品を爆破した後、京城経由で遅れて帰国できたが、第二陣として、ほとんどが女性・子どもであった一般隊員家族の一団五〇〇名は、北朝鮮の定州でソ連軍に捕まり、性奴隷や幼児の栄養失調死で大変な被害を受けたという一〇〇部隊隊員の帰国事情が綴られていました。

その第二陣を救い、なんとか引揚させるために、一九四六年一月には家族を残してきた一般隊員中心の「第一〇〇部隊家族援護会」が作られたとのことです。この「家族援護会」が、第一信で一九七七年に作られたという「一〇〇の会」の前身であったようです［第三信で否定］。

●しかし、『紫陽』という仲間内の会誌を含む第二信の新資料を読むと、どうやら遺言を残した元隊員は、スムーズに帰国できた第一陣の幹部クラスではなく、第三陣の一般隊員だったようです。そして、多くの一般隊員の妻やこどもを含む家族が第二陣に入っていて、北朝鮮に取り残され、女性が強姦されたり幼子が栄養失調で亡くなったりしたようです。

「一〇〇部隊家族援護会」は、妻子を北朝鮮・定州に残して帰国した一般隊員の、家族をとりもどすための組織で、第一陣で帰国し名目上は代表者になった若松有次郎隊長や、家族とともに早期に帰国した幹部隊員たちへの不平不満や恨み辛みを内包したものだったようです。細菌戦・人体実験に関わったというばかりでなく、旧満蒙開拓団やシベリア抑留者たちの組織に似て、軍隊内部の上下関係や占領軍への態度で分かれた内部矛盾を抱えた隊友会であったようです。

そして、私と小河孝教授の共著『731部隊と100部隊』で明らかにした敗戦直後の米国占領軍に対する一〇〇部隊人体実験の内部告発者二人［紀野猛と西村武］は、今回の遺言を残した旧隊員と同様に、北朝鮮で妻とこどもを亡くした若手の一般隊員であり被害者だったようです。

● この資料を遺言で遺した旧隊員は、第二陣の家族を失っていました。GHQの捜査のきっかけとなった若い二人の隊員による（家族と共に第一陣で素早く帰国できた）山口本治・若松隊長等への「内部告発」は、中国大陸で人体実験・細菌戦を強制された悲憤慷慨（「良心の呵責による内部告発」）によるというよりも、家族を捕虜として奪われ喪った帰国時の幹部たちへの私怨によるものではないか、といいたいようです。

確かに、第一信でも今度の第二信でも、「家族援護会」「一〇〇の会」の中核にいたと思われる旧隊員遺言者の記録中には、人体実験の犠牲になった中国人・ロシア人被害者への謝罪や悔恨の言葉はみられません。自分たちの家族を見捨てた幹部たちへの告発・弾劾はあっても、侵略戦争への反省は乏しいのです。

● 旧隊員の遺言資料によれば、一九四九年ハバロフスク細菌戦裁判の被告で一〇〇部隊隊員であった三友一男が著した歴史的証言『細菌戦の罪』（泰流社、一九八七年）には、森村誠一『悪魔の飽食』ベストセラーで危うくなった「一〇〇の会」としての自己防衛が含まれていたようです。

三友一男には、著書の原型となった私家版自伝草稿『青春如春水』及び『紫陽』という旧陸軍獣医部同窓会誌に掲載された文章があり、どうも一〇〇部隊細菌戦の中核であった二部六科長・山口本治の「検閲」の手が入り、『青春如春水』には入っていた三友の「人体実験」という草稿の一節が、単行本『細菌戦の罪』ではまるごと削除されたらしいことが示唆されています。

また、ハルビンの特務機関とつながる井田清という人物（訂正、陸軍中野学校出身ではありませんでした）が重要な役割を果たしており、その人脈が、戦後は土居明夫の大陸問題研究所につながったらしいことも、見えてきました。戦後八〇年たって、ようやくつながった、日本軍国主義の獣医による細菌戦とインテリジェンスの結びつきです。

二〇二三年一一月一日　●戦医研第五一回大会で一〇〇部隊を報告します！

九月・一〇月の本サイト・トップで扱った、関東軍軍馬防疫廠一〇〇部隊の新情報については、一一月二六日（日）、東京・湯島の全日本民医連会議室での戦争と医学医療研究会（戦医研）第五一回総会で、次のような報告をすることになりました。主報告は小河孝教授が行い、私が補足します。要旨はすでに出ています。

●報告要旨：一〇〇部隊の真相にせまる旧隊員からの匿名情報――「一〇〇の会」名簿と『紫陽』探索

小河孝（元・農林水産省家畜衛生試験場）、加藤哲郎（一橋大学名誉教授）

二〇二三年夏、三友一男『細菌戦の罪』や私たちの共著『731部隊と100部隊』で語られなかった真実を伝えたいと一〇〇部隊旧隊員の「遺言」と遺品を整理した二回の匿名情報の提供があった。

旧隊員は「一〇〇の会」という隊友会の一員で、この会は一九七七年以降一八回以上開催、一九九五年には生存四九七名、物故一七九名、戦死九名の計六八五名と生死不明者三七二名の詳細な名簿を作製していた。

ソ連参戦・日本敗戦時に一〇〇部隊は三班に分かれ敗走した。①八月一二日、一般隊員の婦女子約五〇〇名が新京を早朝出発、一四日に北朝鮮の定州で停止されそのまま抑留、多数の死亡者を出した。②若松有次郎隊長や山口本治少佐など上級将校家族を含む五〇人は八月一三日出発、無事帰国した。③保坂安太郎中佐以下約七〇〇名は部隊を破壊後八月一六日出発、定州を通過して京城に到着、釜山経由で帰国した。一九四五年に定州残留家族を救済する「家族援護会」が結成された。犠牲者には紀野猛や西村武、情報提供の旧隊員の家族も含まれていた。

三友一男『細菌戦の罪』（泰流社、一九八七年）のもとになった自分史『青春如春水』には人体実験の一節があったが、単行本と陸軍獣医部関連雑誌『紫陽』では削除された。これらの新資料をもとに一〇〇部隊の「人体実験」疑惑をGHQに告発した紀野・西村の動機も再検証したい。

四　匿名読者からの第三信・第四信を受けての「あとがき」――今後は資料公開を！

二〇二四年六月一日　●一〇〇部隊匿名読者から第三信、全面資料公開か資料集編纂を！

●　昨二〇二三年九―一一月にかけて、本「ネチズン・カレッジ」サイト・トップでは、小河孝教授との共著『731部隊と100部隊』に対する匿名読者からの手紙にもとづき、示唆された「関東軍軍馬防疫廠一〇〇（イチマルマル）部隊」についての新たな資料について、広く情報提供を求めてきました。ただし八月の第一信、九月の第二信の後は、「元一〇〇部隊の某隊員から遺言を託された」匿名読者からも他の関係者からも応答がなかったので、二〇二四年に入ってからは本サイトはこの問題には触れずに、獣医学者の小河孝教授と、新たに一〇〇部隊「職員表」を見つけた若手の歴史研究者・松野誠也さん（明治学院大学）に加わってもらい、三人の共著による学術書『関東軍軍馬防疫廠一〇〇部隊――戦争と獣医学』（仮題、花伝社八月刊予定）執筆に取り組んできました。その原稿締切直前に、昨年と同じ筆跡の匿名読者からの五月三日付け第三信が、出版者気付で、加藤・小河宛に送られてきました。

●そこには「ネチズンカレッジ拝読させていただきました。まず公表していただいたこと、そして戦争と医学医療研究会にも取りあげて頂いたことを、某隊員に成り代わりまして御礼申し上げます。昨年送付いたしました資料・書類は私の説明不足な点があり、失礼をいたしました。以下の事について書籍・資料等を再確認調査いたしましたので、送らせて頂きます」と丁寧な文体で、おそらく他意はないと思われるが、またしても自分自身で「某隊員」の資料を解読し私たちに「解説」する手紙文と、新たな資料の所在地を示す文章等が入っていました。

●私たちの執筆中の共著書は、確かに昨年の匿名読者による「某隊員」遺品資料に触発されて企画されましたが、もともと一九八七年の三友一男『細菌戦の罪』（泰流社）以外に資料も研究も少ない一〇〇部隊について、国内外の資料を改めて収集し、特にその七三一部隊とならぶ細菌戦と人体実験を、学術研究の対象とすることを目的としていました。そのため、松野氏が軍事史研究から、小河教授が獣医学の立場から、そして私が政治学・情報戦の視角から、それぞれに研究してコラボする原稿が、ほぼできあがっていました。そこで、匿名読者氏の新たな資料や史実の解読の示唆に応えるには、更に数か月の調査と分析を必要とするため、私たちは、敢えて、本サイト及び執筆中の新著の末尾に、この匿名読者第三信への返答を「あとがき」風に加筆し、これまでの資料提供に対する御礼と、私たちなりの最新の解読結果を示すことにしました。

●これまでの匿名読者の情報提供は、旧隊員でなければ知り得ぬ隊友会や会誌の情報を含むものとしては有益ですが、その旧隊員「遺品」資料の全体は示されることなく、匿名読者により切り取られ「解説」された断片が示されたものでした。写真版で偽書ではないと判断できましたが、私たちの学術研究にとっては、ある特定の解釈の方向に誘導される懸念があり、批判的に扱わざるをえないものでした。もう一つ、「某隊員」の遺品といいながら、その第一次資料所有者の氏名が明らかにされず、その「遺言」に従ったという匿名読者の連絡先も不明のままでしたから、その資料と解読の信憑性を担保するものがなく、学術的には使いにくく、限定的に取りあげるしかないものでした。

● そこで、私たちは、「留守名簿」「職員表」など一〇〇部隊研究の基礎資料と第一・第二信発送元の消印住所、何よりも一〇〇部隊二部六科での人体実験に関わったと思われる「某隊員」遺品という限定的資料から、すでに「某隊員」を「M技師」と推定し、そのように理解すると合理的に解釈できる他の資料等をも使って分析を進めていました。昨年の本HPでは、私のメールアドレスなど連絡先を明示していたにもかかわらず直接連絡はなく、今回も出版社宛手紙というかたちで送信してきたのは遺憾ですが、第三信は、われわれが「某隊員」が「M技師」であると確信できる内容を含んでいましたので、夏に刊行する新著では、その追跡経過と根拠を含め、「旧隊員＝M技師」の本名を明記することを、ここに予告しておきます。

● 匿名読者に他意はないと思われますが、「某隊員」の遺言に沿って「真実の記録」を遺したいのであれば、これまでのような資料の断片的公開・恣意的「解説」は止めて、「M技師遺品」の全体をわれわれに示し閲覧可能にする、ないし、ご自分で資料集を編むなり解説書を書くなりして世に出すことこそ必要ではないでしょうか。改めて、御礼とコメントをここに記し、メールアドレス　katote@jcom.home.ne.jp　への直接の連絡をお待ちします。

二〇二四年六月二〇日追記　●匿名読者から第四信、旧隊員氏名を明かして全面資料公開を！

本書の初校校正中に、匿名読者から、六月六日付第四信を花伝社宛てで受け取りました。六月一日更新の「ネチズンカレッジ」トップをご覧になったうえで、私たちの「某隊員＝M技師」という推論は誤りで、別の「あまり名前が出てこない」二部六科員からの遺言であると、訂正を求めるものでした。このご教示には感謝し、新著での「M技師」の実名公表は差し控えます。

第四信①

6月1日付のネチズンカレッジ拝読いたしました。実はご迷惑でなければゆくゆくは資料を譲渡したいと考えておりました。しかし、資料を預かった以上私も解析していきたいのです。未読の資料もまだあり、仕事が休みの時にしか作業ができないので、もうしばらくのお時間をくださいますようお願い申し上げます。

消印については第1信で書きましたが、身元がわからないようにと言う遺言に従い、当然地元からは投かんしておりません。私の出張時の途中から出していました。
1、3信は埼玉から、2信は長野からです。ですから、消印は居住地特定の材料にはなりませんのでご注意ください。
そして、先日送付した第3信で、再調査中にたまたま見つけた資料の相違点を補足として書いたことが松井氏を擁護するようにもとらえられることから併せて結果的に混乱し、誤解を招くことになってしまいましたことを深くおわび申し上げます。

資料の提出を促すために書かれたと解釈いたしましたが、推測の段階で本名を出すのは尚早です。資料を引き渡したあかつきには某隊員が判明するかと存じます。ご存知の通り第6課には約50名が所属していて、実験に参加した隊員は他にもおります。ちなみに既刊の書籍には余り名前が出て来ていない方です。

第四信②

メールを利用しないことをお許しください。
週末より海外への長期出張で急いで記しましたので
乱文乱筆を失礼いたします。帰国後には改めて
ご連絡いたします。

令和6年6月6日

「ゆくゆくは資料を譲渡したい」、海外出張から帰国したら第五信もいただけるとのことですが、ここまでの内容は現在校正中の新著で参照できますが、以後は製本行程に入りますので、私たちの新著はそのまま刊行します。旧隊員の遺品資料の全体を公開すべきという私たちの要望には、まだ応えていただけないとのことですが、今後の一〇〇部隊研究の深化のためにも、引き続き交信継続を願い、お手元の資料の全面公開を求めます。

注

（1）加藤哲郎『「飽食した悪魔」の戦後』（花伝社、二〇一七年）二〇―二二頁。
（2）The New York Times 二〇二〇年五月一九日（東洋経済オンラインより）。
（3）「コロナワクチン『情報不十分』 後遺症患者らが国提訴――東京地裁」『時事通信』二〇二四年四月一七日。
（4）「ウクライナは生物兵器を開発している――ロシアの主張をファクトチェック」BBCニュース、二〇二二年三月一五日、「中国軍が生物兵器開発か 海洋生物毒素研究、条約順守確認できずと米が懸念表明」『産経新聞』二〇二四年四月二六日、「北朝鮮の大量破壊兵器に関する脅威を前に決意を示す韓米両国」『インド・パシフィック防衛フォーラム』二〇二三年三月六日、など。
（5）山本顕一『寒い国のラーゲリで父は死んだ』（バジリコ、二〇二二年）二二・二五一頁。http://www.br4.fiberbit.net/ken-yama/www.br4.fiberbit.net_ken-yama/Welcome.html（二〇二四年四月二〇日閲覧、以下同）
（6）ケン・アリベック『バイオハザード』（二見書房、一九九九年）一〇六頁以下。
（7）辺見じゅん『収容所から来た遺書』（文春文庫、一九九二年）八三―八七頁。
（8）崔圭鎮・長谷川さおり「七三一部隊と関連した韓国の研究状況および課題、七三一部隊の究明が韓国にとっても重要な理由」（『戦争と医学』第二四巻、二〇二三年一二月）。楊彦君『関東軍七三一部隊 実録』（北京外文出版社、二〇一六年）三三頁には、中国側資料からの朝鮮国籍「マルタ」として、李基洙、韓成鎮、金聖端、高昌律の四人の名前を挙げている。
（9）『中央日報日本語版』二〇二四年一月五日。
（10）「韓国ドラマ『京城クリーチャー』は反日プロパガンダか」『デイリー新潮』二〇二四年一月二六日（『週刊新潮』二〇二四年一月二五日号掲載）、「韓国人気女優のSNS発言に韓国内で「反日マーケティングか」の声あがる理由――話題のネトフリドラマ『京城クリーチャー』を巡りネット上で日韓歴史論争勃発」『JBプレス』二〇二三年一二月二七日。「七三一部隊って本当？ 『京城クリーチャー』視聴した日本ネット民ざわつく」『時事ドットコムニュース』二〇二四年〇一月〇五日、「『京城クリーチャー』監督が『絶対に反日ドラマではない』と強調。不満の声を受けて、新シーズン準備中」『スポーツソウル』二〇二四年一月一〇日、など。

（11）「「七三一部隊」を描いた韓国ドラマから日本人は何を学ぶか。パク・ソジュン主演『京城クリーチャー』が問いかけること」「ハフポスト」二〇二四年三月三〇日。

（12）「七三一部隊の解説パネル設置　飯田市平和祈念館が方針転換」『朝日新聞』二〇二三年九月二日。

（13）高校教科書『詳説　日本史　改訂版』（山川出版社、二〇二三年）三六五頁。これは「ハフポスト」紙・富田すみれこ記者の取材による発掘である。ただし、第四〇回JCJ賞受賞の高知新聞社社会部『流転――その罪だれ償うか』（高知新聞社、一九九八年）一三〇―一三一頁によれば、当時でも複数の教科書に七三一部隊についての記述はあったという。

（14）加藤哲郎『「飽食した悪魔」の戦後』（花伝社、二〇一七年）、同『七三一部隊と戦後日本』（花伝社、二〇一八年）のほか、加藤「七三一部隊員・長友浪男軍医少佐の戦中・戦後」（戦医研『戦争と医学』一九巻二号、二〇一九年五月）参照。

（15）『毎日新聞』二〇二三年一一月一三日

（16）『危機の外交　岡本行夫自伝』（新潮社、二〇二二年）三六頁以下。

（17）同前書、三五一―三六頁。

（18）『東京新聞』二〇二四年五月四日。

（19）『細菌戦用兵器ノ準備及ビ使用ノ廉デ起訴サレタ元日本軍軍人ノ事件ニ関スル公判書類』（外国語図書出版所、モスクワ、一九五〇年）。三友一男『細菌戦の罪――イワノボ将官収容所虜囚記』（泰流社、一九八七年）、江田いづみ「関東軍軍馬防疫廠――一〇〇部隊像の再構成」松村高夫・解学詩・郭洪茂・李力・江田いづみ・江田憲治『戦争と疫病――七三一部隊のもたらしたもの』（本の友社、一九九七年）。

（20）「中国侵略日本軍第一〇〇部隊による細菌戦に関する最新の罪証を長春で公開」『人民網』日本語版　二〇二二年九月一九日、こうした意味で、小河孝『満州における軍馬の鼻疽と関東軍――奉天獣疫研究所・馬疫研究処・一〇〇部隊』（文理閣、二〇二〇年）は先駆的で画期的な業績で、前著である加藤哲郎・小河孝『731部隊と100部隊』（花伝社、二〇二二年）のもとになったものである。

（21）外務省「生物・化学兵器を巡る状況と日本の取組（概観）」平成二五年一月（https://www.mofa.go.jp/mofaj/gaiko/bwc/torikumi.html）。

（22）生物兵器についての文献は多い。さしあたり、トム・マンゴールド＝ジェフ・ゴールドバーグ『細菌戦争の世紀』（原書房、二〇〇〇年）、和気朗『生物化学兵器』（中公新書、一九六六年）、山内一也・三瀬勝利『忍びよるバイオテロ』（NHKブックス、二〇〇三年）、ウェンディ・バーナビー『世界生物兵器地図』（日本放送出版協会、二〇〇二年）、エド・レジス『悪魔の生物学』（河出書房新社、二〇〇一年）、W・ラフルーア＝G・ベーメ＝島薗進編著『悪魔の医療史』（勁草書房、二〇〇八年）、井上尚英『生物兵器と化学兵器―種類・威力・防御法』（中公新書、二〇〇三年）、エドワード・M・スピアーズ『化学・生物兵器の歴史』（東洋書林、二〇一二年）、など参照。

（23）加藤哲郎「戦前の防疫政策・優生思想と現代」（戦医研『戦争と医学』誌二二巻、二〇二一年一二月）。

（24）清水喜八郎「疫病から感染症へ」（『日本内科学会雑誌』創立百周年記念号、第九一巻一〇号、二〇〇二年一〇月一〇日）。

（25）ただし、医師・医学者を中心とした七三一部隊の隠蔽・免責・復権と、獣医師を中心とした一〇〇部隊の隠蔽・免責・復権のプロセスは相対的に異なるので、本書では後者について改めて関説する。加藤『「飽食した悪魔」の戦後』、『七三一部隊と戦後日本』、加藤・小河『731部隊と100部隊』参照。

（26）わずかな例外について、秋元寿恵夫『医の倫理を問う――第七三一部隊での体験から』（勁草書房一九八三年）、常石敬一・朝野富三共著『細菌戦部隊と自決した二人の医学者』（新潮社、一九八二年）、小高健『伝染病研究所』（学会出版センター、一九九二年）、及び常石敬一『七三一部隊全史』（高文研、二〇二二年）、参照。

（27）小俣和一郎『ナチス　もう一つの大罪――「安楽死」とドイツ精神医学』（人文書院、一九九五年）、同『検証　人体実験――七三一部隊、ナチ医学』（第三文明社、二〇〇三年）、E・クレー『第三帝国と安楽死――生きるに値しない生命の抹殺』（批評社、一九九九年）、神奈川大学評論編集専門委員会編『医学と戦争――日本とドイツ』（神奈川大学評論叢書第五巻、御茶の水書房、一九九四年）、など参照。

（28）トム・マンゴールド＝ジェフ・ゴールドバーグ『細菌戦争の世紀』（原書房、二〇〇〇年）二二三―二二六頁

（29）常石敬一『医学者たちの戦争犯罪　関東軍七三一部隊』（朝日文庫、一九九九年）一四〇―一四一頁。

（30）エド・レジス『悪魔の生物学』二二二―二二三頁。

（31）楊彦君『関東軍第七三一部隊　実録』（北京外文出版社、二〇一六年）一七二頁。

（32）常石敬一『医学者たちの戦争犯罪　関東軍七三一部隊』一七四頁。

（33）ケン・アリベック『バイオハザード』（二見書房、一九九九年）二二三頁。

(34) 加藤哲郎『「飽食した悪魔」の戦後』二〇頁以下。同『七三一部隊と戦後日本』二九頁以下。
(35) シェルダン・H・ハリス『死の工場』(柏書房、一九九九年) 訳注四八頁注二二五。
(36) 『現代史資料　ゾルゲ事件　四』(みすず書房、一九七一年) 二八〇頁。
(37) ロバート・ワイマント『ゾルゲ　引き裂かれたスパイ』西木正明訳 (新潮社、一九九六年) 一五九―一六〇頁。
(38) 『「飽食した悪魔」の戦後』三三―三四頁。この部分は、同書の重複使用である。
(39) オーウェン・マシューズ『ゾルゲ伝　スターリンのマスター・エージェント』(みすず書房、二〇二三年) 二七〇頁。
(40) 『ゾルゲ伝』二六九―二七〇頁
(41) 同前、二七〇―二七一頁、原註は巻末六四頁注三六。Hiroaki Kurosawa, The Mystery of Nomonhan, 1939; *The Journal of Slavic Military Studies*, Volume 24, 2011, 4.
(42) 「小松原師団長はソ連のスパイ?＝ノモンハン事件で新説」『朝日新聞』二〇一一年一二月八日。岩城成幸『ノモンハン事件の虚像と実像：日露の文献で読み解くその深層』(彩流社、二〇一三年)。
(43) 倉沢愛子・松村高夫『ワクチン開発と戦争犯罪』(岩波書店、二〇二三年) 参照。
(44) その経過は、エド・レジス『悪魔の政治学』(河出書房新社、二〇〇一年) に詳しい。
(45) ピーター・ウィリアムズ＝デヴィッド・ウォーレス著『七三一部隊の生物兵器とアメリカ――バイオテロの系譜』(かもがわ出版、二〇〇三年) 七八―八四頁。
(46) 加藤『「飽食した悪魔」の戦後』第一章。
(47) マンゴールド＝ゴールドバーグ『細菌戦争の世紀』四二頁。
(48) 松村高夫編『論争七三一部隊』(晩聲社、一九九四年) 二八一頁。
(49) 以上について、山内一也・三瀬勝利『忍びよるバイオテロ』(NHKブックス、二〇〇三年)、日本獣医学会連続講座・山内一也「人獣共通感染症」(https://www.jsvetsci.jp/05_byouki/ProfYamauchi.html)。
(50) 和気朗『生物化学兵器』一一六―一二〇頁。
(51) アリベック『バイオハザード』(二見書房、一九九九年) 六一頁。
(52) N・イワノフ＝V・ボガチ『恐怖の細菌戦――裁かれた関東軍第七三一部隊』(恒文社、一九九一年)。
(53) アリベック『バイオハザード』一〇〇頁以下。

（54）五味晴美「バイオテロリズムの危機――生物兵器（炭疽菌）によるテロリズム」二〇〇一年一〇月九日、日本医師会ＨＰ（https://www.med.or.jp/kansen/terro/bio.html）。

（55）詳しくは、加藤哲郎『パンデミックの政治学』（花伝社、二〇二〇年）。山内一也・三瀬勝利『忍びよるバイオテロ』（ＮＨＫブックス、二〇〇三年）、日本獣医学会連続講座・山内一也「人獣共通感染症」。

（56）高杉晋吾『七三一部隊　細菌戦の医師を追え』（徳間書店、一九八二年）一八〇―一九六頁。

（57）高杉晋吾『にっぽんのアウシュヴィッツを追って』（教育史料出版会、一九八四年）一三〇―一四六頁。斎藤貴男『ワクチンの作られた方・打たれ方』（ジャパンマシニスト社、一九九六年）、芝田進午「医学者の倫理と責任」（山口研一郎編『操られる生と死』小学館、一九九八年所収）参照。

（58）江田いづみ「関東軍軍馬防疫廠――一〇〇部隊像の最構成」（松村高夫他『戦争と疫病』）。なお、一〇〇部隊の教育部とされる「関東軍獣医下士官候補者隊」（五一三部隊）については、日中口述歴史・文化研究会編『いま語るべき日中戦争』（同時代社、二〇二四年）、参照。

（59）この点は、加藤『七三一部隊と戦後日本』第Ⅰ章、参照。

あとがき

小河　孝

本書は、日本近現代史研究者、獣医学研究者と政治学者による初めての共同研究の試みであった。きっかけは二〇二三年八月に「匿名読者」から送られてきた一〇〇部隊の某隊員に関連した「資料提供」に触発され、その分析から始まった。

取り組みの経緯は、「はしがき」ですでに述べたので、ここでは繰り返さない。関東軍軍馬防疫廠一〇〇部隊は、七三一部隊と同時期に発足しながら、これまであまり解明されてこなかった。本書にある一〇〇部隊研究の今後を展望できる成果のひとつは、それぞれの専門分野を通して解析した内容を披歴することで、互いに刺激され、立ち位置が確認できたことかもしれなかった。

より詳しく言えば、各人が分担した執筆内容の発表とそれにもとづく意見交換の準備は、一回だけの限られた時間内であった。しかしその後の経過は、相互の情報共有によるメール交換で不充分な点を補い、互いに認識を深める場面が数多くあったように思われた。一〇〇部隊に関連する史料・資料を探索し、文献を読み解き、思考を重ね、研究課題をまとめる過程は三人の共通の場であった。そのなかで意見交換ができる場がそれなりに持てたことは、互いに啓発（物事を明らかにさせる）の場としてまたとない刺激的な機会になったと少なくとも私は感じている。

二〇二四年五月、本書の原稿が最終締め切りにさしかかったゴールデンウィークのさなかに、匿名読者から第三信が花伝社に送られてきた。これらの「情報提供の経緯と評価」については、加藤名誉教授が第三章でコメントしているので、重複を避け第三信を受け取った時点における率直な感想を「あとがき」のなかで述べてみたい。

第一信と第二信で送られてきた資料にあった三友一男の自分史『青春如春水』（私家版、一九八五年）の目次と七二～七八頁、山口本治『百部隊終戦始末記と後日譚』（『紫陽』第七五号、一九九〇年）、などは、内容の評価は別として客観性がいちおう担保できる資料として、第二章で活用させて頂いた。

いっぽう、「某隊員の手書きメモ」と思われた資料は、時間の推移に整合性があるとしても、内容は、他に裏付けられる資料がかなり限定されるため、分析に用いる場合に苦慮したことは事実であった。例えば、メモ「第二部第六科の研究と実験」は、考察に試行錯誤を重ね、たいへん悩ましい部分であった。いっぽう今回の「情報提供」によって、三友一男の『細菌戦の罪』に存在した未解明の謎や一〇〇部隊敗走の記録と北朝鮮の定州に留め置かれた一般隊員家族の悲劇などは、情報提供に触発され、新たな公的資料が探索できたこともあり一〇〇部隊の新たな解明に繋げることができた。

しかし第三信を受領したとき、匿名読者による「解説」付き資料の一部提供の繰り返しは率直に言ってかなりの戸惑いを感じた。このような細切れの情報提供は、悪意がないとしても私たちの研究の取り組みに対する、少々きつい言葉になるが「手玉にとる」かたちでないかと考えざるを得ないところでもあった。

さらに加藤教授も述べているように、これまで一〇〇部隊研究で蓄積された情報から、第一信を受領した時点で「某隊員」の推察を試みた。本書の第二章全体を読んでいただければわかるように、『関東軍軍馬防疫廠留守名簿』をはじめとする多くの資料の発掘によって、一〇〇部隊関係者の詳細な個人情報はすでに広く流通している事実から、私たちの意図は理解していただけると確信をしている。

結論として「匿名読者」に率直な提案をしてみたい。貴殿は、某隊員からの「遺言」として多くの資料を引き継いでおられた。貴殿自身がその資料を編纂して『一〇〇部隊関連の資料集』としてぜひ一般に公開し、一〇〇部隊研究の発展に役立ててほしいと私たちは切に願っている。それは某隊員が遺した「遺言」の主旨である「機会があれば世の中に遺言を発表してほしい」と願っていた気持ちに素直に報いる最大の貢献であると考えている。仮にそれが不可能であれば、遺された資料のすべてを私たちに一括提供されることも選択肢のひとつとしてありうることを最後に申し添え、これまでの資料提供に感謝し、あとがきとしたい。

終わりに、『身上申告書　関東軍軍馬防疫廠』（一九四七年作成）のデータベースを快く提供してくださった滋賀医科大学の西山勝夫名誉教授と、帝銀事件弁護団が所有する『甲斐捜査手記』の閲覧に便宜を図っていただいた一瀬敬一郎弁護士にも深謝をしたい。また共著に続き、本書の編集業務を担当していただいた花伝社の家入祐輔氏に感謝を表したい。（二〇二四年七月）

小河　孝（おがわ・たかし）
元日本獣医生命科学大学獣医学部獣医保健看護学科教授。1943年東京都八王子市生まれ。北海道大学獣医学部獣医学科卒業。博士（獣医学）。農林水産省家畜衛生試験場などで研究職として35年間勤務（疫学研究室長、九州支場長）。ほかJICAベトナム国立獣医学研究所プロジェクト・チーフアドバイザーなどを歴任。専門分野は獣医疫学。著書に『満州における軍馬の鼻疽と関東軍』（文理閣）。

加藤哲郎（かとう・てつろう）
一橋大学名誉教授。1947年岩手県盛岡市生まれ。東京大学法学部卒業。博士（法学）。英国エセックス大学、米国スタンフォード大学、ハーバード大学、ドイツ・ベルリン・フンボルト大学客員研究員、インド・デリー大学、メキシコ大学院大学、早稲田大学大学院政治学研究科客員教授、などを歴任。専門は政治学・現代史。インターネット上で「ネチズン・カレッジ」主宰。著書に『20世紀を超えて』『情報戦の時代』『情報戦と現代史』『「飽食した悪魔」の戦後』『731部隊と戦後日本』（花伝社）、『ワイマール期ベルリンの日本人』『日本の社会主義』（岩波書店）、『象徴天皇制の起源』『ゾルゲ事件』（平凡社）、など多数。

松野誠也（まつの・せいや）
黒龍江外国語学院特任教授、明治学院大学国際平和研究所研究員。1974年埼玉県上尾市生まれ。明治大学大学院文学研究科博士後期課程修了。博士（史学）。専門は日本近現代史。編著に、『毒ガス戦関係資料Ⅱ』（共編、不二出版、1997年）、『十五年戦争期 軍紀・風紀関係資料』（共編、現代史料出版、2001年）、『日本軍 思想・検閲関係資料』（現代史料出版、2003年）、『満州国軍ノ現況』（不二出版、2003年）、『大本営陸軍部 上奏関係資料』（共編、現代史料出版、2005年）、『日本軍の毒ガス兵器』（凱風社、2005年）、『関東軍化学部・毒ガス戦教育演習関係資料』（共編、不二出版、2006年）、『陸軍省「調査彙報」』全5冊（不二出版、2007年～2008年）、『追撃第五大隊毒ガス戦関係資料』（不二出版、2019年）、『陸軍登戸研究所関係資料』（不二出版、2024年）がある。ほか、学術論文多数。

カバー写真：本書巻頭カラー図版資料③
本扉写真：本書第一章図 6

検証・100部隊——関東軍軍馬防疫廠の細菌戦研究

2024 年 9 月 5 日　初版第 1 刷発行

著者————小河　孝・加藤哲郎・松野誠也
発行者———平田　勝
発行————花伝社
発売————共栄書房
〒 101-0065　東京都千代田区西神田 2-5-11 出版輸送ビル 2F
電話　03-3263-3813
FAX　03-3239-8272
E-mail　info@kadensha.net
URL　https://www.kadensha.net
振替　00140-6-59661
装幀————北田雄一郎
印刷・製本——中央精版印刷株式会社

ISBN978-4-7634-2131-9　C3021